Erlösungsbilder

Predigten und Meditationen
von
Gerd Theißen

Chr. Kaiser
Gütersloher
Verlagshaus

Die Deutsche Bibliothek – CIP-Einheitsaufnahme

Theißen, Gerd:
Erlösungsbilder : Predigten und Meditationen / von Gerd Theißen. –
Gütersloh : Kaiser, 2002
ISBN 3-579-05389-2

Dieses Werk folgt der reformierten Rechtschreibung und Zeichensetzung.
Ausnahmen bilden Texte, bei denen künstlerische, philologische
oder lizenzrechtliche Gründe einer Änderung entgegenstehen.

Umwelthinweis:
Dieses Buch wurde auf chlorfrei gebleichtem und alterungsbeständigem Papier
gedruckt. Die vor Verschmutzung schützende Einschrumpffolie ist aus
umweltschonender und recyclingfähiger PE-Folie.

ISBN 3-579-05389-2
© Chr. Kaiser/Gütersloher Verlagshaus GmbH, Gütersloh 2002

Das Werk einschließlich aller seiner Teile ist urheberrechtlich geschützt.
Jede Verwertung außerhalb der engen Grenzen des Urheberrechtsgesetzes ist
ohne Zustimmung des Verlages unzulässig und strafbar. Das gilt insbesondere für
Vervielfältigungen, Übersetzungen, Mikroverfilmungen und die Einspeicherung
und Verarbeitung in elektronischen Systemen.

Umschlag: Init GmbH, Bielefeld, unter Verwendung des Gemäldes »Norham Castle«
(Öl auf Leinwand, 91 × 122 cm) von Joseph Nallord William Turner.
Satz: Druckerei Sommer, Feuchtwangen
Druck und Bindung: Těšínska Tiskárna AG, Český Těšín
Printed in Czech Republic

www.gtvh.de

Inhalt

Vorwort 9

Das Schweigen der Engel
   oder Jakobs Traum in Bethel
   (Gen 28,10-22) 13

Konspiration für das Leben
   Die Rettung jüdischer Kinder vor Pharao
   (Ex 1,1-2,10) 19

Die Humanität der Hexe
   und die Verzweiflung des Königs Saul
   (1 Sam 28,3-25) 31

Hiob und Anti-Hiob
   Über unseren Umgang mit Vergänglichkeit und Leid
   (Hiob 14,1-15) 39

Von der Schwierigkeit, den Schöpfer am Grab zu loben
   (Psalm 8) 47

Religionskritik und Gottesbild
   Das Lob Gottes in den Psalmen als Argument im Streit um Gott
   (Ps 36,6-10) 51

Glauben als Überlebenskraft
   Der Bund meines Friedens für bedrohte Menschen und Völker
   (Jes 54,1-10) 61

Der neue Bund
   Gott und das Projekt der Moderne
   (Jer 31,31-34) 69

Die Humanisierung der Geschichte
    Der Übergang vom Tier zum Menschen in der Vision des Daniel
    (Dan 7,1-14) 73

Der Hauptmann von Kapernaum – ein Homosexueller?
    Eine diskrete biblische Geschichte und deren indiskrete Exegese
    (Mt 8,5-13) 77

Christen und Moslems
    oder die Souveränität der Gnade Gottes
    (Mt 20,1-16) 82

Wer ist Christus? Wer ist ein Christ?
    Versuch einer Maximal- und Minimaldefinition
    (Mk 8,27-30) 86

Das Erlösungsprojekt
    Die Suche nach einer Sprache des Himmels
    (Lk 1,26-38) 90

Liebe und Wiedergeburt
    Eine Zusammenfassung der Botschaft des Johannesevangeliums
    (Joh 3,1-16) 97

Der Tod als Schattenriss Gottes
    Gott und Nichts als schwarze Löcher in unserer Wirklichkeit
    (Joh 11,1.3.17-26) 104

Die Frage nach der Wahrheit
    Sokrates und Jesus vor ihren Richtern
    (Joh 18,33-38) 114

Zugang zu Gott ohne Türhüter
    Eine Variante zur Parabel »Vor dem Gesetz«
    (Röm 5,1-5) 122

Respekt vor der Verfassung
    Gegenlektüre eines staatstragenden Textes
    (Röm 13,1-7) 129

Macht korrumpiert
  und die Notwendigkeit von Antikorruptionsräumen
  (Röm 15,1-13) 134

Leben als Konkurrenz
  und die Rechtfertigung des Wettkämpfers
  (1 Kor 9,24-27) 142

Trost ohne Vertröstung
  Vom einzigen Trost im Leben und im Sterben
  (2 Kor 1,3-7) 148

Zwischen Glück und Klage
  Paulus – ein Mensch im Widerspruch
  (2 Kor 6,1-10) 152

Die Verwandlung des Paulus
  und die Bekehrungskultur der modernen Welt
  (Phil 3,1-16) 157

Der ferne und der nahe Gott
  Theologische Fragen einer Juristin
  (Hebr 4,14-5,9) 165

Du liebst mich, also bin ich
  Vertrauen als Lebenselement
  (Hebr 11,1) 173

Zwischen Wasser und Dürre:
  Die Bilderwelt des Jakobusbriefs
  (Jak 1,2-21) 179

Gott auf Partnersuche
  Kontaktanzeigen des Himmels für einen schwierigen Partner
  (1 Joh 4,7-19) 184

Vorwort

Religiöse Sprache ist Bildersprache. Wir sprechen von Erlösung in Bildern oder meditieren schweigend vor Bildern. Bilder sagen mehr als Begriffe. Sie reichen weiter, als Worte sich im Alltag bewegen. Doch ohne Bilder könnten wir nicht denken. Das zeigen die verblassten Metaphern in den wenigen Sätzen bisher: »Begriff« und »verblasst« sind Metaphern, ebenso, dass Bilder weiter »reichen« als Gedanken, dass sich Worte »bewegen« und voll »Bilder« sind. Was für das Verhältnis von Bild und Gedanke gilt, gilt auch für die Sache, um die es in diesen Predigten geht: Religion ist mehr als Rationalität. Aber ohne religiösen Glauben fehlt der Rationalität ein Grund, der sich in den Anfechtungen der Vernunft bewährt. Und solche Anfechtungen gibt es genug.

Das »Projekt der Moderne« ist ins Stocken geraten. Sein Ziel ist es, die Natur zu erkennen, uns selbst besser zu durchschauen, unser Leben lebenswerter zu machen und unser Zusammenleben vernünftig zu gestalten, d.h. Krankheiten zu heilen, Konflikte zu begrenzen, Bildung und Kultur zu verbreiten und ohne Zwang Konsens über Werte und Normen zu schaffen. Bei seinen Vertretern herrscht gedämpfte Stimmung. Zu viele Dinge liefen in andere Richtung. Dabei war oft moderne Rationalität im Spiel, etwa bei der Ausplünderung der Natur durch Technik, bei der Zunahme von Hass und Krieg durch größere Kommunikationsdichte, beim Auseinanderscheren von Reichtum und Armut durch Kapitalismus. Zu oft sind wir gescheitert, wenn wir Demokratie und Recht verbreiten wollten. Dennoch ist das Projekt der Moderne nicht widerlegt. Wer aus einer biblischen Tradition kommt, weiß, dass in jedem Scheitern die Chance eines Neuanfangs steckt. Der Weg ins gelobte Land geht durch die Wüste. Am Ziel warten neue Probleme. Aber Auftrag und Verheißung bleiben. Es gehört religiöse Energie dazu, an ihnen festzuhalten. Es gehört ein Glaube dazu, die Anfechtungen der Vernunft durchzustehen, durch Selbstkorrektur ihre Umkehr zu betreiben, die Einwände ihrer Gegner mit Geduld zurückzuweisen. Diese Predigten vertreten daher die Überzeugung, dass das »Projekt der Moderne« und »der Erlösung« kein Widerspruch sind. Wir brauchen Erlösungsbilder, um uns zur Wanderung durch die Wüste der Geschichte zu motivieren.

Viele betreiben das Projekt der Moderne freilich nicht aus religiöser Motivation heraus, sondern als Alternative zur Religion. Sie meinen, dass Religion menschliches Leben erschwert oder unmöglich macht. Im Marxismus war das Programm. Das ist vorbei. Im Liberalismus war die Ablehnung der Religion ein freies Versatzstück, das man nach Situation und Gelegenheit einsetzte. Die Krise des Projekts der Modernen schafft heute in einer liberalen Kultur wieder Bedarf und Plausibilität für ein Finsternisbild von Religion. An die Stelle von Erlösungsbildern treten Bilder unerlösten Lebens. Waren in der Zeit von 1870 bis 1970 Henri Dunant, Albert Schweitzer, Dietrich Bonhoeffer, Mahatma Gandhi oder Martin Luther King Vorbilder religiöser Humanität gegen die Gewalt, so drängen sich heute Virtuosen des religiösen Hasses in den Vordergrund: Menschen wie Ian Paisley und radikale amerikanische Fundamentalisten, islamische Führer wie Ayatollah Khomeini und Osama bin Laden, Fanatiker wie die hinduistischen Radikalen. Das macht den Wunsch plausibel: Wenn man im Projekt der Moderne nicht weiter gekommen ist, möchte man sich wenigstens von den Mächten abgewandt haben, die es bedrohen. Im Kalten Krieg zwischen Ost und West vertrat der Westen das Recht zur Religion gegen einen staatlich verordneten Atheismus, in der Konfrontation mit dem Islam treten manche so auf, als verträte er eine irreligiöse Humanität gegen religiösen Terror.

Predigten widersprechen schon als Gattung solchen Schablonen. Sie erinnern an ein »Erlösungsprojekt«, das so wichtig ist wie das Projekt der Moderne. Es zielt auf ein Leben in Liebe und Mitmenschlichkeit. Dies »Projekt« kann nicht den Planungsoptimismus der Moderne verbreiten. Es wird ironisch »Erlösungsprojekt« genannt. Es lebt von der Verheißung, dass sich Menschen aus unsozialen Lebewesen in kooperative Mitmenschen verwandeln, ja, dass sie geboren werden, um solch eine Verwandlung zu erleben. Gottes Erlösungsprojekt zielt darauf, dass sein Ebenbild die Welt gestaltet. Der Mensch hat einen Auftrag zur Rationalität, den er nicht wegwerfen kann. Und er verliert diesen Auftrag auch dann nicht, wenn er an ihm scheitert. Gott will mit real existierenden Menschen die Welt gestalten – und d.h. mit Menschen, die auf Rechtfertigung und Umkehr, auf Wiedergeburt und Erneuerung angewiesen sind.

Rationalität und Nächstenliebe lassen sich am tiefsten in einem religiösen Glauben begründen. Dann überstehen sie auch ihr Scheitern. Das Projekt der Moderne kann Bestand haben, wenn es durch einen Auftrag Gottes vor Resignation und Zynismus bewahrt wird. Die Religion wird durch ein Bündnis mit der Vernunft wirksamer vor Fanatismus geschützt als durch alles andere. Es ist eine große Aufgabe von Theologie und Kirche, menschliche Rationalität im Glauben krisenfest zu begründen und Glauben durch Vernunft human zu gestalten. Diese Aufgabe ist unabhängig von den Stimmungen der intellektuellen Szene. Diese Predigten wollen an diese Aufgabe erinnern. Sokrates und Jesus sind in ihnen Leitbilder für Rationalität und Barmherzigkeit.

Das »Erlösungsprojekt« Gottes ist nichts Abstraktes und Gedankliches! Die Vernunft braucht Erlösungsbilder. Sie braucht emotionale und motivationale Bildenergien. Die Religion braucht sie, um Fanatismus in Segen zu verwandeln. Diese Predigten werben für eine im Glauben begründete Rationalität und Mitmenschlichkeit. Manches mag an das Werben eines »Erweckungspredigers« erinnern. Das wäre nicht verkehrt. Predigten stellen Gottes Partnersuche dar. Sie sind Liebeserklärungen. Der Prediger ist ihr Bote. Sie sind in liberaler Tradition oft zu gedämpft, zu abgeklärt, zu distanziert. Die großen Erlösungsbilder der Bibel verblassen in ihnen zu schnell. Aber hin und wieder findet man noch immer den originellen Ton. Eine Predigerin, bei der er zu hören war, sagte mir: Mir macht es Freude, der Gemeinde zu sagen, wo es lang geht. Wer Freude an seiner Sache hat, kann bei anderen Freude wecken. Diese Predigten hätten ihr Ziel erreicht, wenn sie durch Erlösungsbilder die Gewissheit festigen, dass wir alle beim Projekt der Erlösung und der Moderne engagiert sind.

Heidelberg, im Frühjahr 2002[1] *Gerd Theißen*

---

1. Der Bibeltext wird in der Regel nach der revidierten Lutherübersetzung wiedergegeben. Wenn die Einheitsübersetzung oder die Zürcher Übersetzung zugrunde liegt, wird das jeweils vermerkt. Auch die Bibeltexte werden in der neuen Rechtschreibung wiedergegeben.

Das Schweigen der Engel
oder Jakobs Traum in Bethel

(Gen 28,10-22)

Aber Jakob zog aus von Beerscheba und machte sich auf den Weg nach Haran und kam an eine Stätte, da blieb er über Nacht, denn die Sonne war untergegangen. Und er nahm einen Stein von der Stätte und legte ihn zu seinen Häupten und legte sich an der Stätte schlafen. Und ihm träumte, und siehe, eine Leiter stand auf Erden, die rührte mit der Spitze an den Himmel, und siehe, die Engel Gottes stiegen daran auf und nieder. Und der Herr stand oben darauf und sprach: Ich bin der Herr, der Gott deines Vaters Abraham, und Isaaks Gott; das Land, darauf du liegst, will ich dir und deinen Nachkommen geben. Und dein Geschlecht soll werden wie der Staub auf Erden, und du sollst ausgebreitet werden gegen Westen und Osten, Norden und Süden, und durch dich und deine Nachkommen sollen alle Geschlechter auf Erden gesegnet werden.

Und siehe, ich bin mit dir und will dich behüten, wo du hinziehst, und will dich wieder herbringen in dies Land. Denn ich will dich nicht verlassen, bis ich alles tue, was ich dir zugesagt habe. Als nun Jakob von seinem Schlaf aufwachte, sprach er: Fürwahr, der Herr ist an dieser Stätte, und ich wusste es nicht! Und er fürchtete sich und sprach: Wie heilig ist diese Stätte! Hier ist nichts anderes als Gottes Haus, und hier ist die Pforte des Himmels. Und Jakob stand früh am Morgen auf und nahm den Stein, den er zu seinen Häupten gelegt hatte, und richtete ihn auf zu einem Steinmal und goss Öl oben darauf und nannte die Stätte Bethel; vorher aber hieß die Stadt Lus. Und Jakob tat ein Gelübde und sprach: Wird Gott mit mir sein und mich behüten auf dem Wege, den ich reise, und mir Brot zu essen geben und Kleider anzuziehen und mich mit Frieden wieder heim zu meinem Vater bringen, so soll der Herr mein Gott sein. Und dieser Stein, den ich aufgerichtet habe zu einem Steinmal, soll ein Gotteshaus werden; und von allem, was du mir gibst, will ich dir den Zehnten geben.

Wo ist Gott? Wo ist er zu finden? Jakobs Traum in Bethel gibt eine Antwort. Jakob findet das Haus Gottes. Er findet die Stelle, wo Himmel und Erde sich berühren. Die Geschichte enthält dabei nicht nur eine, sondern viele Antworten auf die Frage: Wo wohnt Gott?

Die erste Antwort klingt primitiv. Gott wohnt im Stein, den Jakob salbt. Stein und Sein – das gehört zusammen. Vielleicht wurden Steine als vermeintlich ewiges Sein in der Religionsgeschichte verehrt. Vielleicht erinnerten sich Menschen auch an vom Himmel gefallene Steine. Das griechische Wort »*baitylos*« ist dasselbe Wort wie Beth-El und bezeichnet einen Meteorit, der als heiliger Stein verehrt wird. Wir finden solche Steinkulte noch in der Verehrung der Kaaba im Islam. Oder in der modernen Esoterik, die im englischen Stonehenge den Weg zum Himmel sucht.

Die zweite Antwort ist sublimer: Jakob verspricht am Ende der Geschichte, Gott ein Haus zu bauen. Der Stein wird zum Baustein, Bethel zum Tempel, der Übernachtungsplatz zum Wohnort Gottes. Denn Beth heißt »Haus«, und El bedeutet »Gott«. Gott wohnt im Tempel, nicht im Stein.

Die dritte Antwort geht darüber hinaus: Gott wohnt im Himmel. Aus Bethel wird der Ort, wo der Himmel sich öffnet. Die Verbindung zwischen Himmel und Erde stellt eine Himmelsleiter her. Auf ihr gehen Engel auf und nieder. Gott selbst aber bleibt fern. Die Exegeten streiten sich, ob er im Himmel an der Spitze der Leiter steht oder an ihrem Fuß auf Erden.

Die vierte Antwort wirkt modern: Die Verbindung von Erde und Himmel wird im Traum offenbar. Träume offenbarten damals eine objektive Realität, heute enthüllen sie unser Inneres. Müssen wir also Gottes Anwesenheit im Innern suchen? Führt die Himmelsleiter nicht in die Höhe, sondern in die Tiefen des Unbewussten, die sich im Traum offenbaren?

Die fünfte Antwort gibt Gott in diesem Traum: Er verspricht Jakob, dem Flüchtling, der vor Esau flieht: »Und siehe, ich bin mit dir, und ich will dich wieder herbringen in dies Land.« Gott ist nicht an einem bestimmten Ort. Weder innen noch außen. Er ist überall in seinem Wort gegenwärtig. In der Verheißung: Ich will mit dir sein. Und wenn du bis an die Enden der Erde gehst!

Und eben das macht eine Predigt schwer, die euch dies Wort Gottes vermitteln will: Wie soll man Worte finden, in denen Gott anwesend ist? Worte, durch die sich der Himmel öffnet? Worte, die uns bis in unbewusste Tiefen hinein verwandeln! Worte, die versichern: Gott bleibt bei euch, auch wenn ihr die Kirche verlasst. Auch wenn ihr in eurem Leben auf der Flucht seid. Auch wenn es euch nicht gut geht. Auch wenn ihr so fragwürdige Menschen seid wie Jakob der Betrüger. Auch wenn ihr sterben müsst. Müssten wir für solche Predigten nicht Engel engagieren? Denn die überbringen in der Bibel das Wort Gottes.

Aber gerade das ist das Besondere dieser Geschichte: Die Engel schweigen. Sonst reden sie. Sie sind in der Bibel nur um des Wortes willen da. Sie richten ein Wort aus und verschwinden wieder. Unabhängig von ihrer Botschaft haben sie keine Geschichte. Für die Engel selbst war es ein Rätsel, warum sie diesmal einen Auftrag ohne Worte hatten, warum sie nur auf- und niedersteigen sollten. Unter ihnen gab es eine heftige Diskussion darüber. Jakob verstand kein Wort. Denn sie redeten in ihrer Sprache. Hören wir dieser Sprache der Engel zu. Ihr braucht sie nicht zu verstehen. Ich werde sie übersetzen.

Orgelmusik

Was sagten die Engel, als sie auf der Himmelsleiter wie auf einer Tonleiter auf- und abstiegen? Einige rätselten: Warum dürfen wir nicht zu Jakob reden? Warum hat der Himmel diesmal keine Botschaft für uns? Fürchtet er, wir würden unsere wahre Meinung über Jakob sagen? Ist er nicht ein schlimmer Kerl! Hat er nicht seinen blinden Vater betrogen, seinen Bruder überlistet? Erst entreißt er dem Bruder den Segen! Später will er ihn sogar Gott im Kampf entreißen! Ausgerechnet so einem Schurken sollen wir erscheinen? Von allen Katastropheneinsätzen, die wir hatten, ist dieser moralisch der fragwürdigste. Wenn wir reden dürften, wir würden Jakob zur Rede stellen. Wir würden ihm sagen, dass er ein Schurke ist. Und erst wenn er Reue zeigt, würden wir ihm eine positive Botschaft ausrichten. Wir sehen: Auch unter Engeln gibt es einen moralischen Pietismus.

Andere Engel sagten: Der Himmel misstraut uns nicht. Im Gegenteil, er hat uns eine besonders wichtige Botschaft anvertraut: eine Botschaft ohne Worte. Sie besteht darin, dass wir auf- und niedersteigen. Warum sollen wir mit dem *Aufsteigen* beginnen? Wir sollen den Menschen klar machen: Wir müssen nicht erst vom Himmel herabsteigen, damit wir bei euch sind. Wir waren schon immer bei euch. Wir waren schon immer bei Jakob auf der Flucht, auch da, wo er nichts von uns gemerkt hat. Auch da, wo er keine Botschaft hörte. Wir sind auch dort präsent, wo ihr nichts von Gott zu hören meint. Wir waren bei euch in den dunklen Tagen. Und warum sollen wir am Ende wieder *niedersteigen*? Das soll deutlich machen: Wir bleiben weiter bei Jakob. Wir begleiten ihn ins Exil. Unsere Botschaft an ihn ist: Wir sind auch dort, wo du uns nicht spürst. Wir sehen: Im Himmel gibt es nicht nur einen Pietismus der Moral, sondern auch einen Pietismus der Liebe.

Orgelmusik

Unter den Engeln gibt es noch eine dritte Ansicht. Sie sagt: Auf- und Niedersteigen sind Symbol für sozialen Auf- und Abstieg. Das Leben auf Erden ist ein Ringen um Status und Prestige. Ein Kampf um die

Hackordnung, um die Erstgeburt, um die Gehaltsklasse oder um die Macht. Auf der Erde gelten daher (besonders im Goethejahr) Weisheiten wie folgende:

Geh! gehorche meinen Winken.
Nutze deine jungen Tage.
Lerne zeitig klüger sein!
Auf des Glückes großer Waage
Steht die Zunge selten ein:
Du mußt steigen oder sinken
Du mußt herrschen und gewinnen,
Oder dienen und verlieren,
Leiden oder triumphieren,
Amboß oder Hammer sein.

Aber im Himmel ist es anders. Wir Engel sind oben und unten. Wir leben jenseits der Welt von Treten und Getretenwerden, von Steigen und Sinken, Amboss und Hammer. Der Himmel beginnt dort auf Erden, wo Menschen so leben, dass sie schwach sein dürfen, ohne abzusteigen. Dass sie stark sind, ohne die Schwachen zu treten. Dass sie nicht leiden oder triumphieren, sondern *im* Leiden triumphieren. Deswegen steigen wir auf *und* nieder, sind oben *und* unten zugleich. Was können wir daraus lernen? Auch im Himmel gibt es sozialkritische Theologie, sogar ein wenig Befreiungstheologie.

Eine vierte Gruppe der Engel deutet das Auf- und Niedersteigen ganz anders: Wir Engel beginnen unseren Weg im Himmel. Wenn wir erst *auf*steigen, so heißt das: Der Himmel ist nicht oben, er ist in der Tiefe. Aus der Tiefe steigen wir auf zu den Menschen. Jakob sah im Traum einen Abgrund. Aus ihm stiegen wir Engel auf einer Leiter zu ihm. Er erfuhr: Gott ist in der Tiefe, nicht in der Höhe. Und wo liegt diese Tiefe? In den Menschen selbst. In ihrem Innern. Diese Tiefe öffnet sich im Traum. Damit sie sich öffnet, müssen Menschen ihre Heimat verlassen. Sie müssen wie Jakob heimatlos werden. In ihrem Leben müssen sich Abgründe auftun, damit sie das Wunder erleben, dass diese Abgründe sie nicht verschlingen, sondern Gott in ihnen wohnt. Der Mensch selbst ist Bethel. Er selbst ist das Haus Gottes. Gott will in ihm Wohnung nehmen. In ihm ist der Grund und Abgrund des Seins. Das sagen die Mystiker aller Religionen. Das sagt auch Gerhard Tersteegen, der reformierte Mystiker aus meiner Heimat. Ich bin überzeugt: Auch im Himmel gibt es Mystiker. Es gibt sie überall. Denn Gott ist überall.

Orgelmusik

Eine fünfte Gruppe der Engel protestiert gegen diese weitherzige Theologie. Sie sagt: Es hat seine Bedeutung, dass wir nach Bethel geschickt wurden. Seit Jahrhunderten war das eine heilige Stätte, lange bevor Israeliten ins Land kamen. Wenn wir dort Jakob im Traum erscheinen, so setzen wir eine lange Kette religiöser Erfahrungen fort. Gott ist nicht überall und nirgends zu finden. Es gibt bewährte Orte und Traditionen, durch die Menschen für seine Nähe sensibel werden. Jakob kam zu einem bewährten heiligen Ort. Aber er muss an ihm eine neue Begegnung mit Gott haben. Denn auch die bewährtesten Heiligtümer und Religionen bleiben stumm und taub, wenn die Menschen in ihnen nicht persönliche Erfahrungen mit Gott haben. Wir sehen: Im Himmel gibt es Ansätze einer pluralistischen Religionstheologie.

Andere Engel meinen, pluralistische Religionstheologien überforderten die Menschen. Die brauchen einen festen Halt. Wir müssen ihnen Heiligtümer zeigen, in denen der Himmel sichtbar offen steht – Kirchen und Tempel, wo man oben an der Decke den offenen Himmel sieht und direkt zu den Engeln aufschaut. Und das nicht nur in Bethel, sondern auch in Bayern und Österreich. So prägen wir den Menschen ein: Es gibt *eine* Stelle, wo der Himmel immer offen ist: Das ist die Kirche. Ihr braucht nicht alle religiösen Traditionen studieren. Ihr braucht nicht das Wort Gottes zu verstehen. Worte sind ohnehin zu abstrakt. Ihr müsst euch nur in den Raum der Kirche begeben. Sie ist eure Mutter. Sie ist eure Heimat. Sie verbindet euch mit Gott. Deshalb sagen wir zu Jakob: Tu, was wir dir sagen: Arbeite fleißig im Exil! Erwirb dir deine Lea und Rebekka! Und komme zurück zu diesem Ort! Bau hier eine Kirche! Schmücke sie mit schönen Bildern! Zahle den Zehnten an die Priester! Und wenn du nicht vollkommen bist, hier findest du Gnade und Vergebung. Dafür haben wir die Priester. Was soll man dazu sagen? Unter den Engeln gibt es offensichtlich auch ein paar Katholiken.

Orgelmusik

Aber es gibt im Himmel auch eine kritische Minorität. Sie protestiert. Nein, sagt sie, es kommt nicht auf den Weg des Menschen an – weder auf den Weg nach innen, noch auf den Zehnten, noch darauf, anständig zu sein. Wir Engel wurden zu Jakob gesandt, als er auf dem Tiefpunkt seines Lebens war. Wir wurden gesandt, als er schlief. Jakob hat nichts getan, damit der Himmel sich öffnet und wir zu ihm kommen konnten. Er war völlig passiv. Wo sich der Himmel öffnet – sei es in Erfahrungen der äußeren Welt oder im Inneren, sei es innerhalb oder außerhalb des

Heiligtums – der Mensch tut nichts dazu. Es ist Gnade. Und das ist die Botschaft, die wir ohne Worte überbringen sollen: Es ist reine Gnade, wenn Gott in Kontakt mit dem Menschen tritt. Wenn wir diese Botschaft ohne Worte übermitteln, so nicht, weil das Wort zu schwach wäre und die Botschaft nur über eine himmlische Vision vermittelt werden könnte. Nein, wir schweigen, weil *Gott* selbst sprechen will. Er will durch sein Wort in Kontakt mit Jakob und mit allen Menschen treten, nicht durch das Wort untergeordneter Engel. Er will dir selbst sagen: »Ich bin bei dir«. Er selbst will dich trösten: »Ich bleibe bei dir«. Er selbst will dir versichern: »Ich werde dich durch alle Gefahren und Dunkelheiten des Lebens begleiten, auch wenn du mich nicht siehst. Und am Ende wirst du wieder bei mir sein. Verlass dich auf mein Wort. Du brauchst nichts dazutun.« Überall kannst du sonst durch kompetentes Handeln etwas tun. Du hast gelernt, wie man krabbelt und geht, wie man sich die Nase putzt und einen Schuh anzieht, wie man rechnet und schreibt, wie man Brücken und Maschinen baut, ja sogar, wie man streitet und liebt. Aber es gibt kein Lernprogramm dafür, wie du Gott begegnest. Es gibt dafür so wenig ein Programm wie dafür, dass du geboren wurdest, oder für das Sterben. Es gibt Dinge im Leben, die sich deiner Verfügung entziehen. Dazu gehört Gottes Gegenwart. Sie ist ein unverfügbares Wunder. Sie trifft dich, wo du sie am wenigsten erwartest. Sie trifft dich ohne dein Zutun, allein aus Gnade. Sie trifft dich im Worte Gottes, das dir den Himmel öffnet. Und alles, was du vorher dazu getan hast – all das verblasst in Gottes Gegenwart. Jetzt dürfen wir erleichtert sein. Auch unter den Engeln gibt es echte Protestanten. Sie wissen, dass nicht Bilder, nicht einmal Worte das Letzte zum Ausdruck bringen, sondern am ehesten Musik ein Gleichnis dafür werden kann. Und so wurde die Musik zur Sprache des Protestantismus.

Wenn ich Musik höre und ihr als Sprache der Engel lausche, dann übersetze ich sie mir so: Was das Leben lebenswert macht, ist Gnade.

Und der Friede Gottes, welcher höher ist als alle unsere Vernunft, bewahre eure Herzen und Sinne in Christo Jesu. Amen.

Diese Predigt wurde am 5.9.1999 im Sonntagsgottesdienst der Peterskirche in Heidelberg gehalten. 1999 wurde der 250. Geburtstag von J.W. von Goethe gefeiert. Das zitierte Gedicht »Geh! Gehorche meinen Winken« findet sich oft unter dem Titel »Cophtisches Lied« in jeder Goethe-Ausgabe. Die Predigt spielt auf das Lied von G. Tersteegen (1697 – 1769): »Gott ist gegenwärtig …« an, wo es in der letzten Strophe heißt: »Herr, komm in mir wohnen …«.

Konspiration für das Leben
Die Rettung jüdischer Kinder vor Pharao

(Ex 1,1-2,10)

Dies sind die Namen der Söhne Israels, die mit Jakob nach Ägypten kamen; ein jeder kam mit seinem Hause: Ruben, Simeon, Levi, Juda, Issachar, Sebulon, Benjamin, Dan, Naftali, Gad, Asser. Und alle leiblichen Nachkommen Jakobs zusammen waren siebzig an der Zahl. Josef aber war schon vorher in Ägypten. Als nun Josef gestorben war und alle seine Brüder und alle, die zu der Zeit gelebt hatten, wuchsen die Nachkommen Israels und zeugten Kinder und mehrten sich und wurden überaus stark, so dass von ihnen das Land voll ward. Da kam ein neuer König auf in Ägypten, der wusste nichts von Josef und sprach zu seinem Volk: Siehe, das Volk Israel ist mehr und stärker als wir. Wohlan, wir wollen sie mit List niederhalten, dass sie nicht noch mehr werden. Denn wenn ein Krieg ausbräche, könnten sie sich auch zu unsern Feinden schlagen und gegen uns kämpfen und aus dem Lande ausziehen. Und man setzte Fronvögte über sie, die sie mit Zwangsarbeit bedrücken sollten. Und sie bauten dem Pharao die Städte Pitom und Ramses als Vorratsstädte. Aber je mehr sie das Volk bedrückten, desto stärker mehrte es sich und breitete sich aus. Und es kam sie ein Grauen an vor Israel. Da zwangen die Ägypter die Israeliten unbarmherzig zum Dienst und machten ihnen ihr Leben sauer mit schwerer Arbeit in Ton und Ziegeln und mit mancherlei Frondienst auf dem Felde, mit all ihrer Arbeit, die sie ihnen auflegten ohne Erbarmen. Und der König von Ägypten sprach zu den hebräischen Hebammen, von denen die eine Schifra hieß und die andere Pua: Wenn ihr den hebräischen Frauen helft und bei der Geburt seht, dass es ein Sohn ist, so tötet ihn; ist's aber eine Tochter, so lasst sie leben. Aber die Hebammen fürchteten Gott und taten nicht, wie der König von Ägypten ihnen gesagt hatte, sondern ließen die Kinder leben. Da rief der König von Ägypten die Hebammen und sprach zu ihnen: Warum tut ihr das, dass ihr die Kinder leben lasst? Die Hebammen antworteten dem Pharao: Die hebräischen Frauen sind nicht wie die ägyptischen, denn sie sind kräftige Frauen. Ehe die Hebamme zu ihnen kommt, haben sie geboren. Darum tat Gott den Hebammen Gutes. Und das Volk mehrte sich und wurde stark. Und weil die Hebammen Gott fürchteten, segnete er ihre Häuser. Da gebot der Pharao seinem ganzen Volk und sprach: Alle Söhne, die geboren werden, werft in den Nil, aber alle Töchter lasst leben.

Und es ging hin ein Mann vom Hause Levi und nahm ein Mädchen aus dem Hause Levi zur Frau. Und sie ward schwanger und gebar einen Sohn. Und als sie sah, dass es ein feines Kind war, verbarg sie ihn drei Monate. Als sie ihn aber nicht länger verbergen konnte, machte sie ein Kästlein von Rohr und verklebte es mit Erdharz und Pech und legte das Kind hinein und setzte das Kästlein in das Schilf am Ufer des Nils. Aber seine Schwester stand von ferne, um zu erfahren, wie es ihm ergehen würde. Und die Tochter des Pharao ging hinab und wollte baden im Nil, und ihre Gespielinnen gingen am Ufer hin und her. Und als sie das Kästlein im Schilf sah, sandte sie ihre Magd hin und ließ es holen. Und als sie es auftat, sah sie das Kind, und siehe, das Knäblein weinte. Da jammerte es sie, und sie sprach: Es ist eins von den hebräischen Kindlein. Da sprach seine Schwester zu der Tochter des Pharao: Soll ich hingehen und eine der hebräischen Frauen rufen, die da stillt, dass sie dir das Kindlein stille? Die Tochter des Pharao sprach zu ihr: Geh hin. Das Mädchen ging hin und rief die Mutter des Kindes. Da sprach die Tochter des Pharao zu ihr: Nimm das Kindlein mit und stille es mir; ich will es dir lohnen. Die Frau nahm das Kind und stillte es. Und als das Kind groß war, brachte sie es der Tochter des Pharao, und es ward ihr Sohn, und sie nannte ihn Mose, denn sie sprach: Ich habe ihn aus dem Wasser gezogen.

Die Geschichte von der Geburt des Mose enthält drei Perspektiven: Sie ist erstens ein Stück Befreiungstheologie: ein Vorspiel zur Befreiung eines Volkes aus Unterdrückung und Sklaverei. Sie zeigt: Ziviler Ungehorsam ist nötig, um Leben zu retten. Die Geschichte ist zweitens ein Text für die Beziehung von Juden und Heiden, für den jüdisch-christlichen Dialog. Eine Heidin rettet in ihr ein jüdisches Kind, als das ganze Volk von Ausrottung bedroht ist. Sie ist drittens eine feministische Geschichte. Sie erzählt, wie Frauen für die Erhaltung des Lebens konspirieren.

Gott bleibt in ihr im Hintergrund. Aber wo er in den Vordergrund tritt, geschieht es durch Frauen. Nur im Zusammenhang mit ihnen wird er ausdrücklich erwähnt: Der zivile Ungehorsam der Hebammen wird Gottesfurcht genannt. Ihre Gottesfurcht ist Ehrfurcht vor dem Leben. Auch die Pharaonentochter, eine Heidin, die Anhängerin einer anderen Religion, teilt diese Ehrfurcht vor dem Leben. Deshalb finde ich über sie am leichtesten Zugang zu dieser Geschichte. Ich will versuchen, sie aus ihrer Perspektive nachzuerzählen. Stellen wir uns vor, sie habe ein Tagebuch geführt. Schon mit 10 Jahren notiert sie den ersten Eintrag:

Ich liebe meinen Vater. Ich nenne ihn Papharo. Er ist für mich mein Papa – für alle anderen der Pharao. Daraus habe ich Papharo gemacht. Papharo hat alle Kinder gern. Mich besonders. Er sagt, dass alle Ägypter die Kinder lieben – mehr als alle anderen Völker in der Welt. Wir bestatten selbst Frühgeburten. Wir setzen keine Kinder aus, so dass sie sterben müssen. Einmal war er so wütend, wie ich ihn noch nie gesehen habe. Zwei Kinder hatten sich beklagt, dass ihr Vater sie weggeschickt hatte. Er las mir ihren Brief vor. Was jetzt folgt, ist tatsächlich der Originalbrief zweier Kinder aus dem alten Ägypten:

»… möget Ihr unser Ersuchen anhören: Elend bei Nacht und Unglück bei Tag durch einen grausamen Vater, einen gottlosen. Er fühlt keinerlei Schuld; er wird »unser Vater« genannt, obwohl er nicht barmherzig zu uns gewesen ist. Unsere Mutter hat viele Jahre mit ihm zusammen gelebt, und sie gebar uns; aber er hat den Tod unserer Mutter verursacht, als wir noch klein waren. Er nahm eine andere ins Haus und warf uns hinaus an dem Tag, da (unsere Mutter) starb. Er hat uns weder Essen gegeben noch Kleidung noch Öl. Wer Mitleid mit uns und wer Gott im Herzen hat, wenn er uns hungrig sieht, der gibt uns zu essen. Wer uns am Abend in einer Mauerecke der Straße findet und Mitleid mit uns und Gott im Herzen hat, der nimmt uns in sein Haus bis zum Morgen. ...Wenn uns ein böser Mensch auf der Straße schlägt, dann sagt dieser unser Vater: ›Schlagt sie nur!‹, er sagt nicht: ›Tu das nicht!‹. Wenn er uns am Tor seines Hauses sieht, wirft er einen Scheffel nach uns. Dieser Mann hat Geld, Getreide und Güter; es würde ihm nichts abgehen, wenn er uns zu essen gäbe. (Seine Missetaten) sind zu zahlreich, um sie aufzuschreiben, noch würde der Papyrus sie fassen: die Härte, die Beraubungen, die Nöte und die Entbehrungen, die ... dieser grausame, unser oben genannter Vater, uns auferlegt. Elend bei Nacht und Unglück am Tag durch diesen Mann. Verhört ihn und richtet zwischen uns und ihm. ... Wir sind gestürzt, richtet uns wieder auf. Wir werden unterdrückt, sorgt, dass er aufhört. Wir werden misshandelt, sorgt, dass uns Recht widerfährt! ...«

Das las mir Papharo vor. Und er schrie. So ein Vater muss bestraft werden. Wir sind doch keine Barbaren. Wir sind Ägypter. Ich werde für diese beiden Kinder sorgen. Und dann meinte er: Wenn Ägypter so mit ihren Kindern umgehen – kein Wunder, dass sie sich langsamer vermehren als diese Hebräer. Ich fragte: Wer sind das – die Hebräer? Er: Das sind unsere Gastarbeiter. Die kamen nach Ägypten, weil sie in ihrem Land nichts zu essen hatten. Sie sprechen ihre eigene Sprache. Sie heiraten untereinander. Sie braten ihr Lammfleisch mit Knoblauch, so dass es in der ganzen Umgebung stinkt. Und sie haben viele Kinder. Ich fragte: Behandeln sie ihre Kinder so wie dieser schreckliche Vater? Nein, sagte Papharo, sie lieben ihre Kinder genauso wie wir. Trotzdem tun sie nicht viel, um Ägypter zu werden. Aber in der nächsten Generation werden sie stolz sein, Ägypter zu sein. Denn Ägypten ist das beste Land in der Welt. Nur hier werden die Kinder menschlich behandelt. Und deshalb, sagte er, werde ich diesen grausamen Vater nicht dulden. Es ist wie Mord und Totschlag, wenn man Kinder vernachlässigt. Wenn ich meinen Papharo so reden höre, bin ich stolz auf ihn. Ich glaube, er ist der beste Herrscher der Welt. Er denkt an die Kinder und an die Fremden. Er ist zu allen nett. Besonders zu mir. Ich bin froh, dass ich in Ägypten geboren bin. Nirgendwo geht es den Kindern so gut wie hier.

Vier Jahre später findet sich ein zweiter Eintrag: Papa nörgelt an allem herum. Auch an Mama und mir. Früher war er stolz darauf, Pharao zu sein. Jetzt seufzt er und sagt: Wen die Götter strafen, den machen sie zum Pharao. Er hat schlechte Laune wegen der Hebräer. Die kamen als Habenichtse ins Land. Papa gab ihnen Arbeit. Er ließ sie Vorratsstädte und Befestigungen bauen. Er sagt: Auf diese Weise werden sie unsere Sitten übernehmen, unsere Ordnung, unsere Arbeitsdisziplin, unsere Kultur. Nur – die Hebräer halten nichts davon. Sie seien solche Arbeit an Bauten und Befestigungen nicht gewöhnt. Sie seien freie Menschen, Hirten und Bauern. Ich bin sauer auf diese Hebräer. Sie verderben das Klima an unserem Familientisch. Papa wird immer grantiger. Wenn die Hebräer in unser Land wollen, dann können sie nicht erwarten, dass sie hier zu essen finden, ohne zu arbeiten. Papa sagt: Ohne Arbeit kann die ägyptische Kultur nicht bestehen. Ohne genau aufeinander abgestimmte Deicharbeiten wird das Land nicht bewässert und fruchtbar. Ohne Massen von Arbeitern, die im Takt arbeiten können, hätte niemand die Pyramiden auftürmen können. Ohne Disziplin hätten wir kein Wirtschaftswunder zustande gebracht. Wenn man so etwas Großes schaffen will, muss man alle Arbeitsvorgänge bis ins Kleinste aufeinander abstimmen. Da muss sich jeder einfügen. Alle ägyptischen Bauern tun das. Alle sind davon überzeugt, dass davon unser Land abhängt. Und alle sind froh, Arbeit und Brot zu haben. Aber diese Hebräer murren und stöhnen. Das sei Sklaverei und Schikane. Ich kann Papa gut verstehen: Sollen sie doch wieder weg gehen – in die Wüste, wo sie ihre Freiheit haben, wenn's ihnen hier nicht gefällt! Aber sie sind gemein: Obwohl sie nicht schlechter als unsere Bauern behandelt werden, beschweren sie sich, sie würden unterdrückt. Mama sagt: Sie sind selbst schuld, wenn sie manchmal schlecht behandelt werden. Weil sie nur widerwillig arbeiten und faul sind, müssen die Aufpasser sie öfter schlagen und zur Arbeit treiben als die anderen – nur deshalb entsteht der Schein, sie würden schlechter behandelt als die Ägypter. Aber die Ägypter wehren sich eben nicht. Die tun, was man von ihnen verlangt. Man kann doch diese Hebräer nicht besser behandeln als unsere Leute! Sonst würden die Ägypter aufsässig und sagen: Die Hebräer werden bevorzugt. Manche Ägypter möchten sie schon jetzt aus unserem Lande vertreiben. Aber solange Papa sie bei großen Bauten beschäftigt, wird er das verhindern. Solange kann er immer sagen: Sie sind wertvoll für uns. Sie bauen Ägypten auf. Sie müssen im Land bleiben. Mama sagt, sie bewundere Papa. Er will alle Menschen in seinem Reich gleich behandeln. Er will auch Ausländer in sein Reich aufnehmen. Mama hat davon erzählt, dass andere Länder solche Fremden als Sklaven verkaufen, so dass sich ihre Spuren verwischen. Dann können sie nicht zum Problem werden, weil sie nicht mehr zusammen leben. Und immer wieder sagen beide, Mama und Papa: Ägypten ist die Wiege der Kultur. Hier geht man mit allen Menschen menschlich um. Ich meine auch: Diese Hebräer sollten sich bei uns einfügen. Sie sollen nicht so störrisch sein. Wir meinen es nur gut mit ihnen.

Drei Jahre später ein dritter Eintrag: Heute hatte Pharao die große Krise. Die Ergebnisse der letzten Volkszählung wurden unter den Ministern und Gaufürsten diskutiert. Die Hebräer haben sich in den letzten 10 Jahren drei Mal mehr vermehrt als die Ägypter. Die Spezialisten haben ausgerechnet: Jetzt sind 10 % der Bevölkerung hebräisch. In weiteren 10 Jahren werden es 30 % sein – und in 20 Jahren wird es so viel Hebräer geben wie Ägypter. Ein Gaufürst aus dem Süden hat schon vor einer »durchrassten« Gesellschaft gewarnt. Er war dafür, alle hinauszuwerfen, wenn sie nicht Ägypter würden. Besonders die kriminellen Elemente. Eine solche Drohung würde sie zwingen, sich an unser Land und unsere Kultur anzupassen. Ich bin am Abend zu meinem Vater gegangen und habe gesagt: Man kann doch die Leute nicht verjagen, nachdem sie seit Generationen bei uns leben. Das passt nicht zu unserem Land, das die Wiege der Kultur ist. Mein Vater wurde sehr ernst. Er sagte: Ich denke genauso wie du. Gerade darauf zielt meine Politik, solche Vertreibungsparolen zu verhindern. Aber Politik ist immer die Wahl zwischen verschiedenen Möglichkeiten – auch zwischen unangenehmen Möglichkeiten. Ich fragte ihn: Und was hast du für Möglichkeiten? Er sagte: Es gibt zwei Vorschläge, die Hebräer zu integrieren. Den ersten Vorschlag nennen meine Minister das *finanzielle Integrationsprogramm*. Die Idee ist, dass man den Hebräern erlaubt, sich in zwei Steuerlisten einzutragen. Nicht nur in die Liste für Hebräer, die mehr Steuern zahlen, sondern auch in eine Liste für Ägypter, die weniger Steuern zahlen. Weil sie in ihrem Volk geächtet würden, wenn sie sich nicht mehr als Hebräer bekennten, müsste man für eine Übergangszeit hinnehmen, dass sie sich in zwei Listen eintragen und dabei wählen könnten, wo sie ihre Steuern zahlen. Alle würden natürlich die geringeren ägyptischen Steuern zahlen. Das wäre der erste Schritt dahin, dass sie sich als Ägypter verstehen. Und wenn sie das einmal sind, sei es egal, wie zahlreich sie sich vermehren. Die Gaufürsten aus dem Süden haben aber schon Proteste angekündigt. Die ganze Bevölkerung würde gegen solche Doppellistenplätze Unterschriften sammeln. Das zweite Programm wird das *demographische Integrationsprogramm* genannt: Es zielt darauf, den

Hebräern Geburtenkontrolle aufzuerlegen. Wir Ägypter üben alle Geburtenkontrolle, wie es sich für zivilisierte Menschen gehört. Nur die Hebräer vermehren sich einfach drauf los. Den hebräischen Hebammen müsse man Kurse in Geburtenkontrolle erteilen und ihnen die Lizenz als Hebamme nur erteilen, wenn sie allen Hebräerinnen nach dem ersten Kind einen Pflichtkurs in Empfängnisverhütung geben.

Zwei Jahre später finden wir einen vierten Eintrag im Tagebuch der Pharaonentochter: Das Hebräerproblem beschäftigt alle. Alle verlangen eine Lösung. Eine endgültige Lösung. Es herrscht eine Stimmung im Land, als seien damit alle anderen Probleme gelöst. Wenn der Nil mit seiner Überschwemmung zu spät kommt, dann, sagt man, sind die Hebräer schuld. Denn die Götter grollen ihnen. Sie haben eine primitive Religion. Ohne Götterbilder. Wenn der Nil mit dem Überschwemmungswasser zu früh kommt, dann sind die Hebräer auch schuld. Auch dann grollen die Götter. Denn sie verehren unsere Götter nicht. Wenn das Nilwasser aber rechtzeitig kommt, dann ist das eine Gnade unserer Götter: Obwohl das Land mit Hebräern befleckt ist, wollen die Götter Ägypten nicht im Stich lassen. Sie schicken das Hochwasser rechtzeitig – aus lauter Gnade. Diese Hebräer können tun, was sie wollen, sie sind immer schuld. Mein Vater sieht durch sie inzwischen seine Macht bedroht. Alle erwarten, dass er etwas gegen sie unternimmt. Sonst wollen sich die Provinzen selbständig machen. Die mächtigen Gaufürsten im Süden warten nur darauf. Oder träumen davon, selbst an die Macht zu kommen. Dann gibt es Krieg. Irgendein Feldherr setzt meinen Vater ab. Seiner Tochter wird es dann nicht gut gehen. Entweder man bringt mich um oder ein Aufrührer heiratet mich – womöglich einer, der mit einer schmutzigen Kampagne gegen Doppellistenplätze für Hebräer an die Macht gekommen ist. So einen habe ich mir wirklich nicht als Mann erträumt.

Das mit den Hebammen haben sie tatsächlich versucht. Aber es hat nicht geklappt. Die hörten sich alles an, taten aber nichts. Und jetzt haben sie alle Hebammen noch einmal zitiert. Weil die sanften Methoden der Geburtenkontrolle nicht funktionierten, müsse man jetzt zu effektiveren greifen. Alle wurden in den neuesten wissenschaftlichen Methoden unterrichtet, einen sanften Tod bei Neugeborenen herbeizuführen, so dass es keiner merkt. Sie sollten nur die Mädchen überleben lassen. Die würden dann später Ägypter heiraten. Und dann würde sich das Hebräerproblem von selbst auflösen. Aber auch das hat nicht geklappt. Keine Hebamme hat die neugeborenen Jungen umgebracht. Die Hebräerinnen haben die Hebammen zu spät gerufen. Die kamen erst, wenn das Kind schon geboren war und eine Tötung sich nicht mehr hätte vertuschen lassen. Diese Hebräerinnen haben entweder von Natur ein gutes Herz oder sie sind schon lange genug in Ägypten und haben unsere Grundwerte übernommen: Kinder bringt man in Ägypten nicht um. So etwas tun nur die Barbaren. Und jetzt verwirklichen diese Barbaren genau das, worauf wir immer so stolz waren. Und wir Ägypter tun das, weswegen wir die Barbaren verachtet haben: Wir töten Kinder.

Sechs Monate später wieder ein Eintrag: Nachdem das Hebammenprogramm gescheitert war, verlangen nicht nur die südlichen Gaufürsten, sondern auch die im Norden einen Tötungsbefehl für so viel hebräische Knaben, wie nötig sind, damit sich die Zahlen der ägyptischen und hebräischen Kinder einander angleichen. Die Ministerien verhandeln schon darüber. Sie streiten sich um die Höhe der »demographischen Egalisierungsquoten«, wie man sie nennt. Man traut sich nicht, von »Kindermordquoten« zu sprechen. Ich bin sicher, der Pharao, angeblich der humanste aller Pharaonen, wird diesen Plänen zustimmen, wenn er nur so seine Macht sichern kann. Zu diesem Zweck ist er zu allem bereit. Er spricht in letzter Zeit immer von Sachzwängen. Sein Lieblingssatz ist: *Pharaosein ist kein Ort für humane Träume.* Ich weiß nicht, ob ich Mitleid mit ihm haben soll oder ob ich ihn verachten soll. Manchmal ist er depressiv. Dann tut er mir leid. Ich kenne ihn. Eigentlich ist er ja ein guter Mensch. Auf ihm lastet eine große Verantwortung. Und dann ist er auch noch mein Vater. Was soll er tun?

Vier Wochen später lesen wir einen weiteren Eintrag: Der Plan mit den »Egalisierungsquoten« ist durchgesickert. Auch die Hebräer haben davon erfahren. Sie sprechen vom Mordbefehl des Pharaos. Sie machen meinen Vater dafür verantwortlich. Der Pharao will unsere Knaben umbringen. Und deshalb verstecken sie alle Jungen. Oder setzen sie zum Schein aus. Und lassen sie dann wieder aufsammeln, um behaupten zu können, es seien ausgesetzte ägyptische Knaben und keine Hebräer. So genau kann man das den Kleinen ja nicht ansehen. Manchmal retten sie die Kinder, indem sie sagen: Sie würden jeden wegen Mord an einem ägyptischen Kind anzeigen, der sich an ihnen vergreift. Und das wirkt. Ich bewundere sie. Und ich bin über uns verzweifelt. Mitten im Land, das die Wiege der Kultur ist, planen die Ägypter ein großes Verbrechen. Sie planen einen Massenmord. Wie soll hier jemals ein friedliches Zusammenleben wieder möglich sein, wenn man solche Pläne hat. Misstrauen und Hass werden generationenlang zwischen Ägyptern und Hebräern schwelen. Und ich kann nichts tun. Oder kann ich doch etwas tun? Vielleicht nur sehr wenig! Vielleicht kann ich dafür sorgen, dass die

Hebräer später einmal nicht glauben, alle Ägypter dächten wie diese Mordbürokraten. Ich will versuchen, wenigstens ein Kind der Hebräer zu retten. Ich und keine andere. Gerade weil ich die Tochter meines Vaters bin. Denn der wird für alles verantwortlich gemacht werden. Und er ist auch verantwortlich. Er hätte von vornherein widerstehen sollen, als die Stimmung gegen die Fremden anwuchs. Er hat immer davon gesprochen, er würde eine Lösung finden. Und je mehr er unter Druck stand, um so fester hat er eine endgültige Lösung versprochen. Eine Endlösung. Wenn mein Vater zum Mörder wird, so will ich zeigen, dass er auch andere Seiten hätte haben können – und die werde ich als seine Tochter der Welt zeigen. Wenigstens e i n Kind will ich retten.

Eine Woche später der Eintrag: Ich habe einen kleinen Hebräer aufgenommen. Ich fand ihn auf einem Schilffloß im Nil, als ich badete. Er war dort ausgesetzt worden. Das Kind weinte und schrie. Ich habe es herausgezogen. Und deshalb habe ich ihn Mose genannt – den Herausgezogenen. Ich werde ihn aufziehen. Für eine Amme habe ich schon gesorgt. Ein hebräisches Mädchen stand in der Nähe des Mose. Vermutlich eine Familienangehörige. Und auch die Amme, die sie vermittelte, wird eine Familienangehörige sein. Ich tue so, als würde ich das nicht durchschauen. Aber ich weiß genau, was gespielt wird. Vielleicht ist die Amme sogar die Mutter. Wenn ich zuschaue, wie sie das Kind säugt und herzt und liebkost, dann kann es eigentlich nur die Mutter sein. Was ist das für ein humanes Land, in dem eine Mutter ihr Kind verleugnen muss, um es zu retten!

Drei Tage später der letzte Eintrag: Große Auseinandersetzung mit dem Pharao. Unter vier Augen. Er hat natürlich alles durchschaut. Warum ich das hebräische Kind aufgenommen hätte! Ich würde seine Politik durchkreuzen. Ich würde ihn kompromittieren! Da habe ich ihn angeschrien: Du kompromittierst dich selbst. Du hast immer gesagt: Ägypten ist die Wiege der Kultur. Ägypten ist das humanste Land auf der Welt. In Ägypten haben es die Kinder gut. Hier werden Menschen, die ihre Kinder wegschicken und vernachlässigen, bestraft. Vom Pharao höchstpersönlich. Hier schützt der Pharao die Kinder. Und jetzt machst du das. Das ist Mord. Mord an Kindern. Wenn ihr den Namen Ägyptens auf Jahrhunderte hin mit Schande befleckt – so will ich ein Gegenbeispiel geben. Ich will zeigen: Wir Ägypter sind anders. Wir wissen: Es gibt ein Gebot von den Göttern: Du sollst nicht töten! Diesen kleinen Mose werde ich in den Traditionen unseres Landes unterrichten. Er soll ein Zeuge dafür werden, dass wir Ägypter keine Mörderbande sind, auch wenn es viele Mörder unter uns gibt. Und später soll er allen Menschen das Gebot einschärfen: »Du sollst nicht töten!« Wenn es nach mir ginge, dann würde ich in unserer Hauptstadt ein Denkmal aufstellen – mit nur einem Satz. Mit diesem Satz des Mose: »Du sollst nicht töten!«

Meine Nacherzählung ist hier zu Ende. Ich möchte noch drei Gedanken hinzufügen:

Wir lesen heute die Geschichte als ein Kapitel Befreiungstheologie. Sie handelt vom Volk Israel. Vorher war in der Bibel nur von einer Sippe die Rede. Eine Sippe – am Ende sind es 70 Menschen – vermehrt sich zu einem Volk. Zum ersten Mal begegnet in der Bibel jetzt der Ausdruck »Volk« für Israel. Der Eintritt dieses Volkes in die Geschichte beginnt mit einem Vernichtungsplan. Ein Pharao will es ausrotten. Diese Geschichte ist politisch. Es ist die Geschichte vom Überleben des Volkes und seinem Auszug in die Freiheit. Der Exodus aus Ägypten wurde das große Modell der Befreiungstheologie. Gott definiert sich durch ihn als den, der aus Sklaverei und Unterdrückung herausführt. Und das muss für alle Zeiten das Kriterium für den wahren Gott bleiben: Führt Gott nicht in die Freiheit, so kann es nicht der wahre Gott sein, sondern er ist ein Götze. Auch der christliche Gott wird zum Götzen, wenn er in Unfreiheit führt.

Diese Geschichte ist zweitens ein Kapitel für den jüdisch-christlichen Dialog. Sie bringt die Angst Israels zum Ausdruck, ausgerottet zu werden. In einer Inschrift rühmt sich der Pharao Merneptah ca. 1200 v.Chr. (etwa zu der Zeit, in der man den Exodus einer israelitischen Gruppe aus Ägypten vermutet), er habe in Palästina eine Gruppe namens Israel vernichtend geschlagen. Stolz verkündet er: »Israel hat keine Nachkommen mehr«. In und außerhalb der Bibel ist die erste Nachricht von Israel die Nachricht von einer geplanten oder einer vollzogenen Vernichtung dieses Volkes. Vom Pharao bis zu Hitler, von den Orten der Fronarbeit Pitom und Ramses bis zu den Vernichtungslagern Auschwitz und Maidanek gibt es eine unheimliche Kontinuität: Israel wird in seiner Existenz von mächtigen Weltreichen bedroht. Und doch wird es gerettet. Gerettet von Gott und von einigen Menschen: hier von Frauen, die den Gehorsam verweigern. Und das, obwohl im Laufe der Geschichte viele den Gehorsam nicht verweigerten. Obwohl viele zu willigen Helfern wurden. Obwohl ein fabrikmäßig organisiertes Morden in unserem Jahrhundert alles Bisherige übertraf – organisiert von Deutschen, unterstützt von mehr Deutschen, als wir wahrhaben wollten, geduldet von der Mehrheit des Volkes, die bei der öffentlichen Entrechtung der Juden in der Kristallnacht weggeschaut hat. Trotzdem gab es auch bei uns Menschen, die mit List und Lüge, mit zivilem Ungehorsam und Urkundenfälschung Menschen gerettet haben und ihr eigenes Leben dabei riskierten. Sie sind für mich die großen Helden und Heldinnen dieses Jahrhunderts. Unsere Geschichte von der Geburt des Mose ist daher eine Geschichte für den christlich-jüdischen Dialog. Ein Spiegel für Schuld und Versagen von Christen, aber auch ein Zeichen der Hoffnung: Immer wieder gab es Menschen wie die Pharaonentochter. Menschen, die tief eingebunden waren in die Vorurteile ihrer Gesellschaft und die trotzdem menschlich handelten.

Diese Geschichte ist drittens ein großartiger Text für eine feministische Theologie. Was mich bei allen Frauen fasziniert, ist die stillschweigende Konspiration für das Leben: Sie treffen keine Absprache, um Leben zu retten – sie tun es unabhängig voneinander, spontan und ohne Plan. Ihre Konspiration überschreitet ethnische und soziale Grenzen: Bei den Hebräern weigern sich die Hebammen, neugeborene Knaben zu töten. Bei den Ägyptern setzt sich die Pharaonentochter über den Tötungsbefehl ihres Vaters hinweg. Diese Konspiration ohne konspirative Techniken verbindet Frauen verschiedener Völker sowie die unterste mit der höchsten Gesellschaftsschicht. Was mir an ihr besonders gefällt, gefällt anderen vielleicht weniger. In ihr tut eine Frau der Oberschicht etwas für die Frauen am untersten Rand der Gesellschaft. Das ist kein Feminismus zur Förderung der Gebildeten und Reichen und ihrer Selbstentfaltungschancen. Selbstentfaltung ist wichtig. Sie ist wichtig für Frauen aller Schichten – auch für die Reichen. In Gestalt der Pharaotochter sind sie vertreten. Aber hier verwirklicht sich diese Frau aus der Oberschicht durch Solidarität mit Frauen aus der Unterschicht. Und dort liegen die wirklich gravierenden Probleme: Existenzfragen, Überlebensfragen. Hier begegnen wir einem Feminismus der einfachen Leute, der Hebräerinnen, der Gastarbeiterinnen, der Migrantinnen und Emigrantinnen. In diesem Zusammenhang möchte ich noch etwas ansprechen, wenn auch mit großem Zögern, denn es könnte missverstanden werden, wie alles, was ein Mann heute zum Feminismus sagt: Dieser Feminismus vertritt nicht jene Variante von Feminismus, die vor allem darüber klagt, dass Kinder eine Last sind, welche die Selbstentfaltung behindern – sondern er schützt das Leben der Kinder. Natürlich frage ich mich selbstkritisch: Gefällt mir die Geschichte so gut, weil sie altmodischen Vorstellungen in mir entgegenkommt? Vorstellungen, die ich meine, überwunden zu haben? Finde ich sie so wunderbar, weil Kinder für mich insgeheim eine Sache der Frauen sind? Daher möchte ich betonen: Diese Geschichte ist mir in einer Hinsicht unheimlich, weil die Männer nichts für das Leben ihrer Kinder tun. Nur die Frauen setzen sich für sie ein. Die Väter sind unsichtbar, wie sie es oft sind, wenn es um Kinder – auch, wenn es um ihre eigenen Kinder – geht. Nur e i n Mann handelt. Und das ist der Pharao, aber der trachtet den Kindern nach dem Leben.

Dieser Pharao aber hat einen Gegenspieler, der jenseits der Geschlechtergrenze steht. Das ist Gott. Gott ist unsichtbar, aber in anderer Weise als die Männer. Er wird nämlich an einer Stelle indirekt sichtbar. Einmal wird er »zitiert«, ohne dass sein Name fällt. Die Mutter des Mose betrachtet ihr neugeborenes Kind, und dann heißt es in der Geschichte: »Und sie sah, dass es gut war.« Das ist ein Echo der Worte Gottes bei der Schöpfung. »Und Gott sah, dass es gut war.« Es sind für mich die größten Augenblicke, wenn wir diese Worte nachsprechen dürfen: »Und siehe, es war gut.« Die Begegnung mit Kindern, mit eigenen und fremden, sind eine Chance, diese Worte nachzusprechen. Denn in jedem Kind beginnt noch einmal eine Hoffnung auf gelungenes Leben. Gott versucht es noch einmal. Auch mit uns.

Die Geschichte ist daher vor allem eine Geschichte von der Lebensbejahung Gottes. Alles andere hängt davon ab: Die Befreiung des Volkes, die Rettung Israels, die Konspiration der Frauen. Alle diese Menschen haben einen Bund mit dem Leben. Auch die heidnische Pharaonentochter hat teil an diesem Bund, obwohl sie zu einem anderen Volk, zu einer anderen Religion und zur Herrschaftsschicht gehört. Sie ist ein Zeichen für uns: Alle Menschen sind dazu bestimmt, in den Bund Gottes für das Leben aufgenommen zu werden: Juden und Heiden, Freie und Abhängige, Männer und Frauen. Dort, wo das Ja zum Leben sichtbar wird, sind alle eins. Dass dieser Bund mit dem Leben weiter gilt, auch wenn der Vernichtungswille des Bösen, der Wille zu Diskriminierung, Vertreibung und Ausrottung verzweifeln lässt, das ist die Botschaft dieser Geschichte. Das wünsche ich uns allen: Dass wir den Bund mit dem Leben und mit Gott immer wieder erneuern und, wenn es drauf ankommt, so handeln wie die Tochter des Pharao.

Diese Bibelarbeit wurde am 19.6.1999 auf dem Kirchentag in Stuttgart gehalten. Die Petition der beiden Kinder an den Pharao stammt aus: E. Brunner-Traut, Die Alten Ägypter, Stuttgart/Berlin/Köln 1974, 12f. zit. nach H. Feucht, Das Kind im Alten Ägypten, Frankfurt/New York 1995, 368f. Die Warnung vor einer »durchrassten Gesellschaft« stammt von dem Ministerpräsidenten des Freistaats Bayern, Edmund Stoiber (CSU). Im Frühjahr 1999 hatte die CDU in Hessen mit einer Kampagne und Unterschriftensammlung gegen die doppelte Staatsbürgerschaft die Wahl gewonnen – wie sich später herausstellte, mit Hilfe von Schwarzgeld aus undurchsichtigen Quellen. In der Diskussion über das Holocaust-Denkmal in Berlin machte der CSU-Politiker Schneider den Vorschlag, auf ihm als Inschrift nur das Gebot »Du sollst nicht töten!« (im Urtext) anzubringen. Dieser ausgezeichnete Vorschlag fand leider keine Zustimmung. Wenn die Erzählung vom alten Ägypten für die Geschichte Deutschlands transparent wird, so ist das natürlich beabsichtigt. Die Anspielungen wollen aber nicht das Deutschland nach 1945 mit dem vor 1945 gleichsetzen; sie wollen jedoch darauf aufmerksam machen, dass auch harmlos scheinende Tendenzen in die Barbarei führen können und dass auch ein »Kulturland« wie Deutschland (wie das Alte Ägypten) davor weder gefeit war noch ist. Meine Bibelarbeit war für manche eine Zumutung. Unter den Zuhörern waren auch Menschen, die sich aktiv an der Kampagne gegen die doppelte Staatsbürgerschaft beteiligt hatten. Trotzdem wurde sie positiv aufgenommen.

Die Humanität der Hexe
und die Verzweiflung des Königs Saul

(1 Sam 28,3-25)

Samuel aber war gestorben, und ganz Israel hatte ihm die Totenklage gehalten und ihn begraben in seiner Stadt Rama. Und Saul hatte die Geisterbeschwörer und Zeichendeuter aus dem Lande vertrieben. Als nun die Philister sich versammelten und herankamen und sich lagerten bei Schunem, versammelte Saul auch ganz Israel, und sie lagerten sich auf dem Gebirge Gilboa. Als aber Saul das Heer der Philister sah, fürchtete er sich, und sein Herz verzagte sehr. Und er befragte den HERRN; aber der HERR antwortete ihm nicht, weder durch Träume noch durch das Los »Licht« noch durch Propheten. Da sprach Saul zu seinen Getreuen: Sucht mir ein Weib, das Tote beschwören kann, dass ich zu ihr gehe und sie befrage. Seine Männer sprachen zu ihm: Siehe, in En-Dor ist ein Weib, das kann Tote beschwören. Und Saul machte sich unkenntlich und zog andere Kleider an und ging hin und zwei Männer mit ihm, und sie kamen bei Nacht zu dem Weibe. Und Saul sprach: Wahrsage mir, weil du Geister beschwören kannst, und hole mir herauf, wen ich dir nenne. Das Weib sprach zu ihm: Siehe, du weißt doch selbst, was Saul getan hat, wie er die Geisterbeschwörer und Zeichendeuter ausgerottet hat im Lande; warum willst du mir denn eine Falle stellen, dass ich getötet werde? Saul aber schwor ihr bei dem Herrn und sprach: So wahr der HERR lebt: Es soll dich in dieser Sache keine Schuld treffen. Da sprach das Weib: Wen soll ich dir denn heraufholen? Er sprach: Hol mir Samuel herauf! Als nun das Weib merkte, dass es um Samuel ging, schrie sie laut und sprach zu Saul: Warum hast du mich betrogen? Du bist Saul. Und der König sprach zu ihr: Fürchte dich nicht! Was siehst du? Das Weib sprach zu Saul: Ich sehe einen Geist heraufsteigen aus der Erde. Er sprach: Wie ist er gestaltet? Sie sprach: Es kommt ein alter Mann herauf und ist bekleidet mit einem Priesterrock. Da erkannte Saul, dass es Samuel war, und neigte sich mit seinem Antlitz zur Erde und fiel nieder. Samuel aber sprach zu Saul: Warum hast du meine Ruhe gestört, dass du mich heraufsteigen lässest? Saul sprach: Ich bin in großer Bedrängnis, die Philister kämpfen gegen mich, und Gott ist von mir gewichen und antwortet mir nicht, weder durch Propheten noch durch Träume; darum hab ich dich rufen lassen, dass du mir kundtust, was ich tun soll. Samuel sprach: Warum willst du mich befragen, da doch der HERR von dir gewichen und dein Feind geworden ist? Der HERR hat dir getan, wie er durch mich geredet hat, und hat das Königtum aus deiner Hand gerissen und David, deinem Nächsten, gegeben. Weil du der Stimme des HERRN nicht gehorcht und seinen grimmigen Zorn nicht an Amalek vollstreckt hast, darum hat der HERR dir das jetzt getan. Dazu wird der HERR mit dir auch Israel in die Hände der Philister geben. Morgen wirst du mit deinen Söhnen bei mir sein. Auch wird der HERR das Heer Israels in die Hände der Philister geben. Da stürzte Saul zur Erde, so lang er war, und geriet in große

Furcht über die Worte Samuels. Auch war keine Kraft mehr in ihm; denn er hatte nichts gegessen den ganzen Tag und die ganze Nacht. Und das Weib trat zu Saul und sah, dass er sehr erschrocken war, und sprach zu ihm: Siehe, deine Magd hat deiner Stimme gehorcht, und ich habe mein Leben aufs Spiel gesetzt, als ich die Worte hörte, die du zu mir gesagt hast. So gehorche du nun auch der Stimme deiner Magd! Ich will dir einen Bissen Brot vorsetzen, dass du issest und zu Kräften kommst und deine Straße gehen kannst. Er aber weigerte sich und sprach: Ich will nicht essen. Da nötigten ihn seine Männer und das Weib, bis er auf sie hörte. Und er stand auf von der Erde und setzte sich aufs Bett. Das Weib aber hatte im Haus ein gemästetes Kalb; das schlachtete sie eilends und nahm Mehl und knetete es und backte ungesäuertes Brot und setzte es Saul und seinen Männern vor. Und als sie gegessen hatten, standen sie auf und gingen fort noch in der Nacht.

König Saul und die Totenbeschwörerin von Endor – das ist die Geschichte eines Scheiterns. Alles ist in ihr so dunkel wie die Nacht, in der sie spielt. Und auch die Predigt darüber wird dunkel sein, obwohl sie ein kleines Licht anzünden möchte.

Es ist eine *häretische* Geschichte: Totenbeschwörung und Okkultismus öffnen in ihr den Weg zur Wahrheit, zur Konfrontation mit unausweichlichem Untergang und Tod. Was die offizielle Religion zu unterdrücken sucht, kommt hier zur Geltung.

Es ist eine *unmoralische* Geschichte: Saul scheitert daran, dass er nicht alle Amalekiter umgebracht hat. Er hat den Bann, die Hinmetzelung aller besiegten Feinde zur höheren Ehre Gottes, nicht konsequent vollzogen. Er hat einen überleben lassen: den König – und gerade das gilt als Grund seiner Verwerfung!

Es ist eine *politische* Geschichte, eine Geschichte vom Niedergang des alten Herrschers und vom Aufstieg Davids. Unmittelbar vorher wird von David erzählt, wie er im Unterschied zu Saul mit den Amalekitern umsprang: Er tötete sie alle, nicht weil er den Bann konsequent vollstrecken wollte, sondern damit kein Zeuge seiner Ausrottungspolitik überleben sollte. Solchen skrupellosen Machtpolitikern gehört die Zukunft.

Es ist eine *antiheroische* Geschichte: Saul bricht zusammen. Wir spüren nichts von der inneren Freiheit des Sokrates angesichts des Todes, nichts vom Vertrauen der Märtyrer in ihre Sache. Kein letztes Wort gibt seinem Sterben einen Sinn.

Es ist in einem Punkte eine sehr menschliche Geschichte: die Geschichte von der Humanität einer Hexe gegenüber ihrem Todfeind. Sie ist moralisch so ambivalent wie das Leben selbst: Ein unheiliger Text in der heiligen Schrift – so lebendig wie das Unheilige im Leben.

Was wird Saul zum Verhängnis? Seine Frömmigkeit. Er ist zu fromm. Er will nichts ohne Einvernehmen mit Gott tun. Er will über Träume, Orakel oder Propheten Gottes Willen erfahren. Das galt als legitime Religion. Aber Gott schweigt auf diesen Kanälen. Da greift Saul auf den Ahnenkult zurück, den er eigentlich bekämpfen und ausrotten will. Saul zeigt damit eine große innere Abhängigkeit von der Tradition.

Könnte die Hexe von Endor doch nicht nur Propheten wie Samuel heraufbeschwören, sondern auch zukünftige! Könnte sie Saul nicht nur mit der Stimme der Tradition, sondern mit der Stimme der Zukunft konfrontieren! Dann können wir vielleicht im Dunkel dieser Geschichte ein kleines Licht anzünden. Geben wir daher der Hexe von Endor in unserer Phantasie die Macht zu solch einer Zukunftsbeschwörung!

Die erste Zukunftsbeschwörung gilt dem Propheten Elia. Der finsteren Nacht entsteigt eine Gestalt, mit Kamelhaarmantel und Ledergurt. Sie spricht zu Saul: Wie lange willst du auf zwei Seiten hinken? Ist der Herr der wahre Gott, so halte dich zu ihm und verwirf alle anderen Wege, die angeblich zu Gott führen, all das, was bei den Baalen üblich ist: Horoskope und Astrologie, spiritistische Nachtveranstaltungen und Magie. Aber du lebst im Widerspruch zu dir selbst: Am Tage verfolgst du die Totenbeschwörer und nachts suchst du sie auf. Weil du mit dir gespalten bist, kannst du nach außen hin keine Gewissheit ausstrahlen. Weil du innerlich gebrochen bist, kannst du nicht siegen. Denn du bist deinen eigenen Prinzipien untreu geworden. Du hinkst auf zwei Seiten. Und merkst nicht einmal, wie du dich selbst betrügst! Warum beschwörst du ausgerechnet Samuel herauf, der dir schon drei Mal das Ende deines Königtums geweissagt hat, der dich schon lange verworfen hat. Gebe zu: Du hörst von dem toten Samuel nichts, was du nicht schon wusstest. Du meinst die Stimme eines Propheten zu hören und hörst nur die Stimme deiner eigenen Ängste und Gebrochenheit.

Elia hat recht: Wenn Saul den Samuel aus der Unterwelt herauf steigen lässt, so lässt er seine eigene Untergangsgewissheit aus seinem Unterbewusstsein heraufsteigen. Er hört, was er sich schon selbst gesagt hat: Du bist verworfen. Derselben Selbsttäuschung verfallen wir bis heute. Alle außernormalen Wege zur Gewissheit über die Zukunft, alle Horoskope, alle okkulten Sitzungen, alle Nostradamusspekulationen und Pendelversuche vermitteln nur die Gewissheiten, die wir schon immer haben. Die Auskünfte aus dem vermeintlichen Jenseits sind ja immer so zweideutig und vage, dass wir selbst in sie hineinprojizieren müssen, was wir schon ahnten, fürchteten oder erhofften. Da lautet das Horoskop:

Sie werden heute eine wichtige Botschaft hören. Es hängt an uns, welche Botschaft wir aus den Ereignissen eines Tages entziffern, ob wir die Kurswerte der Zeitung zur wichtigen Botschaft machen, ob wir in der Bibel so lange lesen, bis wir etwas Bedeutsames finden. Oder ob wir das Lächeln einer Frau (und warum nicht auch das der eigenen Frau?) als wichtige Botschaft erleben.

Die zweite Zukunftsbeschwörung: Die Hexe ruft Amos aus der Zukunft in die Gegenwart. Und auch Amos spricht zu Saul: Du widersprichst dir selbst. Aber anders, als Elia meinte. Du weichst nicht von deinen Prinzipien ab. Vielmehr willst du die Widerlegung deiner Prinzipien nicht wahrhaben. Das ist dein Problem. Zwei Beispiele dafür:

Das erste: Als dein Sohn Jonathan im Krieg mit den Philistern unwissend einen Schwur des Volkes übertrat, nichts zu essen, und dennoch die Philister besiegte, da wolltest du ihn töten. Denn du hattest geschworen, jeden zu töten, der den Schwur brach. Damals hat dich das Volk von dieser Unmenschlichkeit abgehalten. Damals warst du menschlich, obwohl du aus Gehorsam gegenüber einem heiligen Gebot unmenschlich gegen deinen eigenen Sohn sein wolltest. Damals ging es um deine Familie. Als es aber um die Amalekiter ging, da hättest du die gleichen Maßstäbe anwenden müssen. Da hättest du die leben lassen sollen, die ihr Leben nach den Geboten eures »heiligen Krieges« verwirkt hatten. Du warst zwar auf dem richtigen Wege. Du ließest ihren König überleben. Aber dann hast du trotzdem auf Samuels Kritik hin den König umgebracht, obwohl er sich dir schon anvertraut hatte. Damals hast du ein Prinzip in die Tat umgesetzt, das du im Grunde schon hinter dir gelassen hattest. Das grausame Prinzip, dass die Tötung aller Feinde Gottes Gebot sei. Warum hast du dieses Prinzip nicht geopfert? Warum hast du statt dessen den König geopfert?

Und nun das zweite Beispiel: Auch bei der Hexe von Endor hättest du merken können, dass es besser ist, die eigenen Prinzipien zu opfern als Menschen. Du wolltest alle Totenbeschwörer ausrotten. Du wolltest die wahre Religion durchsetzen. Aber die Hexe von Endor hat deinen Ausrottungsbefehl überlebt. Gerade zu ihr bist du in deiner Verzweiflung geflohen. Gerade sie hat dich in deiner dunkelsten Stunde menschlich behandelt. Sie gab dir zu essen. Sie richtete dich auf. Der einzige Trost, den du hattest, beruhte auf einer Widerlegung deiner Prinzipien.

Ich Amos sage dir: Gott will, dass wir immer dieselben Maßstäbe anwenden – sowohl bei denen, die uns nahe stehen (wie bei deinem Sohn), als auch bei den anderen: bei den Feinden, im eigenen Volk (bei der Hexe von Endor) und bei den Feinden unter anderen Völkern (bei den Amalekitern). Du bist ins Schleudern gekommen, weil du nicht die Prinzipien geopfert hast, die du als unmenschlich hättest erkennen können. Und du wusstest es. Lange bevor du das Verwerfungsurteil von außen hörtest, hattest du dich selbst in deinem Innern verworfen.

Amos hat recht: Saul ist die Gestalt eines Übergangs. Er ist traditionellen Prinzipien verhaftet, von denen er sich nicht lösen kann. Er, der die wahre Religion durchsetzen will, regrediert in der Stunde der Not auf überholte Formen der Religion. Auch wenn seine Inkonsequenz menschlich ist. Er will ja nicht den Ahnenkult um seiner selbst willen beleben. Er will ihn nur dazu beleben, um einen Propheten noch einmal zu sprechen, also einen der legitimen Kanäle von Religion neu zu eröffnen.

Aber er hat dabei die Übereinstimmung mit sich selbst verloren, hat den inneren Kompass seines Lebens verloren, weil er zu sehr an der Vergangenheit hing. Er musste sich selbst verurteilen. Darin ist seine Schwermut begründet, die ihn so menschlich macht. Das ist die Ursache seiner Depression, die ihn so hilflos macht.

Und so ist es auch in unserem Leben. Nicht der Okkultismus ist unser Problem, nicht die Beschwörung von Toten, nicht das Lauschen auf Klopfgeister, sondern dass wir uns damit in Widerspruch zu uns selbst setzen. Wir sind in unserem ganzen Leben anders programmiert. Es gehört gewiss auch zu unserem intellektuellen Programm, offen für alles Unbekannte zu sein. Es ist vereinbar mit unserem Programm, dass wir außernormale Phänomene registrieren – aber als ASW- und PK-Phänomene, d.h. als »Außersinnliche Wahrnehmung« und »Psychokinese«, etikettiert mit Begriffen, die wir aus einer Spezialwissenschaft für Außernormales beziehen, aus der Parapsychologie. Wir können sogar den Bereich des Außernormalen in unsere Theologie und Philosophie als Fragezeichen vor allzu großer Gewissheit einbauen, unser Wissen sei abgeschlossen. Die Schöpfung ist noch nicht zu Ende erforscht. Telepathie und Präkognition, Psychokinese und Heilcharisma gehören zu dieser Schöpfung. Sie repräsentieren noch unerkannte Möglichkeiten in ihr. Aber wir machen keinen Kult daraus. Keine Totenbeschwörung. Keine letztgültige Lebensorientierung. Keinen privilegierten Zugang zu einer anderen Welt. Wir setzen unser Herz nicht darauf. Und wir verabscheuen uns selbst, wenn wir in Krisenaugenblicken mit der Versuchung kämpfen, ihnen dennoch ein größeres Gewicht beizulegen. Doch wir zahlen einen Preis dafür: Wir müssen lange Durststrecken des Schweigens Gottes aushalten.

In ihrer dritten Zukunftsbeschwörung ruft die Hexe von Endor deshalb Jesaja aus der Zukunft in die Gegenwart. Und Jesaja sagt zu Saul: Du konntest nicht ertragen, dass Gott schweigt. Manchmal ist es unsere Aufgabe, das Schweigen Gottes zu ertragen. Wie oft kommen Menschen zu mir und fragen: »Wächter, ist die Nacht bald hin? Wächter, ist die Nacht bald hin?« Ich aber antworte: »Der Morgen kommt sicher, aber es bleibt die Nacht. Wenn ihr fragen wollt, so kommt wieder und fragt« (Jes 21,11f.). Das ist oft meine ganze Botschaft: das Schweigen Gottes.

Aber manchmal kommt die Botschaft auf einem anderen Wege, als Zeichen ohne Worte. Manchmal dadurch, dass ein Kind geboren wird. Manchmal durchbricht das Schreien eines Säuglings Gottes Schweigen. Auch zu dir kam die Botschaft anders, als du erwartet hast: nicht in Träumen, Orakeln und Propheten. Sie kam in Gestalt der Hexe von Endor. Du wolltest sie töten. Sie hatte Angst vor dir. Du warst ihr mächtiger Feind. Sie hat dich trotzdem aufgenommen, sie hat dich aufgerichtet. Sie hat dir ein Essen bereitet. Sie war das Zeichen. Nicht durch Worte, sondern durch Gesten. Und sie wählte die überzeugendste Geste menschlicher Anerkennung: sie teilte ihr Essen mit dir, mit ihrem Feind. Warum hast du diese stumme Botschaft ohne Worte überhört? Du warst der Meinung, Gott verwirft alle Hexen und Totenbeschwörer. Und du seiest dazu erwählt, alle Hexen und Totenbeschwörer in seinem Namen auszurotten. Jetzt aber warst du einem dieser angeblich verworfenen Menschen begegnet, einer Frau – und siehe da, sie war menschlich. Das Verwerfungsurteil Gottes über sie war falsch. Und selbst wenn Samuel und 100 andere Propheten erklärt hätten, sie sei verworfen – ihr Urteil kann nicht stimmen. Diese angeblich verworfene Hexe war dazu erwählt, um dir in deinen letzten Stunden ein wenig Menschlichkeit zu zeigen, sie war das eigentliche Zeichen für dich: für einen, der angeblich verworfen war. Daraus hättest du die Botschaft ableiten können: Wenn eine verworfene Frau zu einem Zeichen Gottes wird – und nicht verworfen ist, dann ist auch Saul nicht verworfen.

Wenn das stimmt, dann sind wir alle nicht verworfen, auch wenn uns alles einreden will, wir seien es, unser Leben sei gescheitert. Sei darauf gefasst: Das ist vielleicht das einzige Zeichen an dich in der dunkelsten Nacht deines Lebens, wenn du vor dem Trümmerhaufen deines Lebens stehst. Eine kleine Geste der Menschlichkeit. Ein Abschiedsmahl. Dieses Zeichen zündet mitten in der Nacht ein kleines Licht an. Ist es das Morgenlicht? Nein, das nicht. Nur ein Vorbote des Morgenlichts. Denn wenn du fragst: »Wächter, ist die Nacht bald hin?« – so kann ich dir ehrlicherweise nur sagen: »Der Morgen kommt. Aber es wird noch lange Nacht bleiben. Wenn du fragen willst, komm wieder und frag.«

Die letzte Zukunftsbeschwörung ist deshalb ein Bild ohne Worte. Die Hexe von Endor beschwört eine Szene aus der Zukunft herauf, eine Szene in einer Nacht, die so dunkel ist wie die Nacht von Endor, ja noch dunkler als sie. Saul sieht eine verzweifelte Gestalt in einem Garten im Gebet. Keine Frau ist zu sehen, deren Anwesenheit diese Nacht ein wenig hell macht. Dafür drei Männer am Rande. Sie schlafen. Der Verzweifelte kommt mehrfach zu ihnen, um Trost und menschliche Wärme zu finden. Vergeblich. Die drei schlafen weiter. Der Verzweifelte ist ganz allein. Vor dem Garten ziehen seine Henker auf. In dieser Nacht wird kein Totengeist beschworen, die Unterwelt bleibt so stumm wie der Himmel. Kein Traum öffnet den Zugang zum Jenseits. Kein Los gibt einen Hinweis, ob es einen Ausweg gibt. Gott schweigt.

Auch wer nach besonderen Botschaften von Gott sucht – auf sichtbaren, hörbaren, medialen Wegen, auch wer meint, einen esoterischen Draht zu ihm zu haben, auch der wird einmal mit dieser Situation konfrontiert sein: Gott schweigt. Angesichts des Todes sind wir alle allein, eingeschlossen in unsere Schmerzen. Die anderen Menschen, die weiter leben werden, bewegen sich in einer anderen Welt. Ihre Worte erreichen uns nur noch schwach. Versuche, auch das Sterben als esoterisches Spitzenerlebnis attraktiv zu machen, sind Verlegenheitsversuche. Es ist daher gut, dass in der Bibel auch Geschichten des Scheiterns stehen, Geschichten, die in uns zu lebendigen Bildern werden können, die auch in solchen Grenzsituationen die Gedanken und das innere Chaos der Gefühle ordnen. Zu ihnen gehört die Geschichte von Getsemane und vom Ende Sauls. Konfrontiert mit dem Tod wird er ohnmächtig. Gefasstsein aufs Sterben umfasst auch das Wissen, dass wir unsere Fassung verlieren werden. Und die Hoffnung, dass wir dennoch nicht ins Nichts fallen.

Was aber hilft uns? Auch hier sind es zuletzt Botschaften, die nicht allein durch Worte vermittelt werden. Die Nähe eines Menschen, oft ist es die Nähe einer Frau. Eine Stimme. Oft ist es die Stimme einer Frau. Noch einmal ein Mahl. Und oft ist es von einer Frau zubereitet. So wie die Hexe von Endor dem König Saul in der Stunde seines Scheiterns ein Mahl zubereitete und ihm so versicherte: Du gehörst zu uns. Dieses Mahl gibt dir neue Kräfte. Was auch immer kommen wird, dein Leben ist bis an seinen äußersten Rand Leben im vollen Sinne. Es lohnt sich noch immer, für dein Leben ein Festmahl zu veranstalten.

Vielleicht bist du ein Mensch wie Saul. Vielleicht schwankst auch du zwischen aufgeklärtem Tagesbewusstsein und christlichem Nachtbewusstsein (so wie es viele intellektuelle Christen tun).

Oder du schwankst zwischen einem christlichen Tagesbewusstsein und einem okkulten Nachtbewusstsein, in dem längst vergangene Totengeister ihre unheimliche psychische Macht ausüben.

Vielleicht hörst du gar keine Botschaft, sondern nur das Schweigen Gottes. Und suchst auf Ersatzkanälen nach seiner verschütteten Stimme.

Und doch sucht dich die Botschaft. Sie sucht dich oft auf einem ganz unspektakulären Weg. So wie sie Saul in Gestalt einer menschlichen Frau aufsuchte, die ihm ein Essen bereitete. Auch du bist zu einem Festmahl eingeladen – wie König Saul. Und du sollst an ihm teilnehmen dürfen wie ein König.

Für uns Christen ist dieses Essen jenes letzte Mahl, das Jesus mit seinen Jüngern feierte, bevor er in den Tod ging. Noch einmal feierte er eine gemeinsame Mahlzeit, wie er sie schon oft gefeiert hatte. Noch einmal feierte er es zum Abschied. Bis heute gibt das letzte Mahl Jesu uns die Gewissheit, dass nichts von der Gemeinschaft mit Gott trennen kann. Auch nicht die letzten Stunden des Lebens. Auch nicht der Tod. Auch nicht das Scheitern an den eigenen Widersprüchen. Auch nicht die klare Erkenntnis, dass wir in unserem Leben nur ein Übergang sind zwischen den Mächten der Vergangenheit und der Zukunft. Auch nicht die Tatsache, dass niemand in seinem Leben ein konsequenter Christ ist, sondern ein Mensch mit seinem Widerspruch.

Dieses Mahl sagt ohne Worte das, was Gott jedem Menschen zuruft: Du bist mein Ebenbild. Ich liebe dich. Ich habe dich bei deinem Namen gerufen. Du bist mein. Wenn du dieses eine Wort hörst, wenn es bei dir ankommt, dann hast du das Größte gehört, was du im Himmel und auf Erden hören kannst. In aller Ewigkeit kannst du nicht mehr hören als das. In aller Ewigkeit kannst du nichts Gewaltigeres, nichts Größeres hören, als wenn Gott durch Worte und Zeichen spricht: Du bist mein.

Und der Friede Gottes, welcher höher ist als all unsere Vernunft, bewahre eure Herzen und Sinne in Christo Jesu. Amen.

Diese Predigt wurde am Sonntag, den 21.6.1998, in der Peterskirche in Heidelberg gehalten.

Hiob und Anti-Hiob
Über unseren Umgang mit Vergänglichkeit und Leid

(Hiob 14,1-15)

Der Mensch, vom Weibe geboren, lebt kurze Zeit und ist voll Unruhe, geht auf wie eine Blume und fällt ab, flieht wie ein Schatten und bleibt nicht. Doch du tust deine Augen über einen solchen auf, dass du mich vor dir ins Gericht ziehst. Kann wohl ein Reiner kommen von Unreinen? Auch nicht einer! Sind seine Tage bestimmt, steht die Zahl seiner Monde bei dir und hast du ein Ziel gesetzt, das er nicht überschreiten kann: so blicke doch weg von ihm, damit er Ruhe hat, bis sein Tag kommt, auf den er sich wie ein Tagelöhner freut. Denn ein Baum hat Hoffnung, auch wenn er abgehauen ist; er kann wieder ausschlagen, und seine Schösslinge bleiben nicht aus. Ob seine Wurzel in der Erde alt wird und sein Stumpf im Boden erstirbt, so grünt er doch wieder vom Geruch des Wassers und treibt Zweige wie eine junge Pflanze. Stirbt aber ein Mann, so ist er dahin; kommt ein Mensch um – wo ist er? Wie Wasser ausläuft aus dem See, und wie ein Strom versiegt und vertrocknet, so ist ein Mensch, wenn er sich niederlegt, er wird nicht wieder aufstehen; er wird nicht aufwachen, solange der Himmel bleibt, noch von seinem Schlaf erweckt werden. Ach dass du mich im Totenreich verwahren und verbergen wolltest, bis dein Zorn sich legt, und mir ein Ziel setzen und dann an mich denken wolltest! Meinst du, ein toter Mensch wird wieder leben? Alle Tage meines Dienstes wollte ich harren, bis meine Ablösung kommt. Du würdest rufen und ich dir antworten; es würde dich verlangen nach dem Werk deiner Hände.

Hiobs Klage über die Vergänglichkeit ist Ausdruck tiefer Depression. Man ist versucht, seine Stimmung lebendig werden zu lassen: Darüber zu klagen, dass alles vergeht. Dass wir dahin müssen. Dass es schneller kommt, als uns lieb ist. So schnell, wie es über die Menschen kam, die gestern in der Bergbahn bei Kaprun verunglückten. Aber auch für uns gilt: Vielleicht schwelt die Krankheit, die uns umbringt, schon in unserem Körper. Vielleicht wird das Auto, das uns zu Tode bringt, gerade getankt. Vielleicht macht der Arzt, der uns das letzte Schmerzmittel verabreichen wird, gerade Examen. Und die Pastorin, die uns beerdigt, hält vielleicht gerade eine Predigt über die Vergänglichkeit aller Dinge und macht sich Gedanken darüber, wie sie mit ihr diesen dunklen November nicht noch düsterer, sondern heller macht. Gerade dafür aber ist Hiobs

Klage geeignet. Sie enthält eine Revolte, verborgen in drei Widersprüchen.

Der erste Widerspruch: Hiob konstatiert zwar die Vergänglichkeit als definitives Faktum. Er sagt zu Gott: »Wie Wasser ausläuft aus dem See und wie ein Strom versiegt und vertrocknet, so ist ein Mensch, wenn er sich niederlegt, er wird nicht wieder aufstehen; er wird nicht aufwachen.« Aber gleichzeitig setzt er (im Irrealis) eine andere Möglichkeit dagegen: »Ach dass du mich im Totenreich verwahren und verbergen wolltest ... Du würdest rufen und ich dir antworten; es würde dich verlangen nach dem Werk deiner Hände.« Trotzig setzt er eine imaginäre *Ewigkeit* gegen die Vergänglichkeit.

Der zweite Widerspruch: Hiob insistiert auf seiner Unschuld. Er protestiert gegen seine Freunde, die sein Leid auf seine persönliche Sünde und Schuld zurück führen wollen. Unmittelbar vor unserem Text fordert er Gott vor Gericht und schreit: »Lass mich (doch endlich) wissen meine Übertretung und Sünde.« Er besteht darauf, Verantwortung für sein Leben und für sein Leiden zu übernehmen. Und gleichzeitig resigniert er: Gott könnte ebenso einen Schatten vor Gericht ziehen. Denn keiner kann vor ihm bestehen: »Kann wohl ein Reiner kommen von Unreinen? Auch nicht einer!« Hiob sagt: Keiner ist unschuldig, und dennoch insistiert er auf seiner Unschuld. Der Unausweichlichkeit von Schuld setzt er trotzig seine Verantwortung – und das heißt: seine *Freiheit* – entgegen.

Der dritte Widerspruch: Hiob will mit Gott in Kontakt treten, um zu erfahren, warum er leiden muss. Er kann voll Zuversicht von Gott sagen: »Ich weiß, dass mein Erlöser lebt ... Und ist meine Haut noch so zerschlagen und mein Fleisch dahingeschwunden, so werde ich doch Gott sehen. Ich selbst werde ihn sehen .... Danach sehnt sich mein Herz in meiner Brust.« Aber in unserem Text (und oft auch sonst) bittet er Gott darum: Blicke doch weg von mir, damit ich endlich Ruhe habe. Einerseits sehnt er sich nach Konfrontation mit Gott, mit der letzten Wahrheit über sich und sein Leben, andererseits möchte er ihr ausweichen. Aber das Verlangen nach Wahrheit setzt sich mit rücksichtsloser *Unbedingtheit* immer wieder durch.

Man kann natürlich sagen: Leidende argumentieren nicht kohärent. Das sei Ausdruck ihres Leidens. Aber Hiob leidet nicht nur. Er rebelliert. Wo Rebellion gegen die Dunkelheit ist, da ist auch etwas Licht. Wenn Hiob zerrissen ist zwischen Vergänglichkeit und Ewigkeit, zwischen Verantwortung und Schuld, zwischen Sehnsucht nach unbedingter Wahrheit und Scheu vor ihr – dann ist das nicht Ausdruck seiner Pathologie, sondern der menschlichen Situation überhaupt. Wir alle stranden in diesen Widersprüchen, sowohl dann, wenn wir gesund und glücklich sind, als auch dann, wenn wir wie Hiob die Schläge des Todes hören:

Ach, es ist so dunkel in des Todes Kammer,
Tönt so traurig, wenn er sich bewegt,
Und nun aufhebt seinen schweren Hammer
Und die Stunde schlägt.

Ich habe diese Verse zitiert, weil Matthias Claudius, ihr Dichter, auch unseren Predigttext, Hiob 14, in ein Gedicht verwandelt hat. Es hat den Titel: »Der Mensch« und lautet:

Empfangen und genähret
Vom Weibe wunderbar,
Kömmt er und sieht und höret
Und nimmt des Trugs nicht wahr;
Gelüstet und begehret,
Und bringt sein Tränlein dar;
Verachtet und verehret,
Hat Freude und Gefahr;
Glaubt, zweifelt, wähnt und lehret,
Hält nichts und alles wahr;
Erbauet und zerstöret
Und quält sich immerdar;
Schläft, wachet, wächst und zehret;
Trägt braun und graues Haar.
Und alles dieses währet,
Wenn's hoch kommt, achtzig Jahr.
Dann legt er sich zu seinen Vätern nieder,
Und er kömmt nimmer wieder.

Könnte man doch so gelassen die Widersprüchlichkeit menschlichen Lebens betrachten, als habe man sich mit ihr abgefunden! Aber auch der fromme Matthias Claudius ist so gelassen nicht. Beim Anblick der funkelnden Sterne über dieser Welt überkommt ihn eine Ahnung, das könne doch nicht alles sein im Leben, dieses Durcheinander von Leid und Freude. Und er gesteht sich ein:

Dann saget, unterm Himmelszelt
Mein Herz mir in der Brust:
»Es gibt was Bessers in der Welt
als all ihr Schmerz und Lust.«

Hier packt ihn eine Sehnsucht über die Welt des Hiobs hinaus. Der Sternenhimmel war schon immer ein Gegenbild zum vergänglichen Chaos der Menschenwelt. Die Sehnsucht des Wandsbecker Boten aus dem

18. Jahrhundert nach solch einem Gegenbild ist auch heute lebendig. Aber heute rufen weniger die Sterne am Himmel die Sehnsucht nach einem Mehr als Leben hervor als Träume von einem selbst produzierten Glück.

Stellen wir uns daher vor, Ärzte hätten den homo paradisicus geschaffen, den Anti-Hiob einer schmerzfreien Welt. Wir besuchen das berühmte Laboratorium, in dem er lebt. Wir werden in einen Raum geführt, in dem er mit geschlossenen Augen auf einem Bett liegt – verbunden mit einer Unzahl von Kabeln und Messgeräten. Er ist ein modernes Gegenbild zu Hiob. Und der Versuchsleiter erklärt uns: Dieser Mensch kennt nur angenehme Empfindungen. Er kennt keine Schmerzen, weiß nichts vom Tod, weiß nichts von Versagen. Er lebt in einer Welt totalen Glücks. Er lebt im Paradies. Wir steuern mit modernsten Programmen sein Erleben. Und dann macht er uns das Angebot, mit diesem homo paradisicus zu tauschen. Warum werden wir entsetzt ablehnen? Warum wollen wir nicht in der Haut dieses homo paradisicus stecken – so wenig wie in der Haut des Hiob? Dafür haben wir drei Gründe.

Der erste Grund. Dieser Paradies-Mensch muss zwar nicht wie Hiob klagen: »Der Mensch, vom Weib geboren, lebt kurze Zeit und ist voll Unruhe, geht auf wie eine Blume und fällt ab, flieht wie ein Schatten und bleibt nicht.« Denn er weiß nichts von Vergänglichkeit. Jeder Augenblick erfüllt ihn ganz. Er erlebt keine Zeit. Doch sehnen wir uns wirklich danach? Wollen wir nicht lieber bewusst in der vergehenden Zeit leben und den imaginären Sinn für Ewiges ertragen, auch wenn er uns ständig frustriert, weil alles vergeht. Dieser Sinn ist in uns auch dann lebendig, wenn wir ihn leugnen. Wenn wir irgend etwas für gültig halten – und sei es nur die schlichte Feststellung, dass heute Sonntag ist, dann können wir gar nicht anders, als davon auszugehen, dass diese Feststellung bis in alle Ewigkeit gilt. Und wenn wir uns getäuscht haben, dann gehen wir ebenso sicher davon aus, dass auch diese Täuschung in alle Ewigkeit Täuschung ist. Wo immer wir etwas als gültig oder ungültig behaupten, als wahr oder gut oder schön oder als das Gegenteil davon, machen wir eine Ewigkeitsannahme, die uns so selbstverständlich ist, dass wir sie gar nicht mehr merken. Aber manchmal bäumt sich dieser verborgene Sinn für Ewiges in uns gegen die Vergänglichkeit auf! Und das tut weh. Aber ist es nicht besser, unter dem Widerspruch zwischen der alles zermalmenden Zeit und diesem Sinn für Ewigkeit zu leiden, ja, von ihm zerrissen zu werden wie Hiob zerrissen wurde, als dass wir als homo paradisicus in einer illusionären Glückswelt verdämmern? Ja, es stimmt, alles ist vergänglich. Aber wenn nur ein winziger Tropfen Ewigkeit in unser Leben fällt, wird dann nicht alles anders? Kann ein Tropfen Ewigkeit das Meer der Vergänglichkeit färben und uns gewiss machen:

Es gibt was Besseres in der Welt
Als all ihr Schmerz und Lust?

Wir haben noch einen zweiten Grund: Der homo paradisicus ist nicht mehr für sein Leben verantwortlich. Geräte und Programme, Ärzte und Biotechniker konstruieren seine virtuelle Glückswelt. Aber wollen wir mit ihm tauschen? Wollen wir uns wirklich abhängig machen von Drähten, Apparaten und den verrückten Forschungsprogrammen einiger Wissenschaftler? Der homo paradisicus lebt zwar in totalem Glück, aber auch in totaler Unfreiheit. Er hat keinen Einfluss auf sein Schicksal. Er hängt von Drähten und Kabeln, von Fremden ab. Wollen wir nicht lieber ein Leben führen, in dem wir für etwas selbst verantwortlich sind, in dem wir selbst etwas verursachen – und seien es unsere Fehler und Schurkereien, anstatt total abhängig zu sein? Was bäumt sich da in uns auf gegen das Leben des homo paradisicus? Es ist unser Sinn für Freiheit und Verantwortung. Nur weil wir diesen Sinn für Freiheit und Verantwortung haben, leiden wir unter Unfreiheit und Schuld. Nur seinetwegen sind wir zerrissen wie Hiob zwischen unserem Insistieren auf unserer Verantwortlichkeit und der Flucht vor ihr in die allgemeine Unzulänglichkeit des Menschen. Aber wenn auch nur ein winziger Funken Freiheit in unser Leben fällt, kann dieser Funke nicht die größte Unfreiheit hell machen? Und dann können wir vielleicht aus Überzeugung sagen:

Es gibt was Besseres in der Welt
Als all ihr Schmerz und Lust.

Aber wir haben noch einen dritten Grund, den Tausch mit dem homo paradisicus abzulehnen. Dieser homo paradisicus wird nicht mit der Frage konfrontiert, was unbedingt gilt. Er kann nicht einmal die Frage stellen, ob nicht alles, was er erlebt, Illusion ist. Nur für uns ist seine virtuelle Welt eine künstlich konstruierte Welt. Und deshalb lehnen wir es ab, seine Stelle zu übernehmen. Wir können nicht anders, als das, was wir einmal als Wahrheit erkannt haben, dem Irrtum vorzuziehen. Wir können nicht anders als das, was wir als Wirklichkeit betrachten, einzusetzen zur Zerstörung unserer Illusionen. Natürlich können wir die These vertreten, dass Illusionen lebensfördernd sind und daher gepflegt werden müssen. Aber das können wir nur durchhalten, wenn wir das Leben selbst für eine »höhere Wahrheit« halten und darum alles für »wahr«, was es fördert. Wir können eine Wahrheit nur opfern um einer vermeintlich höheren Wahrheit willen. Und darin sind wir mit einer unbedingten Forderung konfrontiert (mögen wir sie den Anspruch der Wirklichkeit nennen oder den Anspruch Gottes). Dieser Anspruch fordert von uns, unsere Illusionen auf dem Altar der Wirklichkeit zu opfern. Und so werden wir wie Hiob zerrissen von der Sehnsucht, mit der letztgültigen Wirklichkeit konfrontiert zu werden – mit Gott selbst, um wirklich zu wissen, was gilt und was nicht. Und auf der anderen Seite von Scheu vor dieser Konfrontation, weil in ihr alles zerbrechen könnte, was wir uns vormachen. Und doch ziehen wir diese Zerrissenheit dem Glück des homo paradisicus vor. Denn wenn wir nur an einer winzigen Stelle auf den Fels des Unbedingten gestoßen sind, dann verändert sich die ganze Landschaft, in der sonst alles erodiert und vergeht und in der selbst die Berge zusammenstürzen und sich in Steinlawinen auflösen. Wir stoßen auf etwas, das war, ehe die Berge waren und ehe die Erde und die Welt geschaffen wurden: auf Gott, der da ist und war von Ewigkeit zu Ewigkeit. Dann und erst dann können wir wirklich sagen:

Es gibt was Besseres in der Welt
Als all ihr Schmerz und Lust.

Wenn wir uns in die Vergänglichkeit der Welt versenken, wenn wir uns unsere Abhängigkeit bewusst machen, wenn wir die Totalität unserer Lebenslügen ahnen – gerade dann wird paradoxerweise in uns ein Protest dagegen wach: ein Sinn für Bessres *in* der Welt und nicht jenseits von ihr: ein Sinn *in* uns für Ewigkeit, Freiheit und Unbedingtes. Er ist überlegen aller Lust. Und er lässt uns gegen das Scheinglück des homo paradisicus protestieren, gegen die Scheinwelt von fun und fiction, in der heute so viele dahin dämmern. Und er ist überlegen gegenüber dem Schmerz, wenn wir Hiob zu unserem Lehrmeister machen.

Vielleicht ist das für manche ein zu strenger und dunkler Lehrer. Wir könnten uns auch an einer so hellen Gestalt wie Immanuel Kant orientieren. In ihm erwachte der Sinn für etwas Besseres in der Welt durch zwei Erfahrungen: durch den bestirnten Himmel über uns und das moralische Gesetz in uns. Er hätte als Drittes hinzufügen können: »und durch die Toten unter uns«. Kant spricht auch von ihnen. An der berühmten Stelle vom bestirnten Himmel und dem moralischen Gesetz spricht er wie Hiob vom Menschen als einem »tierischen Geschöpf«, das aus Materie entstand, die es »dem Planeten (einem bloßen Punkt im Weltall) wieder zurückgeben muss, nachdem es eine kurze Zeit (man weiß nicht wie) mit Lebenskraft versehen gewesen.« Und gerade deswegen ist es für ihn ein so großes Wunder, dass in diesem Menschen ein Sinn für Ewiges, für Freiheit und für Gott lebendig ist. Und das, obwohl dieser Mensch nicht nur tierischer Natur ist, sondern die Bestie oft in einer Weise herauslässt, die Kant noch nicht ahnen konnte: Das alles ist so widersprüchlich wie die Tatsache, dass unser Land sowohl den Kategorischen Imperativ als auch die Kristallnacht hervorbrachte, sowohl die Kritik der praktischen Vernunft als auch die Konzentrationslager.

Wem das zu philosophisch ist, der kann sich in Matthias Claudius einen volkstümlicheren Lehrmeister wählen. Der dichtete von der »Sternseherin Lise« und ihrem Blick zum bestirnten Himmel und ihrem Lauschen nach innen. Und er lässt sie sagen:

Ich sehe oft um Mitternacht
Wenn ich mein Werk getan
Und niemand mehr im Hause wacht,
Die Stern am Himmel an.

Sie gehn da, hin und her zerstreut
Als Lämmer auf der Flur;
In Rudeln auch, und aufgereiht
Wie Perlen an der Schnur;

Und funkeln alle weit und breit
Und funkeln rein und schön;
Ich seh die große Herrlichkeit
Und kann mich satt nicht sehn ...

Dann saget, unterm Himmelszelt
Mein Herz mir in der Brust:
»Es gibt was Besseres in der Welt
als all ihr Schmerz und Lust.«

Ich werf mich auf mein Lager hin
Und liege lange wach
Und suche es in meinem Sinn
Und sehne mich danach.

Was ist dieses Bessere in der Welt, das doch nicht von dieser Welt ist? Es ist der Frieden Gottes. Er ist wie Licht in Novembertagen. Er ist ein Funke Ewigkeit, Freiheit und Unbedingtheit schon hier und jetzt. Und er leuchtet in eine Welt, in der Hiob und seine Kinder leiden und in der alles vergeht wie die Sterne über uns

Dieser Friede Gottes, welcher höher ist als alle unsre Vernunft, bewahre eure Herzen und Sinne in Christo Jesu. Amen.

Diese Predigt wurde am Sonntag, den 12.11.2000 in der Heidelberger Peterskirche gehalten. Die zitierten Gedichte von Matthias Claudius »Der Mensch« und »Die Sternseherin Lise« findet man in Th. Echtermeyer, Deutsche Gedichte. Von den Anfängen bis zur Gegenwart, Düsseldorf 1958, 148f. und 149f.

Das Zitat von Immanuel Kant stammt aus dem Schluss der »Kritik der Praktischen Vernunft«, Hg. Karl Vorländer, Berlin 1959, 186 und sei hier vollständig wiedergegeben: »Zwei Dinge erfüllen das Gemüt mit immer neuer und zunehmender Bewunderung und Ehrfurcht, je öfter und anhaltender sich das Nachdenken damit beschäftigt: der bestirnte Himmel über mir und das moralische Gesetz in mir. Beide darf ich nicht als in Dunkelheiten verhüllt oder im Überschwenglichen, außer meinem Gesichtskreise suchen und bloß vermuten; ich sehe sie vor mir und verknüpfe sie unmittelbar mit dem Bewusstsein meiner Existenz. Das erste fängt von dem Platze an, den ich in der äußeren Sinnenwelt einnehme, und erweitert die Verknüpfung, darin ich stehe, ins unabsehlich Große mit Welten über Welten und Systemen von Systemen, überdem noch in grenzlose Zeiten ihrer periodischen Bewegung, deren Anfang und Fortdauer. Das zweite fängt von meinem unsichtbaren Selbst, meiner Persönlichkeit an und stellt mich in einer Welt dar, die wahre Unendlichkeit hat, aber nur dem Verstande spürbar ist, und mit welcher (dadurch aber auch zugleich mit allen jenen sichtbaren Welten) ich mich nicht wie dort in bloß zufälliger, sondern allgemeiner und notweniger Verknüpfung erkenne. Der erstere Anblick einer zahllosen Weltenmenge vernichtet, gleichsam meine Wichtigkeit als eines tierischen Geschöpfs, das die Materie, daraus es ward, dem Planeten (einem bloßen Punkt im Weltall) wieder zurückgeben muß, nachdem es eine kurze Zeit (man weiß nicht wie) mit Lebenskraft versehen gewesen. Der zweite erhebt dagegen meinen Wert als einer Intelligenz unendlich durch meine Persönlichkeit, in welcher das moralische Gesetz mir ein von der Tierheit und selbst von der ganzen Sinnenwelt unabhängiges Leben offenbart, wenigstens soviel sich aus der zweckmäßigen Bestimmung meines Daseins und durch dieses Gesetz, welche nicht auf Bedingungen und Grenzen dieses Lebens eingeschränkt ist, sondern ins Unendliche geht, abnehmen lässt.«

Von der Schwierigkeit,
den Schöpfer am Grab zu loben

(Psalm 8)

Herr, unser Herrscher, wie herrlich ist dein Name in allen Landen,
der du zeigst deine Hoheit am Himmel!
Aus dem Munde der jungen Kinder und Säuglinge
hast du eine Macht zugerichtet um deiner Feinde willen,
dass du vertilgtest den Feind und den Rachgierigen.
Wenn ich sehe die Himmel, deiner Finger Werk,
den Mond und die Sterne, die du bereitet hast:
was ist der Mensch, dass du seiner gedenkst,
und des Menschen Kind, dass du dich seiner annimmst?
Du hast ihn wenig niedriger gemacht als Gott
mit Ehre und Herrlichkeit hast du ihn gekrönt.
Du hast ihn zum Herrn gemacht über deiner Hände Werk,
alles hast du unter seine Füße getan:
Schafe und Rinder allzumal,
dazu auch die wilden Tiere,
die Vögel unter dem Himmel und die Fische im Meer
und alles, was die Meere durchzieht.
Herr, unser Herrscher,
wie herrlich ist dein Name in allen Landen!

Es ist immer bitter, wenn der Tod einen Menschen aus unserer Mitte hinwegnimmt. Es ist auch dann bitter, wenn sein Leben lang und erfüllt war. Dennoch steht über diesem Trauergottesdienst kein trauriger Text, sondern ein Psalm, der die Schöpfung lobt: den Mond und die Sterne und den unendlichen Kosmos. Der Verstorbene war Lehrer in Physik, Mathematik und Biologie. Seine Lieblingsstunden waren dem Kosmos, der Sonne und den Sternen gewidmet. Es freute ihn, wenn er jungen Menschen nicht nur physikalisches Wissen, sondern auch das Staunen vor der Großartigkeit des Universums vermitteln konnte. Er hat diese Erde geliebt. Er hat sie gemalt, fotografiert und bis zuletzt durch Reisen mit seiner Frau erkundet. Er war dankbar für sein Leben auf unserem kleinen Planeten.

An seinem Sarg wird uns aber auch die andere Seite unserer Stellung im Kosmos bewusst: Wie klein, wie gering sind wir! So klein, dass der Psalm fragt: Was ist der Mensch, dass du seiner gedenkst? Gewiss sind wir Kinder Gottes und des Universums – aber in ihm so schutzlos und hilflos wie Kinder und Säuglinge; und wir spüren es besonders, wenn wir krank, alt und gebrechlich werden. Gemessen am unermesslichen All sind wir ein Nichts.

Und dennoch sagt der Psalm: Dieses Nichts, dieser vergängliche Mensch ist etwas Großes. Denn er hat einen Auftrag. Jeder Mensch wird in diesem Psalm wie ein König angesprochen, der in seinem Bereich Verantwortung für die Schwächeren und Unterlegenen hat. Der Psalm nennt besonders die Kinder und Tiere. Im Leben sind es darüber hinaus alle Menschen, die auf uns angewiesen sind.

Eine der größten Aufgaben, die wir haben, ist in der Tat die Sorge für die Kinder – als Eltern, Erzieher und Lehrer. Es ist ein schöner Gedanke, dass Gott die Kinder und Säuglinge zu einem Bollwerk gegen Feindschaft und Rachgier gemacht hat – wenigstens kann man den Psalm so verstehen. Der Verstorbene war für viele Kinder ein guter Vater – für die Kinder aus erster Ehe und die hinzugewachsenen Kinder aus der zweiten Ehe. Er war ein gütiger Großvater für seine vielen Enkel und Urgroßvater für zwei Urenkel. Mit seiner ruhigen Art hat er anderen geholfen, Ordnung in ihr Leben zu bringen. Er war ein fürsorglicher Ehemann. Der Tod seiner ersten Frau war für ihn ein einschneidendes Erlebnis. Sie starb nach langer, schwerer Krankheit. Er hat sie zu Hause gepflegt. Und ist in den Pausen zwischen den Schulstunden zu ihr hinübergeeilt, um bei ihr zu sein.

Sein Tod hinterlässt Traurigkeit: Wachsende Einsamkeit für die Menschen seiner Generation, für seinen Bruder und für seine Frau. Für manche in der nachfolgenden Generation ist es neu, dass sie nun allein auf das Alter zugehen. Keine väterliche Gestalt steht mehr zwischen ihnen und dem Tod und begleitet sie. Für Enkel und Urenkel ist es oft die erste Begegnung mit dem Sterben. Erinnern wir uns deshalb in dieser Stunde: Wir haben in allen Generationen, ob wir jung oder alt sind, einen Auftrag zum Leben. Wir haben uns nicht selbst geschaffen, sondern dieses Leben empfangen. Es rinnt täglich durch uns hindurch. Oft ist uns nicht bewusst, wie wunderbar und wenig selbstverständlich es ist – das eigene Leben und das Leben unserer Nächsten. Aber am Grabe spüren wir es, wenn wir ein Leben in die Hand des Schöpfers zurückgeben. Gerade weil das Leben eine so kostbare Gabe ist, ist es so traurig, wenn es zu Ende ist.

Ach, es ist so dunkel in des Todes Kammer,
Tönt so traurig, wenn er sich bewegt
Und nun aufhebt seinen schweren Hammer
Und die Stunde schlägt.

Lassen wir die Traurigkeit über den Tod in uns zu! Gestehen wir uns alle Schwierigkeiten ein, am Grabe den Schöpfer mit unserem Psalm zu loben: Herr unser Herrscher, wie herrlich ist dein Name in allen Landen! Ist das nicht ein unverständlicher Herrscher, der das Leben nimmt und sagt: Es ist Schluss. Endgültig!? Endgültig – aus unserer Sicht.

Aber der Psalm hat eine Nachgeschichte. Er wird im Neuen Testament (im Hebräerbrief) auf einen bestimmten Menschen bezogen, auf Jesus. Jesus ist der Mensch, der eine kleine Zeit niedriger war als Gott. Seine Erniedrigung war sein Tod. Im sterbenden Jesus leidet Gott mit seinen Geschöpfen, wenn es ihnen schlecht geht und wenn sie sterben und traurig sind. Das ist die zweite Seite Gottes. Er ist nicht nur der Schöpfer des Alls. Er ist in Jesus menschlich nah. Er versichert, dass er auch im Tod bei uns ist und dass der Tod kein Einspruch gegen die Würde ist, die er uns gegeben hat. Denn Gott selbst ist im Tod. Deshalb weiß keiner, was uns im Tod entfernt, auch die größten Theologen und Wissenschaftler nicht.

Trotzdem ist bedenkenswert, was ein großer Wissenschaftler, Albert Einstein, im Alter an die Witwe eines verstorbenen Freundes schrieb: »Nun ist er mir auch mit dem Abschied von dieser sonderbaren Welt ein wenig vorausgegangen. Das bedeutet nichts. Für uns gläubige Physiker hat die Scheidung zwischen Vergangenheit, Gegenwart und Zukunft nur die Bedeutung einer wenn auch hartnäckigen Illusion.« Und ich füge hinzu: Wenn wir aus der Zeit aussteigen, wird mit uns geschehen, was mit Jesus geschehen ist. Wir werden dort sein, wo er ist: bei Gott, jenseits der Zeit.

Aber auch dieser Gott ist für viele ein unverständlicher, ein dunkler Gott, ein Gott, auf den man in Schmerzen und im Tode stößt. Daher muss noch die dritte Seite Gottes zur Sprache kommen: Gott will uns nicht erst im Tod nahe sein, sondern mitten im Leben. Er will im Herzen eines jeden Menschen durch seinen Geist wirksam werden, überall dort, wo die Macht des Lebens stärker ist als die Traurigkeit des Todes. Sein Geist ist der Geist der Auferstehung, der Geist, der lebendig macht. Wer angesichts von Tod und Sterben etwas von diesem Geist spürt, der das Leben immer wieder neu schafft, der nach Traurigkeit und Verlust neue Zuwendung zum Leben gibt – wer auch nur einen kleinen Keim davon spürt, den hat Gottes Geist in seinem Inneren berührt. Durch seinen Geist wird Gott aus dem fernen Herrscher des Kosmos zum nahen

Gott in uns – zum Tröster, den jeder Mensch spüren kann. Aber solch ein Trost setzt voraus, dass wir den Tod nicht verdrängen, sondern ihn annehmen. Wer die Traurigkeit in sich zulässt, wer ihr Zeit und Raum zugesteht, der hat die Verheißung: Er wird das Leben neu und tiefer lernen. Trauer kann sich so in Segen verwandeln.

Wir begannen unseren Gottesdienst mit der alten Formel vom dreieinigen Gott,

– im Namen des Vaters, der alles geschaffen hat, den Kosmos und die kleinsten Partikel,

– im Namen des Sohnes, durch den Gott im Leben und im Tod uns nahe ist,

– und im Namen des Heiligen Geistes, der uns neu lebendig macht und tröstet angesichts von Tod und Verlust.

Es liegt eine große Weisheit in dieser dreifachen Weise, von Gott zu reden. Wir könnten den Schöpfer nicht loben, wenn uns sein Geist nicht die Kraft zum Loben gibt. Wir könnten ihn nicht loben, wenn er nicht mit uns leidet, auch dort, wo unser Mut zum Leben gekreuzigt und begraben wird. Wir könnten den heiligen Geist des Lebens nicht in uns spüren, wenn wir uns nicht die Niederlagen im Leben, die Verluste und den Tod eingestehen und das ganze Kreuz dieser Welt. Gottes Geist hilft uns, die Trauer über diesen Tod in Dankbarkeit für das Leben zu verwandeln – in Dankbarkeit für das Leben des Verstorbenen und für unser eigenes Leben. Im Namen dieses dreieinigen Gottes rufe ich euch zu, euch den Lebenden und dem Verstorbenen: Gott hat mit euch allen einen unauslöschlichen Bund zum Leben geschlossen. Und er bietet an, ihn heute zu erneuern, wenn er spricht: ›Es sollen wohl Berge weichen und Hügel hinfallen, aber meine Gnade soll nicht von dir weichen und der Bund meines Friedens soll nicht hinfallen, spricht Gott, dein Erbarmer.‹ (Jes 54,10)

Und der Friede Gottes, welcher höher ist als alle unsere Vernunft, bewahre unsre Herzen und Sinne in Christo Jesu. Amen.

Trauergottesdienst für Ferdinand Anders (1914-2001) am 2. 1. 2002 in Mönchengladbach-Odenkirchen. Der Vierzeiler stammt von Matthias Claudius »Der Tod« und ist fast in jeder Sammlung deutscher Gedichte enthalten, z.B. in H. Piontek (Hg.), Lieb, Leid und Zeit und Ewigkeit. Deutsche Gedichte aus tausend Jahren, Hamburg: Knaur 1981, 411. Das Zitat aus einem Brief von A. Einstein vom 21.3. 1955 findet sich in A. Benz / S. Vollenweider, Würfelt Gott? Ein außerirdisches Gespräch zwischen Physik und Theologie, Düsseldorf: Patmos 2000, 143 und M. Jammer, Einstein und die Religion, Konstanz: Universitätsverlag 1995, 71. Der Schluss der Predigt greift mit seiner trinitarischen Formulierung und dem Gnadenspruch (Jes 54,10) die Eröffnung des Gottesdienstes wörtlich auf.

Religionskritik und Gottesbild
Das Lob Gottes in den Psalmen als Argument im Streit um Gott

(Ps 36,6-10)

O Herr, bis an den Himmel reicht deine Güte, und deine Wahrheit, so weit die Wolken gehen. Deine Gerechtigkeit steht wie die Berge Gottes und dein Recht wie die große Tiefe. HERR, du hilfst Menschen und Tieren. Wie köstlich ist deine Güte, Gott, dass Menschenkinder unter dem Schatten deiner Flügel Zuflucht haben! Sie werden satt von den reichen Gütern deines Hauses, und du tränkst sie mit Wonne wie mit einem Strom. Denn bei dir ist die Quelle des Lebens, und in deinem Lichte sehen wir das Licht.

Psalmen haben Jahrhunderte lang ein Echo in menschlichen Herzen gefunden. So auch Psalm 36. Vers für Vers versuche ich, dieses Echo hörbar zu machen, indem ich es in eigenen Worten formuliere.

Herr, deine Güte reicht, so weit der Himmel ist,
und deine Wahrheit, so weit die Wolken gehen.

Gottes Wesen ist Güte –
gegenüber allen Geschöpfen und Menschen,
in Nord und Süd, in Ost und West,
soweit der Himmel geht,
so weit die Wolken ziehen.

Deine Gerechtigkeit steht wie die Berge Gottes
und dein Recht wie die große Tiefe.
Herr, du hilfst Menschen und Tieren.

Wie Berge in die Wolken
ragt Gottes Gerechtigkeit in die Höhe,
sie stürzt Mächtige herab,
enthüllt Unrecht in der Tiefe,
hilft Menschen und Tieren.

Wie köstlich ist deine Güte, Gott,
dass Menschenkinder unter dem Schatten deiner Flügel Zuflucht haben!

Gott ist wie eine Henne,
die ihre Küken sammelt und wärmt.
Geborgen sind Menschen bei ihm.
Nichts bedroht sie
im Schatten seiner Flügel.

Sie werden satt von den reichen Gütern deines Hauses,
und du tränkst sie mit Wonne wie mit einem Strom.

Die Welt ist Gottes Haus,
Kontakt mit ihm lädt alles mit Bedeutung auf
wie Strom, der lebendig macht.

Denn bei dir ist die Quelle des Lebens
und in deinem Lichte sehen wir das Licht.

Gott gibt dem Gespräch des Lebens mit sich selbst eine Stimme.
Die Freude des Lebens über sich selbst,
kommt zu Bewusstsein.
Das Echo des Lebens
wird hörbar in uns.
Es klingt in unserm Leben nach
wie eine schöne Musik
als Lob und Dank.

Musik (Thema des Satzes)

Der Psalm spricht von Gottes Wesen. Man kann zu seinen Worten noch lange meditieren und seine Bilder auf sich einwirken lassen. Im Psalm sind sie aber auch ein Argument. Er beginnt mit den Gedanken der Gottlosen. Luther übersetzt: »Es sinnen die Gottlosen auf gottloses Treiben«. Für »Sinnen« steht im Urtext ein Wort, das alte Prophetensprüche einleitet: $n^e um$ – ein Raunen aus dem Jenseits. Wie eine prophetische Offenbarung steigen in den Herzen der Menschen Gedanken auf, die Gott ablehnen. So schon vor mehr als 2000 Jahren. Und erst recht hören wir heute das Raunen der Skepsis in uns. Die Worte des Psalms wollen ein Argument dagegen sein: Inwiefern aber überzeugt uns seine Antwort – auch nach 2000 Jahren?

Hören wir zwei religionskritische Stimmen, zwei Argumente gegen Gott. Das erste sagt: Der Glaube an Gott wurde aus Furcht geboren. Das Leben ist schwer genug. Wenn der Mensch aber zu allem, was Furcht bereitet, Angst vor Gott und den Göttern hat – wie töricht ist er! Warum befreit er sich nicht von eingebildeter religiöser Furcht? Natürlich protestieren Priester und Pastoren dagegen. Sie brauchen die Angst der Menschen. Nur so sind sie selbst unersetzlich – als Lösung eines Problems, das sie durch Angstmachen selbst geschaffen haben. Darum beschwören sie die Abgründe des Daseins, die Sünde des Menschen, die Unwahrscheinlichkeit gelungenen Lebens. Schon in der Antike begegnen solche Argumente gegen eine Religion der Angst von Epikur bis Lukrez. Treffen solche Gedanken nicht auch den biblischen Gott? Heißt es nicht sogar im Neuen Testament von ihm: Schrecklich ist es, in die Hände des lebendigen Gottes zu fallen? (Hebr 10,31). Müssen wir also den Psalm so sprechen:

Es sinnen die Übertreter auf gottloses Treiben in ihrem Herzen.
Es ist keine Gottesfurcht bei ihnen.
Sie sagen: Angst schuf Gott.
Befreien wir uns von der Angst –
so befreien wir uns von Gott!

Doch sie haben nicht recht. Der Psalm sagt:

Gottes Wesen ist nicht Angst.
Es ist Güte, so weit der Himmel ist,
und Wahrheit, so weit die Wolken gehen.
Wonne und Freude strömen aus seinem Haus wie ein Strom.
Denn bei ihm ist die Quelle des Lebens
und in seinem Lichte sehen wir das Licht.

Wenigstens in diesem Psalm setzt sich das helle Wesen Gottes gegen seine dunklen Seiten durch. Wir begegnen hier dem Gott der Liebeslieder im Hohenlied, der Lebensfreude im Prediger Salomo, der Geborgenheit in den Vertrauensäußerungen der Psalmen. Aber seien wir vorsichtig. Der Gott der Bibel hat noch andere Seiten als Freude und Wonne. Hören wir auf die zweite religionskritische Stimme. Sie sagt: Religion ist die Weigerung des Menschen, eine infantile Wunschwelt zu verlassen. Als Säugling war er in den Armen seiner Mutter geborgen. Ein religiöser Mensch will das immer bleiben. Er will nicht erwachsen werden. In der Religion triumphiert das Lustprinzip über das Realitätsprinzip, die lebensfreundliche Illusion über die Erziehung zur Wirklichkeit. Seit Sigmund Freud ist das ein Standardargument: Religion sei Fixierung auf eine frühkindliche Entwicklungsstufe. Wie gut, dass wir die erste religionskritische Stimme nicht ganz widerlegt haben: Denn man kann nicht beide Thesen zugleich vertreten: Die These von der Geburt des Glaubens aus der Angst *und* aus der Illusion. Beide widersprechen einander. Aber beide haben einen gemeinsamen Nenner. Sie werfen der Religion mangelnden Realismus vor: neurotische Angst oder illusionäre Angstüberwindung. Wie könnten wir mit unserem Psalm auf dieses religionskritische Raunen in uns antworten?

Es sinnen die Übertreter auf gottloses Treiben in ihrem Herzen.
Es ist keine Gottesfurcht bei ihnen.
Sie sagen: Gott ist ein Wunschtraum,
Sehnsucht nach einem Vater,
der alles gut enden lässt,
der das kleine Ich verwöhnt.
Aber wer sich frei macht von Gott,
verlässt die Wunschwelt des Kindes.
Er sieht seine trostlose Lage im Universum.

Doch der Psalm antwortet ihnen:

Gottes Wesen ist anders:
Gottes Güte ist Gerechtigkeit,
die allen Geschöpfen gilt,
nicht nur deinem kleinen kindlichen Ich.
Sie ist Wahrheit
und nicht deren Verschleierung.
Sie umfasst Forderungen
und nicht nur Trost.
Ihr Licht ist weder der Widerschein kindlicher Wünsche
noch der unbarmherzigen Realität.
Es ist das Licht der Thora, der Gebote.
Sein Wort ist ein Licht auf unseren Wegen!
Und ist dabei so schön wie eine Musik,
die uns begleitet!

Musik: Thema mit ganzem Satz

Wir haben zwei kritische Stimmen von außen gehört. Vergleichbare Kritik am Glauben wird auch von innen laut. Und diese Stimmen sind gewichtiger als die von außen. Es ist die Kritik am Kult des Wohlbefindens und am Götzendienst der Pflicht. Der Wellness-Kult vereint heute fromme und säkulare Menschen. Ich bin immer wieder erstaunt, wozu seine Anhänger bereit sind, um das ersehnte Ziel zu erreichen: Morgens Diät für den Leib, Musik für die Seele, dann Jogging und Meditation. Und am Abend Fitness – dazu Spiritualität als letzter Kick zur Steigerung des Wohlbefindens. Aber muss dieses inszenierte Glück nicht zusammenbrechen? Vor jeder großen Herausforderung? Vor jedem wirklichen Leid? Als ich ein Kind war, wurde uns (in einer reformierten Sonntagsschule) das Bildwort von den zwei Wegen eingeprägt: Zwei Wege liegen vor dir: Der schmale Weg voll Mühen und Gefahren. Das ist der Weg der Gerechtigkeit. Er führt zum Leben. Und der ist für dich bestimmt. Und dann gibt es den breiten Weg. Den gehen die meisten. Das ist der Weg des Wohlbehagens und des Glücks. Und der führt ins Verderben. Damals sprach keiner von Wellness. Aber das war gemeint. Wir wagen es heute nicht mehr, unsere Kinder mit dem Bild von den zwei Wegen zu konfrontieren. Aber ich bin dankbar dafür, dass ich es als Kind lernte. Das Bild von den zwei Wegen hat vielen im Leben geholfen. Es sagt: Wenn Gott mit dir etwas vorhat, dann setzt er dich Prüfungen aus, dann wirst du es nicht leicht haben. Schwierigkeiten können ein Zeichen sein, dass du auf dem rechten Wege bist. Und auf ihm winkt dir eine tiefe Befriedigung. Du wirst deinen eigenen Weg gegangen sein. Der breite Weg wäre bequemer. Doch du bist für den schwierigen Weg auserwählt! Wie würde unser Psalm lauten, wenn wir solche Menschen vor Augen haben?

Die Frommen sinnen auf spirituelles Glück und Wohl.
Sie sehnen sich nach einem lieben Gott,
der sie nicht stört mit seinem Willen zur Gerechtigkeit.

Doch der Psalm sagt ihnen:

Gottes Wesen ist anders.
Gott ist Gerechtigkeit.
Er will, dass diese Gerechtigkeit weltweit herrscht,
soweit der Himmel reicht und die Wolken gehen.
Sein Recht soll bis in die Tiefe des Meeres dringen,
Das ist das wahre Glück,
dass er dich daran beteiligt, sein Recht durchzusetzen.
Das ist sein Segen,
der über deinem Leben liegt.

Doch auch hier gibt es eine Gegenstimme: Was für ein elitäres Programm ist das! Diese Frommen meinen, Gott zu dienen und verehren in Wirklichkeit den Götzen Pflicht. Sie meinen, auf dem schmalen Weg der

Verantwortung zu gehen und sehen alle anderen auf dem breiten Weg des Genusses. Welche Selbsttäuschung! Auch sie gehen auf dem breiten Weg ins Verderben. Sie benutzen Gott zu ihrer Selbstdisziplinierung, um ihr Leben auf Produktivität zu trimmen. Sie gehen den Weg der Leistungsgesellschaft. Was sie innere Freiheit nennen, ist Unterwerfung unter eine durchrationalisierte Welt. Was sie als Selbststeuerung erleben, ist in Wirklichkeit Fremdsteuerung durch moderne Institutionen und deren Interessen. Und dann brechen sie zusammen – unter einem Zuviel an Selbstdisziplin und Ambition, weil sie gegen die Grenzen ihres Lebens leben. Sie, nicht die anderen leben in einer Illusion! Sie, nicht die anderen, verfehlen den schmalen Weg zur Lebenserfüllung! Denn der ist in Wirklichkeit der mühsamere Weg. Auf ihm muss man sich manchmal den Erwartungen an Leistung und Pflicht entziehen. Und so finden wir heute oft einen edlen Wettstreit darum, wer den mühsameren Weg geht. Wie müsste der Psalm lauten, wenn wir an solche Frommen denken?

Die Frommen sinnen in ihrem Herzen,
dass der Herr sie in seinen Dienst nimmt.
Sie wissen: Gott ist ein strenger Gott.
Er verlangt Rechenschaft über jede unnütze Minute des Lebens.
Er verachtet den, der den leichteren Weg geht.

Doch der Psalm sagt ihnen:

Gottes Wesen ist anders.
Seine Güte reicht, soweit der Himmel geht
und die Wolken ziehen.
Er gönnt allen Menschen Genuss und Freude
und auch das Wandern auf breitem Weg!
Gott will, dass alle die Güter seiner Schöpfung genießen.
Ein Strom von Freude und Wonne geht von ihm aus.
Deswegen sollen wir dankbar sein,
dass ohne unser Zutun die Schöpfung so schön ist
wie eine Musik.

Musik

Es lohnt sich immer, Kritik von außen und von innen am Glauben zu hören. Wir sollten auch nicht schadenfroh darüber sein, dass sie sich gegenseitig aufhebt: Gott kann nicht gleichzeitig Produkt von Angst *und* Geborgenheit, der Glauben nicht Götzendienst der Freude *und* der Pflicht sein. Liegt die Wahrheit aber deshalb in der Mitte? Eine dieser Mittelpositionen ist sehr problematisch: Manche machen sich dadurch ein gutes Gewissen zum Genuss, weil sie ihre Verantwortung sonst nicht erfüllen können! Als Erholung und Wiederherstellung der Arbeitskraft. Aber das ist eine arrogante Argumentation: Das Schöne und Gute im Leben soll um seiner selbst willen erlebt werden – nicht nur, damit wir wieder fit werden. Es ist erst wirklich schön, wenn wir spüren: Unser Leben ist auch dazu da, dieses Schöne zu würdigen. »Was ... schön ist, selig scheint es in ihm selbst« (sagt Mörike in einem Gedicht auf eine Lampe). Das Schöne ist nicht nur für uns da. Wir sind da, um es zu sehen, zu riechen, zu schmecken und zu hören. Ansonsten ist ein Mittelweg natürlich immer richtig. Er bekommt uns gut. E. Mörike bat um diese Mitte im Geschick mit dem bekannten Gebet:

Herr! schicke, was du willst,
Ein Liebes oder Leides;
Ich bin vergnügt, dass beides
Aus deinen Händen quillt.

Wollest mit Freuden
Und wollest mit Leiden
Mich nicht überschütten.
Doch in der Mitten
Liegt holdes Bescheiden.

Wenn wir so in der Mitte bleiben, bleiben wir gewiss am ehesten in Übereinstimmung mit uns selbst. Aber im Glauben geht es um mehr: nicht nur um Übereinstimmung mit uns selbst, sondern um Übereinstimmung mit Gott und der ganzen Wirklichkeit. Da sind Extreme realistisch. Die Mitte ist in ihr ein Glück, eine Unwahrscheinlichkeit, ein Wunsch. Es gibt trostlose Situationen, in denen trotziger Mut angesagt ist – und andere, in denen extremes Glück uns den Atem nimmt. Und bei all dem gilt: Wir können der Fülle dieser widersprüchlichen Wirklichkeit nie gerecht werden: Ist sie ein Strom von Glück? Oder eine Folterkammer? Ist sie beides zugleich? Seit Beginn dieses Gottesdienstes nahmen sich etwa 100 Menschen auf dieser Erde das Leben. Alle 40 Sekunden geschieht ein Suizid. Leben wir an all den Depressiven vorbei, wenn wir in uns Dankbarkeit gegen Gott wachrufen? Haben sie, die Verzweifelten, das einzig realistische Bild vom Leben als einer Folterkammer? Und damit habe ich nur eine Kammer des Unglücks genannt. Es gibt noch andere. Die will ich gar nicht erst öffnen. Aber ebenso richtig ist: Es gibt auch viele Kammern des Glücks. Seit Beginn dieses Gottesdienstes haben sich Millionen von Liebespaaren geküsst – und nicht nur das haben sie miteinander gemacht. Ist ihr Glück deswegen weniger real als das Leid der Suizidalen? Was ist hier die eigentliche Realität? Und wer kann dem gerecht werden? Weder der hedonistische Kult des »Wohlbehagens« noch der altruistische Kult der Pflicht, weder das Pathos der Angstüberwindung noch der Illusionslosigkeit! Wir können nicht allgegenwärtig sein – wir sind immer nur an einem konkreten Ort. Hinter all diesen Stimmen steht oft dieselbe Hybris: eine Verabsolutierung unserer Möglichkeiten, als seien wir Gott selbst. Es ist anmaßend, allem Glück und allem Leid in dieser Welt entsprechen zu können! Wir sind begrenzt und sowohl in unserer Freude wie in unserer Pflicht unvollkommen. Weder unsere Angst noch unser Glück ist der Schlüssel zur Realität. Nur Gott, der in allen Dingen gegenwärtig ist, ist der Schlüssel zur Wirklichkeit. Und wir sind nicht Gott. Aber wir können uns Gott zuwenden, der letztgültigen Wirklichkeit, und darauf vertrauen, dass er zusammen bringt, was wir nicht zusammen reimen können. Und wir können dankbar sein, wenn er uns dazu braucht, Dinge und Menschen zusammenzubringen. Und dafür sollen wir ihn mit den Worten unseres Psalms preisen. Zum Abschluss spreche ich ihn noch einmal mit eigenen Worten vermischt:

Herr, deine Güte reicht, so weit der Himmel ist,
und deine Wahrheit, so weit die Wolken gehen.

Dein Wesen ist Güte gegenüber allen Geschöpfen,
in Nord und Süd, Ost und West.
Keiner kann deine Güte begrenzen.
Alle Menschen umleuchtet sie
als Aura von Unantastbarkeit.
Mögen uns die Augen aufgehen
für ihren Glanz in jedem menschlichen Antlitz.
Universaler ist sie als unsre Theorien
und globaler als unsre Politik.

Deine Gerechtigkeit steht wie die Berge Gottes
und dein Recht wie die große Tiefe.
Herr, du hilfst Menschen und Tieren.

Wie Berge in die Wolken
ragt deine Gerechtigkeit in die Höhe.
Und dringt bis in die Tiefe:

Ps 36,6-10

Selbst wenn sie die Akten des Unrechts
ins Meer versenken,
nichts bleibt verborgen vor dir.
Du durchkreuzt Verdunkelung und Vertuschung.
Aber du schreibst auch die geringste menschliche Handlung
ins Lebensbuch deines Gedächtnisses,
jede Hilfe für Tier und Mensch.
Die Tiere hast du uns als Mitgeschöpfe anvertraut –
nicht, um sie wie Abfall zu verbrennen.

Wie köstlich ist deine Güte, Gott,
dass Menschenkinder unter dem Schatten deiner Flügel Zuflucht haben!

Du breitest über uns Flügel aus.
Wie eine Henne ihre Küken wärmt,
so gibst du Mensch und Tier Geborgenheit.
In allen atmet dieselbe Luft.
In allen wirken dieselben Gene.
In allen lebt und leidet dasselbe Leben.
Du bist der Ursprung des Lebens in allen.

Sie werden satt von den reichen Gütern deines Hauses,
und du tränkst sie mit Wonne wie mit einem Strom.

Die Welt ist dein Haus,
die Erde dein Tempel,
Hochspannung knistert, wo du bist.
Heiliger Boden ist, wo du einen Auftrag gibst,
herauszuführen aus Abhängigkeit und Not.
Kontakt mit dir lädt alles mit Bedeutung auf,
was in Berührung mit dir kommt.
So atmen und leben wir in dir
und lassen uns vom Strom des Lebens
führen und verführen
zu Lust und Wonne.
Und sind geborgen
im Haus des Lebens in dir.

Denn bei dir ist die Quelle des Lebens
und in deinem Lichte sehen wir das Licht.

Du führst das Gespräch des Lebens mit sich selbst.
Wir verwandeln es in Lob und Dank an dich.
Wir nehmen der Freude ihre Anonymität
und geben ihr deinen Namen.
Das Echo deiner Güte wird in uns laut.
Wir verwandeln es in Lieder und Musik.
Doch dich, den wir loben, sehen wir nicht,
wie wir die Berge sehen.
Wir spüren dich nicht,
wie wir die Luft spüren.
Wir hören dich nicht,
wie wir den Wind hören.
Doch durch dein Wort
hören wir im Nächsten deine Stimme.
Durch die Güte anderer
spüren wir deine Wärme.
Durch dein Licht
sehen wir in allen Dingen auch dich.
Mögen wir Augen, Ohren und Sinne bekommen
für deine Güte,
die aufstrahlt im Antlitz
der Menschen,
damit wir alles sehen in dir
und dich in allen Geschöpfen.

Und der Frieden Gottes, welcher höher ist als alle unsere Vernunft, bewahre unsere Herzen und Sinne in Jesus Christus. Amen.

Musik (Thema mit Variationen)

Sonntagsgottesdienst in der Peterskirche am 6. Mai 2001. Die Öffentlichkeit beschäftigte damals die Einstellung eines Ermittlungsverfahrens gegen Beamte des Kanzleramtes wegen verschwundener Akten, die Licht in einen Bestechungsskandal hätten werfen können. Proteste der Bevölkerung führten zur Wiederaufnahme der Ermittlungen. Gleichzeitig wütete die Maul- und Klauenseuche in Großbritannien und führte zur massenweisen Vernichtung von Rindern.

Glauben als Überlebenskraft
Der Bund meines Friedens für bedrohte Menschen und Völker

(Jes 54,1-10)

Rühme, du Unfruchtbare, die du nicht geboren hast! Freue dich mit Rühmen und jauchze, die du nicht schwanger warst! Denn die Einsame hat mehr Kinder, als die den Mann hat, spricht der Herr. Mache den Raum deines Zeltes weit und breite aus die Decken deiner Wohnstatt; spare nicht! Spann deine Seile lang und stecke deine Pflöcke fest! Denn du wirst dich ausbreiten zur Rechten und zur Linken, und deine Nachkommen werden Völker beerben und verwüstete Städte neu bewohnen. Fürchte dich nicht, denn du sollst nicht zuschanden werden; schäme dich nicht, denn du sollst nicht zum Spott werden, sondern du wirst die Schande deiner Jugend vergessen und der Schmach deiner Witwenschaft nicht mehr gedenken. Denn der dich gemacht hat, ist dein Mann – Herr Zebaoth heißt sein Name –, und dein Erlöser ist der Heilige Israels, der aller Welt Gott genannt wird. Denn der Herr hat dich zu sich gerufen wie ein verlassenes und von Herzen betrübtes Weib; und das Weib der Jugendzeit, wie könnte es verstoßen bleiben! spricht dein Gott. Ich habe dich einen kleinen Augenblick verlassen, aber mit großer Barmherzigkeit will ich dich sammeln. Ich habe mein Angesicht im Augenblick des Zorns ein wenig vor dir verborgen, aber mit ewiger Gnade will ich mich deiner erbarmen, spricht der Herr, dein Erlöser. Ich halte es wie zur Zeit Noahs, als ich schwor, dass die Wasser Noahs nicht mehr über die Erde gehen sollten. So habe ich geschworen, dass ich nicht mehr über dich zürnen und dich nicht mehr schelten will. Denn es sollen wohl Berge weichen und Hügel hinfallen, aber meine Gnade soll nicht von dir weichen, und der Bund meines Friedens soll nicht hinfallen, spricht der Herr, dein Erbarmer.

Hätte es im 7. oder 6. Jh. v. Chr. eine Gesellschaft für bedrohte Völker gegeben, sie hätte viel Arbeit gehabt. Imperien wie Assur und Babylon ließen kleine Völker sang- und klanglos verschwinden. Das Trauerspiel hatte in der Regel drei Akte. Der erste: Der imperialistische Herrscher schloss mit einem König einen Bund, einen einseitig diktierten Vertrag. Zweiter Akt: Die Abhängigkeit provozierte Widerstand. Dritter Akt: Der Widerstand wurde blutig unterdrückt. Man verzichtete darauf, die unterworfenen Völker physisch auszurotten. Aber sie wurden kulturell gebrochen, ihre Oberschichten deportiert. Ihr kollektives Gedächtnis wurde gelöscht, ihre Sprache ging oft verloren und all ihre Einsichten über Liebe und Hass, Recht und Unrecht, Leben und Tod. Ihre Unterdrücker waren nicht schlimmer als andere Imperien vorher und nachher. Aber sie handelten nach der Devise: Sei grausam und rede darüber. So brachen sie Widerstand durch vorauseilende Panik. Terror schuf schon damals viele tschetschenische Verhältnisse.

Aber einem winzigen Volk gelang es, seine Geschichte und seine Erinnerungen zu retten. Bis heute prägen sie unser Leben und auch diesen Gottesdienst. Wodurch geschah dieses Wunder? Die Antwort ist: durch Glauben.

Dieses Volk setzte den Bündnissen der assyrischen Herrscher mit Vasallen einen anderen Bund entgegen: den Bund, den Gott mit ihm geschlossen hatte.

Dieses Volk setzte der Propaganda der Imperien *seine* Propheten entgegen. Die verkündigten: Gericht über die Mächtigen, Heil für die Ohnmächtigen.

Dieses Volk ließ sich nicht durch fremde Herrscher beeindrucken. Weil es seinen eigenen König verloren hatte, erklärte es das *ganze* Volk zum König – zum Knecht Gottes, den Gott erwählt hat, nicht um durch ihn über die Welt zu herrschen, sondern um Zeuge für ihn zu sein für alle Völker.

Dieses Volk verlor sein Territorium. Aber es beanspruchte dafür die ganze Schöpfung als Territorium seines Gottes: Gott wurde damals zum Schöpfer des Himmels und der Erde.

Was ist das Geheimnis dieser Überlebenskraft? War es die Fähigkeit, Niederlagen in Siege umzuinterpretieren – und sich durch sie nicht demoralisieren zu lassen?

War es die Entdeckung, dass es nur den einen und einzigen Gott gibt – und alle anderen Götter erbärmliche Nichtse sind, Produkte von Menschen, von Holzschnitzern und Malern?

War es die Entdeckung, dass der Glaube an Gott Souveränität in der Niederlage gibt? Eine Kraft, die Berge versetzen kann?

Das Geheimnis dieser Überlebenskraft ist das Geheimnis Gottes. Wenn wir zu ihm einen Zugang fänden, dann müssten auch wir allen Gefahren und Krisen trotzen können.

Wir brauchen dabei nicht nur an bedrohte Völker in der Weltgeschichte zu denken. Jeder Mensch ist eine kleine Weltgeschichte. Und viele Menschen sind bedroht, auch unter uns. Eigentlich müsste man viele Gesellschaften für bedrohte Menschen gründen, um allen zu helfen.

Noch besser wäre, wir könnten mit dem Propheten die Überlebenskraft des Glaubens in allen Menschen aktivieren, so wie er damals die

Überlebenskraft Israels aktiviert hat. Noch besser wäre es, wir könnten durch die Texte der Propheten Kontakt zu jenem Kraftfeld bekommen, das die Bibel »Gott« nennt. Im Jesajabuch heißt er der »Heilige Israels«. Hier erscheint er als heilige, lodernde Energie: Energie, die zur Höllenglut werden kann und die sich immer wieder verwandelt in die Glut der Liebe. Der Prophet verbraucht viele Bilder, um diese Energie sichtbar zu machen. In unserem Text sind es vor allem zwei: ein Bild vom Menschen, ein Bild von der Natur.

Das erste Bild zeigt uns eine verlassene Ehefrau, die von ihrem Ehemann wieder angenommen wird. Die große Krise des Lebens wird hier zum Ehekrach. Der Prophet sagt seinem Volk:

Der Herr hat dich zu sich gerufen wie ein verlassenes und von Herzen betrübtes Weib; und das Weib der Jugendzeit, wie könnte es verstoßen bleiben! spricht dein Gott. Ich habe dich einen kleinen Augenblick verlassen, aber mit großer Barmherzigkeit will ich dich sammeln. Ich habe mein Angesicht im Augenblick des Zorns ein wenig vor dir verborgen, aber mit ewiger Gnade will ich mich deiner erbarmen, spricht der Herr, dein Erlöser.

Wenn sich Partner versöhnen, scheint es im Rückblick so, als habe nur ein Augenblick des Zorns sie getrennt. Und es ist in diesem Augenblick unmöglich, ein langes Zusammenleben durchzustreichen und seinen Partner zu verlassen. Heute sagen wir freilich: Wie naiv ist dieser Prophet! Es geschieht jeden Tag, dass ein Mann seine Frau verlässt. Wenn der Bund mit dem Leben und mit Gott nur so gut begründet wäre wie unsere Ehen und Partnerschaften – dann ist er schlecht begründet! 40 % Scheitern wären vorprogrammiert. Der Gott des Jesajabuchs aber will mehr: Ewige Zuwendung! Unbeirrbare Liebe. Er will ein unbedingtes Vertrauen im Leben und im Sterben, nicht weniger. Was die Liebe angeht, ist Gott ein Romantiker.

Nun könnte man sagen: Damals waren die Ehen stabiler. Richtig! Aber auch in der damaligen Welt verhielt sich Gott irregulär, gegen das Gesetz. Das verbot nämlich, eine einmal geschiedene Ehefrau wieder zu heiraten, wenn sie inzwischen einen Partner hatte (Dtn 24,1ff.). Der Gott des AT setzt sich über sein eigenes Gesetz hinweg. Israel, die Frau des einen Gottes, wurde verlassen, hatte sich anderen Partnern zugewandt und wurde entehrt. Aber das soll vergessen sein. Ob wir als Bild die moderne Ehe nehmen oder das alttestamentliche Eherecht, in beiden Fällen verhält sich Gott irregulär, gegen Statistik und Gesetz!

Damals wie heute wussten die Menschen jedoch: Ein Funke Liebe ist ein Funke Ewigkeit. Moderne wie altorientalische Scheidungsgesetze können diesen Funken nicht ersticken. Aber sie müssen ein Zusammenleben regulieren, in der er oft erlöscht. Nur solange er glüht, bringt er ein Stück Ewigkeit ins Leben! So sagt im Hohelied die Geliebte zu ihrem Geliebten:

»Lege mich wie ein Siegel auf dein Herz,
wie ein Siegel auf deinen Arm.
Denn Liebe ist stark wie der Tod
und Leidenschaft unwiderstehlich wie das Totenreich.
Ihre Glut ist feurig und eine Flamme des Herrn,
so dass auch viele Wasser die Liebe nicht auslöschen
und Ströme sie nicht ertränken können.«
(Hhld 8,6f.)

Solche Liebe stand damals wie heute quer zum tatsächlichen Leben, zu Ehekrach und Untreue, Trennung und Scheidung. Sie ist etwas Irreguläres. Sie weist auf ein größeres Kraftfeld, auf die nie erlöschende »Flamme des Herrn«, wie es im Hohelied heißt. Wer sie spürt, hat Kontakt mit Gott. Oder genauer: Wer mit Gott Kontakt hat, wird von der Flamme dieser Liebe entzündet.

Doch sein Bild von der Ehe genügt dem Propheten nicht. Er bringt ein zweites Bild von der Schöpfung. Er erinnert an Gottes Versprechen nach der Sintflut:

»Solange die Erde steht, soll nicht aufhören Saat und Ernte, Kälte und Hitze, Sommer und Winter, Tag und Nacht.« (Gen 8,22)

Hier finden wir eine Zuverlässigkeit jenseits aller menschlichen Untreue. Wenn im Frühling die Vorgärten gelbe Farbbüschel in die Straßen spritzen und das Licht die Gedanken durchflutet, dann denke ich oft: Gott hält sein Versprechen! Alles vergeht. Aber nach jedem Winter kommt ein neuer Sommer. Es bleibt eine Ordnung, die wir in unserer begrenzten Lebenswelt als etwas ganz Unwahrscheinliches erleben und die wir in einer mathematischen Sprache in der Wissenschaft immer besser entziffern können. Es bleiben die Gesetze der Natur. Diese Ordnung ist stabiler als altorientalische und moderne Ehen. Aber auch hier ist ein moderner Einspruch fällig: Ist diese Ordnung nicht auch nur ein Zwischenspiel zwischen Chaos und Chaos? Die Berge mögen ewig scheinen. Aber sie wurden in gewaltigen Erdbeben aus dem Meeresboden herausgetrieben. Und sie sind nicht ewig. Steinlawinen kündigen ihren Kollaps in Millionen von Jahren an. Wenn ich im Hochgebirge zwischen schroffen Felsen stehe, wird mir immer wieder bewusst: Wir leben zwischen kosmischen Katastrophen. Wieder könnten wir sagen: Im Alten Orient glaubten sie noch, die Welt sei ein stabiles Haus, für die Ewigkeit gebaut. Wir aber wissen es besser. Wir wissen von der Vergänglichkeit *aller* Dinge, auch von der Vergänglichkeit der Felsen und Berge, der Erde und unseres Milchstraßensystems. Aber hören wir unseren Propheten. Er lässt auch sein zweites Bild stranden. Im Namen Gottes ruft er uns zu:

Es sollen wohl Berge weichen und Hügel hinfallen, aber der Bund meines Friedens soll nicht hinfallen, spricht der Herr.

Auch für ihn sind die Berge nicht ewig. Auch sie können weichen. Auch Hügel können umfallen. Sogar die Natur kann in Auflösung geraten. Was aber bleibt? Der Prophet sagt dazu:

Alles Fleisch ist Gras, und alle seine Güte ist wie eine Blume auf dem Felde. ... Das Gras verdorrt, die Blume verwelkt, aber das Wort unseres Gottes bleibt ewiglich.

Berge weichen und Gras verdorrt, Hügel fallen und Blumen verwelken. Das Stabilste steht neben dem Vergänglichsten, die Berge neben Gras, die Hügel neben Blumen. Alles fällt der Zeit zum Opfer. Aber es gibt etwas, das ist mehr als vergängliche Berge und verdorrendes Gras: Das Wort unseres Gottes – es bleibt ewiglich. Der Bund seines Friedens – er soll nicht hinfallen. Der Prophet sucht nach Hinweisen auf dieses Ewige. Und er findet sie im Bund mit Noah, in der Ordnung von Saat und Ernte, Sommer und Winter, Tag und Nacht. Er spricht im Namen Gottes:

Ich halte es wie zur Zeit Noahs, als ich schwor, dass die Wasser Noahs nicht mehr über die Erde gehen sollten. So habe ich geschworen, dass ich nicht mehr über dich zürnen und dich nicht mehr schelten will.

Beide Bilder, das von der Ehe und von der Schöpfung, stranden und zerbrechen. Weder Ehen noch Berge sind unerschütterlich. Aber worauf weisen diese Bilder? Was ist unerschütterlicher als Ehetreue? Was ist stabiler als Berge? In den Worten des Propheten meldet es sich als ein »Ich«. Es sagt immer wieder Ich: Ich habe dich einen kleinen Augenblick verlassen. Ich habe mein Angesicht im Augenblick des Zorns verborgen. Ich will mich mit ewiger Gnade deiner erbarmen. Ein Ich redet den Menschen an.

Mit jedem Ich ist es eine merkwürdige Sache. Es ist etwas, das wir zuverlässiger mit uns herumschleppen als unser Portemonnaie. Es spukt in jedem Gedanken, den wir denken. Meist merken wir es nicht. Wollten wir es lokalisieren, so würden wir es irgendwo im Großhirn suchen. Aber selbst, wenn wir das Gehirn aufschnitten und in alle seine Teile zerlegten, wir würden es nicht finden. Manchmal tritt es aus seiner Verborgenheit hervor. Etwa bei einer Lebensentscheidung, bei einem Konflikt, einem Versprechen oder einer Liebeserklärung. Da spüren wir: All das geschieht nicht einfach mit uns. Wir, wir selbst sind in all dem unverwechselbar drin – auch wenn uns moderne Theorien und östliche Philosophien nahe legen, uns von der Illusion unseres Ichs zu verabschieden. Ich bin sicher: Dieses Ich wird alle Zweifel an ihm überleben.

Ähnlich ist es mit dem Ich Gottes. Wir können die ganze Welt wie ein Gehirn aufmeißeln und sezieren, aber wir werden nichts finden, das diesem Ich entspricht. Wir finden Belege für eine große Ordnung, für elementare Kräfte, kleinste Elementarteilchen, mathematische Symmetrien. Und doch ist dieses große Ich in jedem Augenblick gegenwärtig, an jeder Stelle – so gegenwärtig, wie unser kleines Ich in unserem Leben uns immer begleitet, ohne dass es uns je vor die Augen kommt.

Wenn wir mit dem Ich eines Menschen Kontakt aufnehmen wollen, kommen wir ihm keinen Zentimeter näher, wenn wir sein Gehirn aufmeißeln. Im Gegenteil. Wenn wir keine Chirurgen sind, kommen wir allenfalls ins Gefängnis. Wir kommen uns nur näher, wenn wir zueinander sprechen. Und so ist es mit diesem Ich Gottes. Erst durch sein Wort kommt er uns nahe. Wenn er ruft: »Fürchte dich nicht! Ich habe dich bei deinem Namen gerufen; du bist mein!«

Werner Heisenberg wurde einmal gefragt: »Glaubst Du eigentlich an einen persönlichen Gott?« Und er antwortete: »Darf ich die Frage anders formulieren? ... Dann würde sie lauten: Kannst du, oder kann man der zentralen Ordnung der Dinge oder des Geschehens, an der ja nicht zu zweifeln ist, so unmittelbar gegenübertreten, mit ihr so unmittelbar in Verbindung treten, wie dies bei der Seele eines anderen Menschen möglich ist? Ich verwende hier ausdrücklich das so schwer deutbare Wort ›Seele‹, um nicht missverstanden zu werden. Wenn du so fragst, würde ich mit Ja antworten.«

Alle Religionen vermitteln mit ihren Bildern und Riten Zugang zu solchen Erfahrungen – Erfahrungen einer überlegenen und umgreifenden Realität, die uns so nahe kommen kann wie das Du eines anderen Menschen. In Israel wurden diese Bilder in einer tiefen Krise geprägt, und eben dadurch wurden sie zu einer Energiequelle für die ganze Menschheit. Israel schloss stellvertretend für alle einen Bund mit dem Leben – gegen die Mächte des Todes, der brutalen politischen Macht, der Auflösung, des Vergessens. Als alles einknickte wie Gras, als nichts mehr sicher war, da erschloss sich ihm der Fels der Ewigkeit, der beständiger ist als Berge und Hügel. Israel wurde zum Modell für alle bedrohten Völker und auch zum Modell für jeden einzelnen von uns.

Jedem von uns möchte ich heute zurufen, seinen Bund mit dem Leben zu erneuern. Es liegt auch an uns, es liegt auch an dir, dass er kein Trauerspiel in drei Akten wird: Den ersten Akt kennen wir alle: Das Leben kommt mit großen Verheißungen und diktiert einen Bund mit vielen Aussichten. Der zweite Akt: Du lehnst dich auf gegen das Stranden deiner Pläne, Ziele und Wünsche. Darin steckt viel Zorn und Aufbegehren. Du wärest tot, wenn du nicht aufbegehrst. Der dritte Akt: Du wirst niedergemacht. Das Leben demütigt dich und uns alle. Vielleicht überlebst du physisch. Aber dein Selbstbewusstsein knickt ein wie Gras, verwelkt wie eine Blume. Dein Fazit ist: Alles Fleisch ist wie Gras, und alle seine Güte wie die Blume auf dem Felde. Das war's. Oder nicht? War es das wirklich?

Wenn du dich von den Worten und Bildern der Bibel ergreifen lässt, dann endet der Schlussakt anders. Das Leben erneuert seinen Bund mit dir. Von dir wird nur eins gefordert. Mach dir klar: Du bist nicht der Erste, und du bist nicht der Letzte. Keiner der Großen dieser Welt ist der Erste, keiner im Strandgut unserer Gesellschaft der Letzte. Nur einer darf sagen: »Ich bin der Erste, und ich bin der Letzte, und außer mir ist kein Gott« (Jes 44,6). Dieser Gott will dich nicht klein machen – auch nicht in den größten Krisen deines Lebens, auch wenn sein Bund mit dir Leiden und Schmerzen umfasst. Er umfasst dein Leid, aber auch das Leiden anderer an dir, auch das Leiden anderer um deinetwegen. Auch Augenblicke des Zorns, Stunden der Depression, Wochen und Jahre der Untreue gegenüber dem Leben und Gott. Dieser Gott ruft dir immer wieder zu:

Ich habe mein Angesicht im Augenblick des Zorns ein wenig vor dir verborgen, aber mit ewiger Gnade will ich mich deiner erbarmen.
Denn es sollen wohl Berge weichen und Hügel hinfallen, aber meine Gnade soll nicht von dir weichen, und der Bund meines Friedens soll nicht hinfallen,
spricht der HERR, dein Erbarmer.

Und der Frieden Gottes, welcher höher ist als alle unsere Vernunft, bewahre eure Herzen und Sinne in Christo Jesu. Amen.

Diese Predigt wurde am 2. April 2000 im Sonntagsgottesdienst der Peterskirche in Heidelberg gehalten. 1999 war der Krieg in Tschetschenien neu ausgebrochen. Das Zitat von W. Heisenberg stammt aus: Der Teil und das Ganze, dtv 903, München: Deutscher Taschenbuchverlag 1973, 253.

Der neue Bund
Gott und das Projekt der Moderne

(Jer 31,31-34)

Siehe, es kommt die Zeit, spricht der Herr, da will ich mit dem Hause Israel und mit dem Hause Juda einen neuen Bund schließen, nicht wie der Bund gewesen ist, den ich mit ihren Vätern schloss, als ich sie bei der Hand nahm, um sie aus Ägyptenland zu führen, ein Bund, den sie nicht gehalten haben, ob ich gleich ihr Herr war, spricht der Herr; sondern das soll der Bund sein, den ich mit dem Hause Israel schließen will nach dieser Zeit, spricht der Herr: Ich will mein Gesetz in ihr Herz geben und in ihren Sinn schreiben, und sie sollen mein Volk sein, und ich will ihr Gott sein. Und es wird keiner den andern noch ein Bruder den andern lehren und sagen: »Erkenne den Herrn«, sondern sie sollen mich alle erkennen, beide, klein und groß, spricht der Herr: denn ich will ihnen ihre Missetat vergeben und ihrer Sünde nimmermehr gedenken.

Regierungen schließen heute gern Bündnisse: ein Bündnis für Arbeit, für Lehre, für die Zukunft. Sie geben als Übereinkunft aus, was im Grunde ein Machtakt ist, bestenfalls eine Verfügung, für die man nachträglich um Zustimmung wirbt. Wenn wir den Alttestamentlern glauben, sind auch die Bundesschlüsse der Bibel Machtakte und Verfügungen. Wenn Gott mit Noah, Abraham, mit Mose und David seinen Bund schließt, sind die Menschen keine freien Bündnispartner. Gott verpflichtet sie und verpflichtet sich selbst ihnen gegenüber. Der Allmächtige erlässt seinen Bund, so wie die mächtigen assyrischen Eroberer den unterworfenen Völkern ihre Bündnisse diktierten. Wahrscheinlich ist die Vorstellung vom Bund Gottes mit seinem Volk nach dem Modell dieser Bündnisse einer Weltmacht geschaffen. Aber er ist auch ein Gegenentwurf zu ihnen.

Das zeigt die Verheißung des neuen Bundes bei Jeremia. Der neue Bund besteht darin, dass Menschen von innen heraus ihre Zustimmung zum Willen Gottes geben. Sein Wille trifft nicht mehr von außen den Menschen. Sein Wille unterwirft ihn nicht wie ein fremder Eroberer. Gott schreibt seinen Willen ins Innere des Menschen. Er spricht nicht nur. Er schreibt. Denn Gottes *Stimme* mag erklingen und verstummen. Seine *Schrift* aber bleibt unauslöschlich im Innern des Menschen stehen. Was bedeutet das?

Zunächst: Der Mensch hat in sich selbst einen Kompass, der ihm den Weg zum Ziel seines Lebens zeigt. Er braucht keinen fremden Steuermann. Er steuert sich selbst. Er braucht keinen, der ihn von außen belehrt. Deswegen hat der neue Bund revolutionäre soziale Konsequenzen: »Und es wird keiner den andern noch ein Bruder den andern lehren und sagen: ›Erkenne den Herrn‹, sondern sie sollen mich alle erkennen, beide, klein und groß, spricht der Herr.«

Nun kannten auch andere antike Völker wie die Griechen die Vorstellung, dass Gesetze nicht äußerlich vorgegeben sind. Aber es gab zwei Unterschiede zur Bibel. Der erste Unterschied: Nach griechischer Philosophie hat die Natur den Menschen ein ungeschriebenes Gesetz ins Herz gelegt. Alle Menschen besitzen von Geburt an in sich einen Kompass und müssten eigentlich in dieselbe Richtung rudern. Für Israel aber war das ein Ziel. Noch muss sich die Schiffsmannschaft zusammenraufen und wie durch ein Wunder im Innern verwandelt werden, damit sie sich alle nach demselben Kompass ausrichten. Der zweite Unterschied: In der Schiffsmannschaft gibt es nach griechischer Vorstellung herausragende Köpfe, besondere Steuermänner: In hellenistischer Zeit galten die Könige und Herrscher als »lebendiges Gesetz«. Ihre Willkür war Gesetz. In Israel aber sollte das ganze Volk das Gesetz lebendig in sich verkörpern als ein Volk von Königen und Priestern, in dem alle Könige und Priester sind. Hier in Israel wurde eine Utopie formuliert, die bis heute die moderne Geschichte in Atem hält: Alle Menschen, Große und Kleine, Gebildete und Ungebildete, Mächtige und Abhängige sind dazu bestimmt, Gottes Willen in ihren eigenen Willen aufzunehmen. Und keiner darf dabei Überlegenheit gegenüber andern beanspruchen.

Diese radikaldemokratische Utopie hat einen Preis. Wenn der Wille Gottes so fest in unser Herz eingeschrieben ist, dass wir ihn nicht mehr löschen, nicht mehr radieren, nicht mehr entfernen können, dann leiden wir um so mehr daran, wenn wir ihn nicht erfüllen. Was würde es uns helfen, wenn wir in uns einen Kompass haben, der uns den Weg zum Ziel zeigt, aber gleichzeitig treibt unser Schiff unaufhaltsam in eine andere Richtung? Oder schlimmer noch: Dass etwas in uns selbst in eine andere Richtung will! Man könnte nun sagen: Eben deshalb ist mit dem neuen Bund die Verheißung verbunden, dass Gott mit den Geboten auch den Willen, sie zu erfüllen, ins Herz legt. Gott pflanzt nicht nur einen Kompass ins Herz, sondern sorgt auch dafür, dass wir stark genug sind, trotz widriger Winde zum Ziel zu kommen.

Aber trotzdem können wir abgetrieben werden. Trotzdem können wir uns verirren und ins moralische Abseits geraten. Der Kompass mag stimmen, die Richtung unserer Fahrt mag zutreffen. Aber vor uns liegt das unendliche Meer der Wirklichkeit. Der Wind ist gegen uns. Unser Schiff ist wenig navigationstüchtig. Wir sind müde und alt. Das Ziel ist nicht in Sicht. Es bleibt unendlich fern, obwohl wir genau wissen, wo es liegt. Und obwohl wir einen starken Willen in uns spüren, dieses Ziel zu suchen.

Deshalb sei noch einmal betont: Wenn Gott sein Gesetz und die Motivation zu ihm in unser Inneres legt, ist nicht alles gelöst. Im Gegenteil! Die Kluft zwischen Sollen und Tun wird so schmerzhaft wie nie zuvor. Sie geht mitten durch unser Herz. Und mitten durch unsere Gemeinschaft: Man stelle sich eine Schiffsmannschaft vor, in der jeder überzeugt ist, dass er den richtigen Kompass in sich trägt – wie wird es dem ergehen, der abweicht? Er wird mit der ganzen Aggressivität des Absoluten verurteilt. Aber gerade das wäre gegen den Geist des neuen Bundes!

Warum? Der neue Bund besteht in der Verheißung der Sündenvergebung: Keiner »wird den andern, keiner seinen Bruder lehren, spricht der Herr; denn ich will ihnen ihre Missetat vergeben und ihrer Sünde nimmermehr gedenken.« Keiner wird den andern als Sünder fertig machen. Keiner den andern moralisch vernichten. Gott selbst vergibt die Sünde. Gott selbst will den Widerspruch zwischen Sollen und Tun, Norm und Wirklichkeit überbrücken.

Die moderne Geschichte besteht darin, dass Menschen und Gruppen immer wieder neu aufbrechen, um den neuen Bund zu verwirklichen. Das heimliche Programm ist durch die Prophetie des Jeremia vorgegeben: Die Menschen sollen autonom das Gute tun und spontan Gottes Willen erfüllen. Sie sollen von Gottes Geist erfüllt sein. Aber immer wieder gibt es in dieser Geschichte zwei Krisen: Einerseits treten absolutistische Könige der Moral auf. Die wollen anderen diktieren, was der gute Wille Gottes ist. Andererseits wird vergessen: Wenn wir uns autonom an unser eigenes Gesetz binden, sind wir noch viel verletzlicher für den Widerspruch zwischen Sollen und Tun. Wir versinken in Depression, weil wir weit weg sind von uns selbst.

Der Geist, der Pfingsten die Menschen ergreift, legt Gottes Willen in die Herzen der Menschen, aber nicht dazu, dass einer den anderen belehrt und ihm klar macht: Du hast nicht den Geist. Auch nicht dazu, dass wir perfekt sind. Der Geist von Pfingsten ist ein Geist der Sündenvergebung, ein Geist, der real existierende Menschen ergreifen und verwandeln will, ein Geist, der unserer Schwachheit aufhilft. Es ist ein Geist, der auch einem angeschlagenen Schiff die Richtung weisen kann, um es durch Sturm und Wellen zum Ziel zu bringen.

Hört darum den Zuspruch des neuen Bundes: Euch ist der Geist Gottes gegeben. In euch wohnt Gott. Er hat sich mit euch verbündet, um die Kraft zum Guten in euch stark zu machen. Nicht wie ein Machthaber hat er sich mit euch verbündet, sondern enger, als euer innerstes Ich mit euch verbunden ist, ist sein neuer Bund mit euch: Er vergibt euch und euren Nächsten alle Schuld. Darum vergebt auch untereinander. Spürt die Freude, wenn ihr frei werdet von Groll, von Bitternis und Vorwürfen – gegen euch selbst und gegen eure Nächsten.

Dieser Friede Gottes, welcher höher ist als alle unsere Vernunft, bewahre Eure Herzen und Sinne in Christo Jesu. Amen.

Diese Predigt wurde im Mittwochmorgengottesdienst in der Peterskirche am 14.6.2000 gehalten. Zur hellenistischen Königsideologie, die im König das »lebendige Gesetz« sah, vgl: E.R. Goodenough, Die politische Philosophie des hellenistischen Königtums, in: A. Kloft (Hg.), Ideologie und Herrschaft in der Antike, Wege der Forschung 528, Darmstadt: Wiss. Buchgesellschaft 1979, 27-89. Bei der Darstellung des Projekts der Moderne steht im Hintergrund G.E. Lessing, Die Erziehung des Menschengeschlechts (1780), in: Lessings Werke Bd. 3 (hg. v. K. Wölfel); Schriften II, Frankfurt 1967, 544-563.

Die Humanisierung der Geschichte
Der Übergang vom Tier zum Menschen in der Vision des Daniel

(Dan 7,1-14)

Im ersten Jahr Belsazars, des Königs von Babel, hatte Daniel einen Traum und Gesichte auf seinem Bett; und er schrieb den Traum auf, und dies ist sein Inhalt:
Ich, Daniel, sah ein Gesicht in der Nacht, und siehe, die vier Winde unter dem Himmel wühlten das große Meer auf. Und vier große Tiere stiegen herauf aus dem Meer, ein jedes anders als das andere. Das erste war ein Löwe und hatte Flügel wie ein Adler. Ich sah, wie ihm die Flügel genommen wurden. Und es wurde von der Erde aufgehoben und auf zwei Füße gestellt wie ein Mensch, und es wurde ihm ein menschliches Herz gegeben. Und siehe, ein anderes Tier, das zweite, war gleich einem Bären und war auf der einen Seite aufgerichtet und hatte in seinem Maul zwischen seinen Zähnen drei Rippen. Und man sprach zu ihm: Steh auf und friss viel Fleisch! Danach sah ich, und siehe, ein anderes Tier, gleich einem Panther, das hatte vier Flügel wie ein Vogel auf seinem Rücken und das Tier hatte vier Köpfe, und ihm wurde große Macht gegeben. Danach sah ich in diesem Gesicht in der Nacht, und siehe, ein viertes Tier war furchtbar und schrecklich und sehr stark und hatte große eiserne Zähne, fraß um sich und zermalmte, und was übrig blieb, zertrat es mit seinen Füßen. Es war auch ganz anders als die vorigen Tiere und hatte zehn Hörner. Als ich aber auf die Hörner acht gab, siehe, da brach ein anderes kleines Horn zwischen ihnen hervor, vor dem drei der vorigen Hörner ausgerissen wurden. Und siehe, das Horn hatte Augen wie Menschenaugen und ein Maul; das redete große Dinge. Ich sah, wie Throne aufgestellt wurden, und einer, der uralt war, setzte sich. Sein Kleid war weiß wie Schnee und das Haar auf seinem Haupt rein wie Wolle; Feuerflammen waren sein Thron und dessen Räder loderndes Feuer. Und von ihm ging aus ein langer feuriger Strahl. Tausendmal Tausende dienten ihm, und zehntausendmal Zehntausende standen vor ihm. Das Gericht wurde gehalten, und die Bücher wurden aufgetan. Ich merkte auf um der großen Reden willen, die das Horn redete, und ich sah, wie das Tier getötet wurde und sein Leib umkam und ins Feuer geworfen wurde. Und mit der Macht der andern Tiere war es auch aus; denn es war ihnen Zeit und Stunde bestimmt, wie lang ein jedes leben sollte. Ich sah in diesem Gesicht in der Nacht, und siehe, da kam einer mit den Wolken des Himmels wie eines Menschen Sohn und gelangte zu dem, der uralt war, und wurde vor ihn gebracht. Der gab ihm Macht, Ehre und Reich, dass ihm alle Völker und Leute aus so vielen verschiedenen Sprachen dienen sollten. Seine Macht ist ewig und vergeht nicht, und sein Reich hat kein Ende.

Die großartigen Bilder dieser Vision Daniels sind es wert, dass man sie meditierend betrachtet. Sie stellen drei Themen dar: eine Brutalisierung auf Erden, einen Regierungswechsel im Himmel und am Ende eine Humanisierung im Himmel wie auf Erden.

Zunächst zum ersten Thema, zur Brutalisierung auf Erden. Große und immer gefährlicher werdende Bestien steigen aus dem Meer – zuerst ein Löwe, dann ein Bär, dann ein Panther und schließlich ein namenloses Tier, das alle anderen an Bestialität übertrifft. Gemeint sind die Weltreiche, die einander ablösen: die Babylonier, Meder, Perser und Seleukiden. Als blutrünstige Bestien erscheinen sie. Sie morden, fressen und treten alles nieder. Sie sind gefährlich, unheimlich und teuflisch!

Was macht diese Tiere so *gefährlich*? Es sind Menschen. Sie werden als Menschen dargestellt. Der Löwe wird »wie ein Mensch auf seine Füße gestellt, ihm wird Menschenverstand gegeben.« Das letzte Tier hat Augen wie Menschenaugen. Menschen können zu schlimmeren Untieren werden als die Tiere in der Natur. Ein Löwe ist schon schlimm genug. Aber ein Löwe mit der Intelligenz eines Menschen ist entsetzlich. Brutalität ist gefährlich in sich. Aber intelligent geplante und technisch perfekt ausgeführte Brutalität ist teuflisch.

Was macht diese Tiere so *unheimlich*? Zu ihrer Brutalisierung gehört nicht nur Intelligenz, sondern auch Macht. Die Tiere symbolisieren die Macht der Weltreiche – jener Reiche, die eine gewaltige Kriegsmaschinerie haben, mit der sie kleinen Völkern ihren Willen aufnötigen. Diese Macht brutalisiert.

Was macht die Tiere so *teuflisch*? Diese Tiere sind die alten Chaosmächte, die Gott bei der Schöpfung überwunden hat. Obwohl alle Weltmächte verheißen, Ordnung zu schaffen, gehören sie eher zum Chaos, das die Ordnung der Schöpfung zerstört. Die Weltmächte werden als Aufstand gegen Gott dargestellt. Und so ist es nur konsequent, wenn das letzte Tier »große Dinge« redet – nämlich gegen Gott. Gemeint ist der Frevler Antiochus Epiphanes. Er, der sich selbst einen epiphanen Gott nannte, hatte die Verehrung des einen und einzigen Gottes in Jerusalem unterdrückt. Er verkörpert die widergöttliche Chaosmacht schlechthin. Das ist das Schlimmste: Wo Brutalität mit Intelligenz und politischer Macht auftritt und sich selbst absolut setzt, sich selbst zum Gott erklärt.

Zweites Thema: der Regierungswechsel im Himmel. Daniel schaut Gott in der jenseitigen Welt. Es ist ein hochbetagter Gott. Schlohweiß sind seine Haare. Wir sehen einen Greis. Man fragt sich unwillkürlich: Sind die Tage seiner Regierung gezählt? Wie lange wird er noch regieren? Dieser Alte überträgt seine Herrschaft einem, der wie ein Mensch aussieht und dessen Herrschaft unbegrenzt und ewig sein wird. Hinter solchen Visionen steht ein Mythos von der Ablösung eines alten Gottes durch einen jungen, durch einen, der wie ein Mensch aussieht: durch einen Menschenähnlichen. Und doch würden wir alles missverstehen, wenn wir uns durch den modernen Jugendkult verführen lassen, im Alter nur Schwäche und Inkompetenz zu sehen, als sei der Alte angesichts eines unlösbaren Problems zur Erkenntnis gekommen, dass er zu schwach sei, um die Regierung weiter zu führen. Nichts davon ist in dieser Vision zu spüren. Im Gegenteil. Das Problem sind die immer schrecklicher werdenden Tiere. Ihre Bekämpfung und Besiegung überlässt der Alte nicht einem neuen Gott. Diese Aufgabe wird noch unter ihm erledigt. Das schlimmste Tier wird verbrannt, die anderen in ihrer Macht begrenzt. Wenn der Menschenähnliche zur Macht kommt, ist das Problem der Macht gelöst. Er muss nicht erst einen hässlichen Krieg führen, um seine Regierung anzutreten. Er darf von Anfang an menschlich regieren.

Und nun zum dritten Thema, zur Humanisierung auf Erden wie im Himmel. Beides geschieht parallel. Im Himmel übernimmt ein Menschenähnlicher die Macht. Eine göttliche Gestalt wird mit dem Namen für Menschen bezeichnet. Er ist der Mensch, der Menschensohn. Auf Erden wird die Herrschaft der Tiere abgelöst durch Menschen, die »Heilige des Höchsten« genannt werden. Sie werden mit einem Namen für Engel ausgezeichnet. Sie werden so dargestellt, als bildeten sie auf Erden den Hofstaat des höchsten Königs. Solch eine Parallelität ist uns aus der Alten Welt vertraut. Wenn die Völker auf Erden Krieg miteinander führen, streiten sich auch die Götter. Hier aber geht es nicht um die Parallelität von Kriegen im Himmel und auf Erden, sondern um die Parallele zwischen einer Vermenschlichung in beiden Bereichen und um eine Durchdringung beider Bereiche. Der göttliche Bereich wird menschlich, der menschliche zur Welt der Engel. Die entscheidende Botschaft ist: Die Weltreiche der Tiere werden abgelöst durch ein menschliches Reich.

Diese Vision hat mich immer fasziniert. Daniel behauptet hier in visionärer Gestalt: Der Mensch ist noch immer dabei, vom Tier zum Menschen überzugehen. Das wahre Menschliche muss noch gefunden werden, muss sich noch durchsetzen. Alles was die bisherige Geschichte der Menschen kennzeichnet, ist durch tierische Brutalität gekennzeichnet. Der wirklich humane Mensch muss noch verwirklicht werden. Wir Christen glauben, dass in Jesus dieser Mensch erschienen ist. In ihm wurde das Göttliche menschlich, und das Menschliche göttlich. Durch ihn offenbarte sich mitten in der Brutalität der Geschichte eine Gegenwirklichkeit: Es ist ein Leben möglich, in dem sich die Menschen nicht mit Intelligenz, Macht und Überschätzung ihrer selbst gegenseitig töten, schädigen und unterdrücken. Es ist ein Leben möglich, in dem es menschlich zugeht.

Wir sind heute überzeugt, dass der Mensch aus dem Tierreich stammt. Manchmal suchen wir noch nach dem *missing link*, dem Übergangsglied zwischen Tier und Mensch. Aber wir sind selbst dieses *missing link*. Wahrscheinlich sind wir selbst ein Übergang vom tierischen Leben zum wahren menschlichen Leben. In Jesus erschien dieses wahre Leben. In ihm erschien, was wir einst sein werden oder sein könnten. Erst wenn der Mensch wirklich menschlich ist, wird ihm auch Gott menschlich begegnen: Solange Brutalität herrscht auf der Erde, solange Menschen durch Terror vertrieben werden, indem man hin und wieder ein kleines Massaker übt oder gezielt einzelne umbringt und so Panik verbreitet. Solange Menschen Bomben aufeinander werfen und damit Tod und Todesangst verbreiten, solange leben wir noch im Zeichen der brutalen und bestialischen Tiere. Und das wird noch schlimmer dadurch, dass sowohl die Vertreibungen wie die Bomben mit Intelligenz und Computern geplant wurden. Den Vertreibungen liegen generalstabsmäßig ausgearbeitete Strategien zugrunde. Den Bomben liegen exakte Berechnungen zugrunde, die jedoch nicht exakt genug sind, um unschuldige Menschen, die man schützen will, zu verschonen. Das alles wird auch nicht besser dadurch, dass wir uns auf eine hohe Moral berufen – auf die höchsten Werte, die es zu verteidigen gilt. Wo Werte verabsolutiert werden, auch gute Werte, da werden Konflikte oft erst recht unlösbar. Man spricht so viel von den Kollateralschäden dieses schrecklichen Krieges. Und sie sind schlimm genug. Genauso schlimm aber sind die Kollateralschäden in unserer Moral, die mit jeder Bombe größer werden.

Der größte moralische Kollateralschaden aber wäre die heimliche Brutalisierung unserer Gesellschaft. Darum ist es wichtig, auch in solchen Situation an Visionen festzuhalten, an Visionen über den Tag hinaus, wie sie im Buche Daniel stehen, die sagen: Eine Herrschaft des Menschen, eine menschliche Herrschaft, ist möglich. Die Brutalität der Weltreiche wird nicht ewig dauern.
Amen.

<small>Diese Predigt wurde im Mittwochmorgengottesdienst in der Peterskirche am 26.5.1999 gehalten. Der Kosovokrieg, d. h. das Eingreifen der NATO-Staaten zur Verhinderung einer neuen ethnischen Säuberung war gerade auf seinem Höhepunkt. Die Bomben der NATO trafen nachweisbar auch viele Zivilisten.</small>

Der Hauptmann von Kapernaum – ein Homosexueller?
Eine diskrete biblische Geschichte und deren indiskrete Exegese

(Mt 8,5-13)

Als aber Jesus nach Kapernaum hineinging, trat ein Hauptmann zu ihm; der bat ihn und sprach: Herr, mein Knecht liegt zu Hause und ist gelähmt und leidet große Qualen. Jesus sprach zu ihm: Ich will kommen und ihn gesund machen. Der Hauptmann antwortete und sprach: Herr, ich bin nicht wert, dass du unter mein Dach gehst, sondern sprich nur ein Wort, so wird mein Knecht gesund. Denn auch ich bin ein Mensch, der Obrigkeit untertan, und habe Soldaten unter mir; und wenn ich zu einem sage: Geh hin! so geht er; und zu einem andern: Komm her! so kommt er; und zu meinem Knecht: Tu das!, so tut er's. Als das Jesus hörte, wunderte er sich und sprach zu denen, die ihm nachfolgten: Wahrlich, ich sage euch: Solchen Glauben habe ich in Israel bei keinem gefunden! Aber ich sage euch: Viele werden kommen von Osten und von Westen und mit Abraham und Isaak und Jakob im Himmelreich zu Tisch sitzen; aber die Kinder des Reichs werden hinausgestoßen in die Finsternis; da wird sein Heulen und Zähneklappern. Und Jesus sprach zu dem Hauptmann; Geh hin; dir geschehe, wie du geglaubt hast. Und sein Knecht wurde gesund zu derselben Stunde.

»Herr, ich bin nicht wert, dass du unter mein Dach gehst, sondern sprich nur ein Wort, so wird meine Seele gesund.« Wir sprechen diese Worte in der Abendmahlsfeier: Jeder von uns rückt dabei in die Rolle des Hauptmanns von Kapernaum, in die Rolle des Heiden, dessen Haus kein frommer Jude betritt, weil es unrein ist. Jeder tritt dabei auch in die Rolle eines Ausländers, den die Einheimischen meiden, als hätte er Aussatz. Jeder bekennt mit seinen Worten: Ich bin unrein. Ich bin nicht wert, dass Gott in mir gegenwärtig ist, denn mein Leben ist zu fern von ihm. Die Verbindung dieser Worte mit dem Abendmahl hat im Text einen Anhalt. Denn Jesus verheißt allen Menschen, die wie der Hauptmann von Kapernaum glauben, die Teilnahme am Mahl in der Gottesherrschaft, das wir in jedem Abendmahl vorwegnehmen.

Doch wir ändern dabei die Worte des Hauptmanns leicht ab. Der Hauptmann bat nicht für seine Seele, sondern für seinen Knecht: »Sprich nur ein Wort, so wird mein *Knecht* gesund.« Vielleicht meint Mt seinen Sohn. Denn das Wort für Sohn und Knecht ist im Griechischen dasselbe. Bei Lk ist es auf jeden Fall sein Knecht, ja sein Sklave, der ihm sehr lieb war. Und das hat mich immer nachdenklich gemacht. Wenn ein Heide für seinen Sklaven bittet, der ihm sehr, sehr lieb war, da musste bei Juden in der damaligen Zeit ein Nebengedanke aufblitzen, der mir bei dieser Geschichte immer durch den Kopf geht: Warum hat er ihn so lieb? Ach – diese Heiden hatten ja oft sexuelle Kontakte mit ihren Sklaven, mit weiblichen wie männlichen Sklaven. Denn deren Leib gehörte ihnen. Es galt als Pflicht der Sklaven, alles mit sich geschehen zu lassen, was der Herr wollte. War der Hauptmann auch so ein Heide? Wobei die homosexuellen Beziehungen oft nur Nebenbeziehungen waren. Das musste im Kopf eines Juden als Möglichkeit aufblitzen. Und deshalb ist es wichtig zu beachten: Jesus wendet sich diesem Heiden zu, ohne nach seinem Verhältnis zu seinem Sklaven zu fragen. Das sollten wir uns zum Vorbild nehmen. Gleichgültig wie Christen heute zur Homosexualität stehen, alle stimmen darin überein: Ihnen muss genauso geholfen werden wie allen andern. Ihnen gilt genauso das Evangelium wie allen andern. Sie sind genauso willkommen am Tisch des Herrn wie alle andern. Wir fragen so wenig nach ihrer sexuellen Orientierung, wie Jesus sich dafür interessierte.

Neben diesem (möglichen) unausgesprochenen Dialog im Innern hören wir im Text noch einen äußeren Dialog. Der Hauptmann äußert sein Vertrauen zu Jesus in den Kategorien seines militärischen Denkens: »Denn auch ich bin ein Mensch, der politischen Macht untertan, und habe Soldaten unter mir, und wenn ich zu einem sage: Geh hin!, so geht er, und zu einem andern: Komm her!, so kommt er, und zu meinem Knecht: Tu das!, so tut er's.« Dieser Hauptmann denkt in Befehlshierarchien. Er ist ein typischer Militär. Und er kann sich Jesus auch nur als Befehlshaber mit Autorität vorstellen. Ein Wort von ihm, ein Befehl, das müsste reichen. Dann braucht Jesus gar nicht in sein Haus zu kommen. Dann braucht Jesus sich nicht unrein zu machen, weil er ein Heide ist. Dann braucht Jesus nicht als Jude mit jemandem Kontakt aufzunehmen, der für Juden vielleicht in einer von diesen verabscheuten sexuellen Beziehung lebt.

Jesus akzeptiert diesen militärischen Ausdruck des Vertrauens. Er lobt den Hauptmann. »Solchen Glauben habe ich in Israel bei keinem gefunden!« Aber er antwortet mit einem Bild aus einem ganz anderen, unmilitärischen Bereich: Er lädt alle, die wie der Hauptmann glauben, zum großen Mahl in der Gottesherrschaft ein. Alle, die vom Osten und Westen herbeiströmen. Das heißt alle Heiden, alle Ausländer, alle, die so glauben wie der Hauptmann. Sie alle werden eingeladen; und andere, die meinten, sie seien die privilegierten Söhne des Hauses, werden hinausgeworfen.

Jesus korrigiert den Hauptmann in zweifacher Weise. Und er korrigiert dabei auch uns. Denn wir werden in der Rolle des Hauptmanns angesprochen:

Seine erste Korrektur ist: Der Ort des Gastmahls ist die Familie. Die Gastgeber sind die Väter Israels: Abraham, Isaak und Jakob. Bei ihrem Gastmahl gibt es keine militärischen Hierarchien. Vielmehr sind alle gleich. Wen ich zum Essen einlade, den betrachte ich als Gleichgestellten. Und wenn er auch sonst im Leben ein weit unter oder über mir stehender Mensch ist: Als Tischpartner wird er mir grundsätzlich gleich. Wenn Jesus uns zum Mahl einlädt, dann verlassen wir alle Hierarchien im Leben – alle Verhältnisse von Über- und Unterordnung, alle Herrschaft und alle Macht. Bei seinem Gastmahl gibt es nur Menschen, die gleich sind. Bei seinem Gastmahl bilden alle eine Familie Gottes.

Seine zweite Korrektur ist: Wir meinten vielleicht, andere seien würdiger als wir, zu diesem Gastmahl eingeladen zu werden. Das ist ein Irrtum. Oder wir meinten vielleicht umgekehrt, die andern seien nicht eingeladen, Ausländer gehörten nicht dazu, sondern nur die Einheimischen. Auch das ist ein Irrtum. Gerade sie, die Fernen und Marginalisierten, sind eingeladen. Und ausgeschlossen sind die vermeintlich Privilegierten. Jesu Wort von den herbeiströmenden Menschen aus Ost und West und dem Ausschluss der Söhne des Hauses ist ein schroff antinationalistischer Spruch. Er wendet sich in diesem Kontext gegen eine nationalistische Haltung, die es überall gibt, in jedem Volk, auch bei uns, auch in Form eines Eurozentrismus, der meint, mit Europa hätten wir den Nationalismus schon hinter uns gelassen. Und natürlich gab es ihn auch in Israel und gibt es ihn dort auch heute. Diese nationalistische Haltung will die anderen, die Heiden, ausschließen.

Sagt Jesus deswegen, wie man es oft verstanden hat und noch heute versteht, Israel sei verworfen?

Das kann nicht sein. Denn Jesus sagt nicht, er habe keinen Glauben in Israel gefunden, sondern nur, er habe keinen so *außergewöhnlichen Glauben* in Israel gefunden wie den des Hauptmanns. Also gab es Glauben in Israel. Er sagt auch nicht, dass keine Israeliten am Gastmahl teilnehmen werden, im Gegenteil: Die Einladung erfolgt an den Tisch Abrahams, Isaaks und Jakobs. Es ist ein Gastmahl mit den Stammvätern Israels. Israel ist bei ihm präsent. Seinen Vertretern gehören die Ehrenplätze. Und schließlich: Der Spruch ist eine Drohung. Sie soll zur Umkehr bewegen. Und dieser Aufruf zur Umkehr wendet sich an alle. Das MtEv nennt auch Christen »Söhne der Gottesherrschaft«. Die Drohung, dass die Söhne der Gottesherrschaft rausgeworfen werden in eine Gottesferne, wo Heulen und Zähneklappern ist, wendet sich gegen alle, die meinen, ein privilegiertes Verhältnis zu Gott zu haben, und die andere ausschließen wollen.

Wenn wir das Abendmahl feiern, dann sollte jeder in seinem Herzen bewegen: Du bist eingeladen zu einem Mahl, bei dem es keine Hierarchie gibt. Du bist eingeladen zu einem Mahl, das dich mit der Geschichte von ganz Israel verbindet – mit Abraham, Isaak und Jakob. Du bist eingeladen zu einem Mahl, bei dem alle eingeladen sind. Auch Ausländer. Auch Homosexuelle. Auch Soldaten. Auch Menschen, die du vielleicht gelernt hast, als unrein zu betrachten. Alle sind eingeladen, die mit einem großen Vertrauen zu Jesus kommen und seiner Einladung folgen.

Und wenn du dich dagegen innerlich sträubst, dass Jesus so viele einlädt und sie alle gleichberechtigt neben dir stehen, nicht nur heute morgen in dieser Kirche, sondern in allen christlichen Gemeinden der Welt, wo immer Abendmahl gefeiert wird, so bedenke: Du selbst bist es nicht wert, dass Gott in dir Wohnung nimmt, und er will es dennoch. Du selbst bist es nicht wert, dass du ihn zu dir einlädst unter dein Dach. Aber er lädt dich ein. Du selbst bist vielleicht für andere eine Anfechtung, weil du dabei bist. Wenn dich Gott akzeptiert, obwohl du nicht akzeptabel bist, dann gibt es keinen Grund mehr, andere nicht zu akzeptieren. Und keinen Grund mehr dafür, dass jemand etwas gegen dich hat. Und darum freue dich über jeden, der seiner Einladung folgt – ob du ihn magst oder nicht, ob du mit seinem Leben einverstanden bist oder nicht.

Und vergiss nie: Dieses Abendmahl feiern wir in Vorwegnahme eines größeren Mahles, zu dem alle Völker strömen. Es ist ein Bild dafür, dass die Gleichberechtigung am Tisch des Herrn, in die ganze Welt hineinwirken soll. Es ist ein Bild dafür, dass das Denken in Hierarchien, das hier überwunden wird, auch im Leben durchbrochen werden soll. Es ist ein Bild dafür, dass in der ganzen Welt die Grenzen zwischen den Völkern durchlässiger werden sollen. Es ist ein Bild dafür, dass einmal alle Menschen beim Verteilungskampf um Lebensmittel gleich gestellt sein sollen. Das Abendmahl ist deshalb ein subversiver Ritus. Es macht die Kleinen groß und die Großen klein. Es macht die Sünder zu Gerechten und die Selbstgerechten zu Sündern. Es macht aus vielen Gliedern einen Leib. Und es erwartet trotzdem nicht, dass wir vollkommen sind, sondern nur die Bereitschaft zu sagen: »Herr, ich bin nicht wert, dass du unter mein Dach gehst, sondern sprich nur ein Wort, so wird meine Seele gesund.«

Und der Frieden Gottes, der höher ist als alle unsere Vernunft, bewahre eure Herzen und Sinne in Christo Jesu. Amen.

Diese Predigt wurde im Mittwochmorgengottesdienst am 31.01.2001 in der Peterskirche gehalten. In der Öffentlichkeit wurde damals die Zulassung von Homosexuellen zu eingetragenen Partnerschaften diskutiert, die im Sommer desselben Jahres in Kraft trat. Gleichzeitig wurde über die Immigration und Integration von Ausländern eine Diskussion geführt.

Christen und Moslems
oder die Souveränität der Gnade Gottes

(Mt 20,1-16)

Denn das Reich der Himmel ist gleich einem Hausherrn, der am Morgen früh ausging, um Arbeiter in seinen Weinberg zu dingen. Nachdem er aber mit den Arbeitern um einen Denar für den Tag übereingekommen war, sandte er sie in seinen Weinberg. Und als er um die dritte Stunde ausging, sah er andre müßig auf dem Markte stehen und sagte zu diesen: Gehet auch ihr in den Weinberg, und was recht ist, will ich euch geben. Sie aber gingen hin. Wiederum ging er um die sechste und um die neunte Stunde aus und tat ebenso. Als er aber um die elfte Stunde ausging, fand er andre dastehen und sagte zu ihnen: Warum steht ihr hier den ganzen Tag müßig? Sie antworteten ihm: Weil uns niemand gedungen hat. Er sagte zu ihnen: Gehet auch ihr in den Weinberg! Als es aber Abend geworden war, sagte der Herr des Weinbergs zu seinem Verwalter: Rufe die Arbeiter und zahle den Lohn aus, indem du bei den Letzten anfängst, bis zu den Ersten! Da kamen die von der elften Stunde und empfingen jeder einen Denar. Und als die Ersten kamen, meinten sie, sie würden mehr empfangen; und auch sie empfingen jeder einen Denar. Als sie ihn aber empfangen hatten, murrten sie wider den Hausherrn und sagten: Diese Letzten haben (nur) eine Stunde gearbeitet, und du hast sie uns gleich gemacht, die wir die Last und Hitze des Tages getragen haben. Er jedoch antwortete und sprach zu einem unter ihnen: Freund, ich tue dir nicht Unrecht. Bist du nicht um einen Denar mit mir übereingekommen? Nimm das Deine und geh hin! Ich will aber diesem Letzten so viel geben wir dir. Oder steht es mir nicht frei, mit dem Meinigen zu tun, was ich will? Oder ist dein Auge neidisch, weil ich gütig bin? So werden die Letzten Erste und die Ersten Letzte sein.
(Zürcher Übersetzung)

Manche Kränkungen sitzen tief, besonders, wenn man sich unter Geschwistern zurückgesetzt fühlt. Bis ins hohe Alter murren manche, weil sie meinen, als Kind schlecht weggekommen zu sein. Und das gilt nicht nur für Einzelne, es gilt für die Völkerfamilie: Wenn erst einmal ganze Völker, Kulturen und Religionen sich zurückgesetzt fühlen, dann drohen Konflikte und Kriege. Das Gleichnis von den Arbeitern im Weinberg kann dazu helfen, solche Kränkungen zu bearbeiten. Schon früh wurde es auf das Verhältnis verschiedener Religionen zueinander gedeutet. Vielleicht sollte es schon im Urchristentum das Verhältnis von Juden und Christen darstellen – der Juden, die von Anfang an für Gott gearbeitet haben, und der Christen, die erst im letzten Augenblick dazukamen. Was wenige wissen, ist, dass dieses Gleichnis auch von Moslems erzählt wurde, um ihr Verhältnis wiederum zu Christen und Juden darzustellen. Ich lese es in einer der islamischen Varianten vor:

»Der Gesandte Gottes spricht: ›Ihr und die Besitzer der beiden Bücher vor euch (d. h. die Juden und die Christen) gleichen einem Manne, der Lohnarbeiter einstellt. Der sagte: ›Wer will für mich arbeiten von Tagesanbruch bis Mittag um einen Quirat?‹ Da arbeiteten die Juden. Darauf sagte er: ›Wer will für mich arbeiten von Nachmittag bis Sonnenuntergang für zwei Quirat?‹ Da arbeitetet ihr. Nun wurden die Juden und Christen zornig und sagten: ›Wir haben mehr Arbeit und weniger Lohn.‹ Gott aber sprach: ›Habe ich etwas von eurem Recht verkürzt?‹ Sie antworteten: ›Nein!‹ Da sprach Gott: ›Dies ist meine Zugabe ..., die ich zukommen lasse, wem ich will.‹«

Moslems erkennen hier an: Alle, Juden und Christen, haben ihre Verdienste. Moslems sind nicht deswegen bevorzugt, weil sie besser wären. Es ist reine Gnade, wenn sich Gott ihnen besonders zuwendet. Es ist seine freie Zugabe, die ganz unverdient ist. Natürlich gefällt mir die matthäische Fassung des Gleichnisses noch besser. Denn sie kennt beim Lohn keine Bevorzugung. Alle werden gleich behandelt. Alle bekommen den gleichen Lohn. Aber auch hier wird deutlich: Das ist reine Gnade. Nur den ersten hatte der Besitzer rechtlich zugesichert, dass sie einen Denar erhielten. Bei allen anderen war das offen geblieben. Aber auch hier lässt Mt durchblicken: Die letzten, er denkt an Christen, sind im Grunde privilegiert. Sie haben den Lohn am wenigsten verdient. Und erhalten ihn trotzdem ohne Abstriche.

Bleibt es also dabei: Dass jede Religion sich als besonders privilegiert verstehen muss? Auch wenn jede betont: Es ist reine Gnade, nicht unser Verdienst. Hilft uns das weiter in der Familie der Religionen? Bleibt nicht der Neid: Warum meinst du, dass sich Gott dir besonders zugewandt hat?

Das Gleichnis von den Arbeitern im Weinberg kann in dieser Situation weiterführen. Zunächst einmal stellt es klar: Das Murren der ersten Arbeiter ist verständlich. Jeder soll denken: Eigentlich haben die Ersten mehr Lohn verdient. Wäre der Besitzer ein Richter, er müsste ihnen Recht geben. Wäre er ein rational kalkulierender Ökonom, er müsste auf einer verschiedenen Belohnung insistieren! Aber er handelt weder in der Rolle des neutralen Richters noch des klugen Unternehmers. Ich weiß im Grunde nur eine Rolle, in der mir sein Verhalten verständlich wird.

Es ist die Rolle des Vaters oder der Mutter, es ist die Rolle der Eltern. Unter Geschwistern ist es ganz unvermeidlich, dass einige älter sind als andere, einige reifer als andere, einige weiter vorangekommen als andere. Der Altersabstand ist vorgegeben. Und dennoch akzeptieren wir, dass alle gleich geliebt werden, dass Vater und Mutter keinen bevorzugen, auch wenn das, was die einzelnen Geschwister für die Familie leisten, sehr verschieden ist. Wenn wir entdecken, dass Jesus in seinem Gleichnis den Besitzer mit Zügen eines Vaters oder einer Mutter ausgestattet hat – dann fällt es uns leichter, unser Murren gegen die Bevorzugung der anderen zu überwinden.

Könnte uns das auch im Verhältnis zu anderen Religionen helfen? Man darf zutiefst davon überzeugt sein, dass alle eine authentische Beziehung zu Gott haben. Man darf ihre Verschiedenheit sehen. Aber die Familie wird zerstört, wenn man nicht mit einer elementaren Gleichheit zufrieden ist: Allen Geschwistern dürfen sich die Eltern mit gleicher Liebe zuwenden. Allen Religionen darf sich die Transzendenz in gleichwertiger Weise erschließen.

Werden damit Unterschiede zu sehr eingeebnet? Ich glaube nicht. Um noch einmal mein Familienbild heranzuziehen: Die Eltern lieben zwar alle Kinder gleich, jeden entsprechend seiner Eigenart. Dazu gehört auch, dass sie dem mehr Hilfsbedürftigen mehr Zuwendung schenken. Unter Geschwistern wird das als selbstverständlich akzeptiert. Aber umgekehrt kann man auch sagen: Die Geschwister haben in verschiedenem Ausmaß Verständnis für ihre Eltern. Sie haben in verschiedener Weise eine Begabung, ihren Dank zum Ausdruck zu bringen. Sie dürfen darum wetteifern, die Eltern besonders aufmerksam zu lieben.

Wenn die Religionen eine Familie sind, dürfen sie darum wetteifern, Gott in rechter Weise zu verehren und zu lieben, auch wenn jede von ihnen sich zu der Überzeugung durchringt, dass Gott das Recht hat, sich allen gleich zuzuwenden. Wenn wir wirklich von der Liebe Gottes zu allen Geschöpfen überzeugt sind, dann dürfen wir uns auch unbefangen zu unserer Besonderheit bekennen. Wissen, dass man anders ist als andere, anerkennen, dass andere anders sind als man selbst, bedeutet nicht, andere abzuwerten. Man wertet vielmehr andere Menschen und Religionen ab, wenn man ihre individuelle Besonderheit leugnet.

Vielleicht sollten wir also die uralte Tradition fortsetzen, das schöne Gleichnis von den Arbeitern im Weinberg als ein Gleichnis über das Verhältnis der Religionen zu lesen. Gott möge uns dazu helfen, dass die in ihm zum Ausdruck kommende Güte und Toleranz unsere Herzen und Sinne ergreift und mit einem Frieden erfüllt, der höher ist als alle unsere Vernunft – in Christus Jesus. Amen.

Diese Predigt wurde im Mittwochmorgengottesdienst am 2.7.1997 in der Peterskirche gehalten. Der oben zitierte islamische Text stammt aus Buhari, Igara (Vermietung), Kap. 8 und 9, zitiert nach C. Hezser, Lohnmetaphorik und Arbeitswelt in Mt 20,1-16. Das Gleichnis von den Arbeitern im Weinberg im Rahmen rabbinischer Lohngleichnisse, NTOA 15, Freiburg/Schweiz: Universitätsverlag / Göttingen: Vandenhoeck 1990, 311.

Wer ist Christus? Wer ist ein Christ?
Versuch einer Maximal- und Minimaldefinition

(Mk 8,27-30)

Und Jesus ging samt seinen Jüngern hinweg in die Dörfer bei Cäsarea Philippi. Und auf dem Wege fragte er seine Jünger und sprach zu ihnen: Für wen halten mich die Leute? Da sagten sie zu ihm: Für Johannes den Täufer, andre für Elia, noch andre für einen der Propheten. Und er fragte sie: Ihr aber, für wen haltet ihr mich? Petrus antwortet und sagt zu ihm: Du bist der Christus. Und er gab ihnen strengen Befehl, sie sollten zu niemandem über ihn reden.
(Zürcher Übersetzung)

Für wen halten mich die Leute? So fragt Jesus seine Jünger, ehe er sie fragt: Und wofür haltet ihr mich? Ähnlich geht es uns bis heute. Wir fragen: Für wen halten die Menschen Jesus? Für wen hält ein Jude Jesus? Für wen halten Feministinnen Jesus? Für wen hält Bultmann Jesus?

Judentumsnahe Christen sagen: Er war ein jüdischer *Prophet*. Er wollte dem Judentum neue Impulse verleihen, indem er alle mit dem einen und einzigen Gott konfrontierte, der endlich aus seiner Verborgenheit heraustreten sollte, um öffentlich über alle Welt zu herrschen, so wie er es im Geheimen schon immer tat. Erst später hätten die Christen Jesus zum einzigartigen Gottessohn gemacht, hätten ihn in ihren Gebeten und Liedern neben Gott im Himmel inthronisiert.

Sozialkritische Christen sagen: Er war ein sozialer *Revolutionär*. Er hat zwar keinen Aufstand geplant. Aber seine ganze Lehre unterminierte die geltenden Werte. Gegen Familienbindungen konnte er schroffe Worte finden, für die Feinde fand er gute Worte. Hass gegen die Familie dort, Liebe zu den Feinden hier – damit wird das Wertsystem auf den Kopf gestellt, das in der ganzen menschlichen Geschichte gilt.

Esoterikanhänger sagen: Er war ein mit außernormalen Kräften begabter *Heilcharismatiker*, wie wir sie in allen vormodernen Kulturen kennen. Er heilte Menschen und trieb Dämonen aus. Er hatte hellseherische und telepathische Fähigkeiten. Präkognitionen und Psychokinese umgaben ihn mit einer esoterischen Aura. Erst diese außergewöhnlichen Begabungen gaben seiner Lehre Nachdruck.

Liberale Bildungschristen sagen: Er war ein *Weisheitslehrer* mit der besonderen Gabe, einprägsame Bildsprüche und Gleichnisse zu formulieren – oft mit paradoxen Lebensweisheiten, vergleichbar kynischen Philosophen, die sich souverän über menschliche Konventionen hinwegsetzten. So brach Jesus Sabbatregeln, stellte die Unterscheidung von rein und unrein in Frage und provozierte seine Umwelt durch den Umgang mit anrüchigen Menschen.

Wir könnten noch lange fortfahren. Es gibt viele Meinungen über Jesus. Was hilft es, wenn man sie alle klar wiedergeben kann? Es bleibt immer nur eine Antwort auf die Frage Jesu: Was meinen die Leute von mir? Nicht aber eine Antwort auf die Frage: Was meinst du von mir? Und natürlich kann man immer sagen: Ehe ich mir eine endgültige Meinung bilde, muss ich noch das und das Buch gelesen haben. Das neueste Buch des bekannten Neutestamentlers XY. Oder das klassische Buch der Neutestamentlerin YZ. Vielleicht bekomme ich da endlich ein überzeugendes Bild von Jesus, oder wenigstens ein Bild von seinem Bild in den Evangelien oder wenigstens ein Bild über das, was die Wissenschaftler von dem Bild entwickelt haben, das die Evangelien von Jesus hervorbringen wollen.

Aber entscheidend ist: Nicht dass wir sagen können, was halten andere Menschen von Jesus? Was hält der berühmte Theologe in Marburg oder in Tübingen oder in Harvard von ihm? Sondern dass wir sagen: Was halten wir selbst von ihm? Wer ist Jesus für uns? Wer ist Jesus für dich? Natürlich bekommen wir jetzt Angst, weil wir meinen, wir müssten die richtige Antwort geben. Aber unser Text enthält einen Trost für alle, die sich das nicht zutrauen. Für alle, die unsicher sind, ob sie die richtige Antwort geben können. Denn ob Petrus die richtige Antwort gab, bleibt in diesem Text zweifelhaft. Er sagt zwar ganz richtig: »Du bist der Christus«! Dagegen kann man nichts einwenden. Aber da ist ein zweifaches »Aber«:

Erstens will Jesus, dass diese richtige Antwort gar nicht verbreitet wird. Sie soll ein Geheimnis bleiben, das er mit seinen Jüngern teilt. Vielleicht ist es also doch noch nicht die ganze Antwort?

Zweitens erhält derselbe Petrus eine scharfe Abfuhr, als er nach der Ankündigung des Leidens Jesu gegen das Leiden protestiert. Er denke an das, was satanisch ist, nicht an das, was göttlich ist.

Wir lernen: Man kann die richtige Antwort geben »Jesus ist der Christus« und zugleich falsch liegen. Es kommt nicht auf die richtige Vokabel an. Nicht auf den richtigen Titel. Es kommt auch auf die richtige Gesinnung an, in der man sie gibt. Und trotzdem hat Jesus diese korrekturbedürftige Antwort des Petrus akzeptiert. Fragen wir: Warum hat Jesus sie akzeptiert?

Nicht allein wegen des Namens »Christus« oder »Messias«. Ich glaube: Jesus hat die Antwort des Petrus akzeptiert, weil Petrus diese Antwort alleine gefunden hat. Nirgendwo sonst hat Petrus im MkEv vorher hören können, dass Jesus der Christus sei. Nirgendwo sonst wird Jesus in der Erzählung vorher von einem Menschen, von Dämonen oder von Gott der »Christus« genannt. Petrus lehnt sich nicht an Vorbilder an. Hinter diesem Bekenntnis steht er selbst. Er sagt: *Ich*, ich Petrus und kein anderer, halte dich für den Christus.

Ferner hat Petrus nicht gesagt: Jesus ist der Messias. Er ist der Christus. Er hat persönlich formuliert: *Du* bist der Messias! Er hat nicht *über* Jesus gesprochen, sondern *zu* Jesus. Er hat seine Beziehung zu ihm vertieft. Und das gilt auch für uns: Was auch immer wir von Jesus denken, ob wir in ihm den jüdischen Reformator oder den Rebellen sehen, den esoterischen Guru oder den spritzigen Weisheitslehrer – entscheidend ist, dass wir eine persönliche Beziehung zu ihm aufnehmen.

Dazu fällt mir immer folgende Anekdote aus meinem Leben ein. Als ich in der Schule unterrichtete, nahm mich ein pietistisch geprägter Kollege, ein Mathematiker und Physiklehrer, der früher in der SMD, der Studentenmission Deutschlands, tätig war, oft ein Stück im Auto mit, bis ich an einer Ampel aussteigen musste. Einmal fragte er mich: »Sie haben doch so viel Theologie studiert. Können Sie einmal kurz zusammenfassen, was für Sie das Wichtigste im christlichen Glauben ist? Anders gesagt: Was muss ein Christ unbedingt glauben?« Ich sah schon von ferne die Ampel und seufzte innerlich – o Gott, jetzt in zwei Minuten das Wichtigste zusammenfassen? Und zwar so, dass ich als ein liberaler Theologe vor ihm, dem Pietisten, bestehen konnte? Und dann auch noch so, dass ich mich auch vor einem intelligenten Mathematiker nicht blamierte. Ich war selbst darauf gespannt, was ich sagen würde. Und ich sagte:

»Es gibt für mich eine Maximaldefinition und eine Minimaldefinition«. Das klang so ein bisschen nach Mathematikunterricht, dachte ich. Und dann fragte ich »Womit soll ich anfangen?«

Er: »Mit der Maximaldefinition!«

Ich: »Danach muss man alles glauben, wovon der Papst glaubt, dass man es glauben müsste, minus das, was ein Protestant unmöglich unterschreiben kann!« Wobei ich dachte: Natürlich könnte ein Protestant auch nie unterschreiben, dass der Papst das Wichtigste im Glauben für andere definieren kann.

Ich spürte, dass mein Gesprächspartner sich nicht ganz ernst genommen fühlte. Etwas knurrig mahnte er: »Und die Minimaldefinition?«

Darauf ich: »Das Wichtigste ist für mich, dass man durch die Beziehung zu Jesus in seinem Leben so verändert worden ist, dass man gewiss ist: Ohne ihn wäre ich ein ganz anderer geworden. Wenn man davon überzeugt ist, dann ist man ein Christ.«

Darauf schaute er mich überrascht an und sagte:

»Ihre Minimaldefinition ist meine Maximaldefinition«

Und ich dachte: »Wenn doch alle Christen solche Pietisten wären!«

Aber da war die Ampel da. Und ich musste schnell aussteigen, solange es rot war.

Und der Friede Gottes, welcher höher ist als alle unsere Vernunft, bewahre unsre Herzen und Sinne in Christo Jesu. Amen.

Diese Predigt wurde am 24.6 1998 in der Peterskirche in Heidelberg gehalten.

Das Erlösungsprojekt
Die Suche nach einer Sprache des Himmels

(Lk 1,26-38)

Und im sechsten Monat wurde der Engel Gabriel von Gott gesandt in eine Stadt in Galiläa, die da heißt Nazareth, zu einer Jungfrau, die vertraut war einem Mann mit Namen Josef vom Hause David; und die Jungfrau hieß Maria. Und der Engel kam zu ihr hinein und sprach: Sei gegrüßt, du Begnadete! Der Herr ist mit dir! Sie aber erschrak über die Rede und dachte: Welch ein Gruß ist das? Und der Engel sprach zu ihr: Fürchte dich nicht, Maria, du hast Gnade bei Gott gefunden. Siehe, du wirst schwanger werden und einen Sohn gebären, und du sollst ihm den Namen Jesus geben. Der wird groß sein und Sohn des Höchsten genannt werden; und Gott der Herr wird ihm den Thron seines Vaters David geben, und er wird König sein über das Haus Jakob in Ewigkeit, und sein Reich wird kein Ende haben. Da sprach Maria zu dem Engel: Wie soll das zugehen, da ich doch von keinem Mann weiß? Der Engel antwortete und sprach zu ihr: Der heilige Geist wird über dich kommen, und die Kraft des Höchsten wird dich überschatten; darum wird auch das Heilige, das geboren wird, Gottes Sohn genannt werden. Und siehe, Elisabeth, deine Verwandte, ist auch schwanger mit einem Sohn, in ihrem Alter, und ist jetzt im sechsten Monat, von der man sagt, dass sie unfruchtbar sei. Denn bei Gott ist kein Ding unmöglich. Maria aber sprach: Siehe, ich bin des Herrn Magd; mir geschehe, wie du gesagt hast. Und der Engel schied von ihr.

Ein Engel müsste man sein, anstatt ein Prediger. Ein Engel, der direkt vom Himmel kommt. Dann könnte man überzeugender die erlösende Botschaft ausrichten. Es muss ja nicht gleich die Botschaft von der Geburt eines Erlösers sein. Auch weniger wäre viel, z. B. die Geburt eines neuen Papstes, der Protestanten zur Messe und Frauen zum Priesteramt zuließe. Das wäre schon ein bisschen Erlösung. Es muss nicht gleich ein neuer König sein. Es reichte die Geburt eines türkischen Kindes, das bei uns einmal Bundeskanzler wird. Auch das wäre ein bisschen Erlösung. Oder der Erfinder eines neuen medizinischen Präparats, das Karzinome heilt und Aids besiegt! Das wäre schon viel Erlösung, auch für manche unter uns. Aber solche Botschaften habe ich nicht. Ich bin kein Engel. Ich habe nur die alte Geschichte von einem Engel, der die Erlösung, das große Projekt des Himmels mit der Erde, Maria ankündigte.

Es wäre für mich ein Alptraum, wenn der Himmel bei seinen Projekten so arbeitete, wie wir in Kirche und Universität – nur mit gutem Willen und gesundem Menschenverstand. Im Himmel haben sie bestimmt einen Planungsstab, der für das Erlösungsprojekt eine Strategie entworfen hat, der das optimale *timing* bestimmt hat und alle Synergieeffekte zur Geltung kommen lässt.

Als Gott erkannte, dass es Zeit sei, die Menschen zu erlösen, gab er seinen Engeln die Aufgabe, eine Botschaft auszuarbeiten, die allen Menschen versichert: »Ich bin immer bei euch, in den Höhen und den Tiefen des Lebens. Weder Tod noch Leben, weder Engel noch Mächte noch Gewalten, weder Gegenwärtiges noch Zukünftiges noch irgendeine andere Kreatur kann euch diese Gewissheit meiner Gegenwart und meiner Liebe nehmen.«

Natürlich gab es eine Rückfrage an die Zentrale. Ob es nicht besser sei, die Schöpfung ein wenig umzugestalten, z. B. dafür zu sorgen, dass kein Mensch vor 70 Jahren stirbt. Oder dafür, dass es unerschöpflich Energie gibt, dass Diktatoren durch Erdölfelder nicht mehr mächtig und Völker nicht in Verteilungskriege ums Erdöl verstrickt werden. Und was es so an Verbesserungsvorschlägen gibt. Aber die Zentrale gab zurück: Die Erlösung gelte für die real existierende Schöpfung, so wie sie nun einmal ist. Also überlegten die Engel, wie man die Botschaft von der Nähe Gottes real existierenden Menschen übermitteln könne.

Ein erster Engel trat vor und sagte: Wenn die Menschen in jemanden verliebt sind, dann können sie ihn auch in seiner Abwesenheit spüren, als sei er da. Für Verliebte weist alles auf die Geliebte, jedes Blätterraschen, jeder Glockenschlag. In jedem Glück ist der Geliebte gegenwärtig. Wenn sie krank sind, belebt die Liebe sie neu. Und wenn sie alt werden, vergessen sie vor Verliebtheit ihr Alter. Ich werde hingehen und ihnen sagen: Gott hat sich in euch verliebt. Es mag euch so scheinen, als sei er in der Welt abwesend, aber wenn ihr in ihn verliebt seid, werdet ihr ihn überall sehen, überall spüren, auch wenn die Rede von der Liebe Gottes nur eine *Metapher* ist.

Ein zweiter Engel meinte, das sei zu abstrakt. Das müsse man in ein *Gleichnis* fassen. Etwa so: Mit Gott verhalte es sich wie mit einem König, der sich nach dem Tode seiner Frau in ein einfaches Mädchen verliebt hatte. Und das Mädchen wollte es nicht glauben. Sie wusste, die hohen Herren werben zwar um das einfache Volk. Aber wenn es ernst wird, heiraten sie eine Königstochter. Der König war darüber sehr traurig. Denn er musste zugeben, dass alle Lebenserfahrung ihr Recht gab. Die Mädchen aus dem Volk werden bei Königen Geliebte für einen

Sommer, aber nicht die Königin fürs Leben. Wie konnte er beweisen, dass er sie liebte und keine andere. Da versammelte er seinen Hof und sagte: Ich danke ab. Ich verzichte auf meine Macht zugunsten meines Sohnes. Und er verließ den Palast, ging in die Wälder und galt bald als verschollen. So kam er unerkannt zu seiner Geliebten und warb um sie. Ob sie auch einen König, der auf seinen Macht verzichtet hatte, heiraten wollte? Einen König, der sich seiner Königsgestalt entäußert hatte, um ein Mensch wie alle anderen zu werden? – An dieser Stelle muss das Gleichnis abbrechen. Denn das Ende des Gleichnisses müssen die Menschen selbst in ihrem Leben finden. Es hängt von ihnen ab, ob sie zu dieser Werbung Gottes ja sagen.

Ein dritter Engel meinte, bei solchen Gleichnissen würden die Menschen sagen: Das ist nur Dichtung. Das ist nicht real. Man müsse der Dichtung ein Stück Realität beimischen, etwas, wodurch die Menschen aufhorchen. Am besten etwas Skandalöses. Das wird beachtet. Er werde einem Geistlichen den Auftrag geben: Gehe hin und heirate eine Ehebrecherin und Hure! Wenn es einen Skandal gibt, wenn die Kirchenbehörde ein Amtsenthebungsverfahren gegen dich einleitet, weil deine Lebensführung nicht deinem Ordinationsgelübde entspricht, dann sage: Gott liebt die Menschen, obwohl sie notorisch untreu sind. Eben deshalb, weil ich mein Leben als Botschaft Gottes an die Menschheit gestalten will, habe ich diese Frau geheiratet und liebe sie von Herzen. Darin bin ich ein kleines Echo der großen Liebe Gottes zu euch ehebrecherischen Menschen, die ihr nicht besser seid als ich und meine Frau. Was sollen eure Amtsenthebungsverfahren! Sie offenbaren mehr die Heuchelei der Richter als die Sünden der Angeklagten!

Da sagte ein vierter Engel: Auch eine *symbolische Handlung* ist noch zu viel Bild und zu wenig harte Realität. Wir müssen einen Schritt weiter gehen. Gott selbst muss Mensch werden. Er soll nicht zugunsten seines Sohnes abdanken, sondern seinen Sohn auf die Erde schicken. Wie alle anderen soll er geboren werden von einer Frau, klein und schrumpelig bei der Geburt, schreiend und mit roten Flecken. Und dann muss er aufwachsen wie alle anderen. Ein Musterknabe soll er nicht sein, eher etwas sonderlich, so dass seine Familie ihn für verrückt hält. Seine Familie soll keine heilige Familie mit Harmoniestress um Weihnachten herum sein. Nein, er muss alle Risiken des Lebens teilen: Nicht-Verstanden-Werden, Sorge darum, wie man sich ernähren kann, Krankheit und Tod. Nur wenn Gott in einem wirklichen Leben da ist ohne jeden Abstrich, nur dann können wir den Menschen glaubhaft versichern: Gott ist in eurer Nähe, in allen Situationen zwischen Geburt und Grab. Nur dann können wir die Botschaft von der Erlösung vermitteln: So gewiss er in diesem Menschen lebt und leidet, so gewiss will er in jedem von euch sein, auch in euren dunkelsten Stunden, auch im Tod.

Aber das Problem war: Wie erkennen die Menschen, dass da kein beliebiger Mensch, sondern der Sohn Gottes geboren wurde? Musste man nicht etwas Besonderes veranstalten? Einer schlug vor, das Kind von einer älteren Frau gebären zu lassen, die lange unfruchtbar war und sich nach einem Kind sehnte. Ein Engel sollte es ihr ankündigen. Das wäre doch ein wunderbares Symbol für die Erlösung. Alle Engel waren sofort einverstanden. Denn es gilt als schönste Aufgabe unter den Engeln, einer Frau anzukündigen, dass sie ein Kind bekommt, besonders, wenn sich die Frau *und* der Mann nach einem Kind gesehnt haben. Denn das ist selten. Aber umstritten blieb das Wie der Geburt.

Einige meinten, Ankündigungen von Kindern an unfruchtbaren Frauen habe man doch schon oft inszeniert, schon bei Hanna und Samuel. Man müsse sich eine Steigerung einfallen lassen, nicht eine alte Frau wählen, sondern eine junge Frau. Sie soll auch nicht unfruchtbar sein, sondern unberührt. Eine Geburt ohne Zeugung, das wäre besser als ein Skandal wie die Heirat mit einer Prostituierten. So etwas sei in moralisch sensiblen Zeiten für den Himmel angemessener. Die Menschen seien ohnehin zu sehr auf Sexualität fixiert. Als gäbe es nur eine interessante Frage: Wer schläft mit wem? Wir Engel zeigen ihnen dagegen: Das Größte in der Welt geschieht, ohne dass jemand mit jemandem geschlafen hat. Einige Engel finden diesen Vorschlag ausgezeichnet.

Andere aber haben Bedenken. Das sei doch ein richtiger *Mythos*, bei dem aus Bildern handfeste Realität werde. Vor allem gebe es moralische Bedenken gegen die ungewöhnliche Geburt. Wertet sie nicht alle ab, die auf normalem Weg als Folge einer Liebesnacht geboren wurden? Könnten nicht einige auf die Idee kommen, die Liebe Gottes ließe sich nur unter Ausschaltung menschlicher Sexualität verwirklichen? Als müssten gute Menschen wie Engel sein – frei von Sexualität und jenseits von gut und böse. Aufgrund dieser Bedenken einigt man sich auf drei Kompromisse:

Der *erste Kompromiss*: Die Engel beschließen, das Kind soll tatsächlich Sohn Gottes heißen. Aber in einer der vier Schriften über sein Leben soll dieses Kind erst, wenn es schon erwachsen ist, zum »Sohn Gottes« adoptiert werden. Daher lesen wir heute im Markusevangelium von der Himmelsstimme, die Jesus bei der Taufe mit den Worten adoptiert: »Du bist mein geliebter Sohn. Dich habe ich erwählt.« Das sagt diese Stimme auch als Botschaft an uns Erwachsene: Mitten im Leben könnt ihr Söhne und Töchter Gottes werden. Es hängt nicht von der Kindheit ab, als seien da schon die Würfel gefallen. Wir alle werden geboren, um wie der eine Sohn Gottes mitten im Leben zu Kindern Gottes zu werden.

Der *zweite Kompromiss*: Der Engel, der die Botschaft an die junge Frau übermittelt, überbringt zwei Botschaften: Die erste sagt nichts von einer wundersamen Geburt. Der jungen Frau wird gesagt, dass sie einen König gebären wird, der wie die alten Könige Israels aufgrund einer Adoption Gottes Sohn genannt wird. Daher lesen wir als erste Engelbotschaft im Lukasevangelium:

»*Siehe, du wirst schwanger werden und einen Sohn gebären,*
und du sollst ihm den Namen Jesus geben.
Der wird groß sein und Sohn des Höchsten genannt werden;
und Gott der Herr wird ihm den Thron seines Vaters David geben,
und er wird König sein über das Haus Jakob in Ewigkeit,
und sein Reich wird kein Ende haben.« *(Lk 1,31-33)*

Danach lesen wir noch eine zweite Engelsbotschaft, die eindeutig von einer wunderbaren Geburt spricht:

»*Der heilige Geist wird über dich kommen,*
und die Kraft des Höchsten wird dich überschatten;
darum wird das Heilige, das geboren wird, Gottes Sohn genannt werden.« *(Lk 1,35)*

Die Gegner einer wunderbaren Geburt konnten dem zustimmen, weil der Heilige Geist an die Stelle des Mannes tritt. Denn der Heilige Geist ist allen verheißen. Allen unabhängig von Volkszugehörigkeit, Geschlecht und Status. Alle können diese Kraft empfangen, alle zu Königssöhnen und Königstöchtern werden, alle zu Söhnen und Töchtern Gottes. Niemand wird hier diskriminiert.

Der *dritte Kompromiss*: Es soll zumindest an einer Stelle eindeutig gesagt werden, dass auch diese wunderbare Zeugung ein Bild für das ist, was mit allen Menschen geschehen soll. Daher lesen wir im Johannesevangelium dort, wo eigentlich von der wunderbaren Geburt des Gottessohnes die Rede sein müsste, von der wunderbaren Geburt *aller* Christen. Wir lesen vom Wort, vom Logos, der im Anfang bei Gott war und der als Licht in diese Welt kam, das von vielen abgelehnt wurde, aber bei einigen aufgenommen wird. Wörtlich heißt es: »Wie viele das Wort aber aufnahmen, denen gab er Macht, Gottes Kinder zu werden, denen, die an seinen Namen glauben«, und nun kommt das Entscheidende: »die nicht aus dem Blut noch aus dem Willen des Fleisches noch aus dem Willen eines Mannes, sondern von Gott geboren sind.« Alle Menschen, in denen das Wort Wohnung nimmt, werden neue Geschöpfe, und sie erhalten ein neues Leben, das nicht auf Zeugung durch einen Mann zurückgeht, sondern das eine wunderbare Wiedergeburt ist. Die Geburt des einen Kindes soll uns versichern, dass wir alle geboren sind, um neu geboren zu werden. Ja noch mehr, dass Christus in uns geboren werden soll. Denn er ist das Wort, das in uns neues Leben schafft. Und auf diese innere Verwandlung kommt alles an. Oder wie der Mystiker Angelus Silesius formulierte:

»Wird Christus tausendmal zu Bethlehem geborn
und nicht in dir: du bleibst doch ewiglich verlorn«.

Nachdem durch diese drei Kompromisse die Bedenken gegen den Mythos der Jungferngeburt zwar nicht ausgeräumt waren, aber doch zurückgestellt werden konnten, musste man noch eine passende Zeit finden.

Einige Engel schlugen das Jahr 1998 vor. In diesem Jahr sei gerade um Weihnachten eine kräftige Friedensbotschaft notwendig. Wie wäre es, wenn man den Erlöser im Irak geboren sein ließe und das in der Presse verbreitete. Vielleicht würde man sich dann scheuen, dieses Land mit Bomben zu überziehen. Es könnte ja eine Bombe vom Weg abirren. Außerdem könnte man prächtige Synergieeffekte mit der Hölle erzielen. Oder wie wäre es in Bethlehem. Da könnte etwas für den Frieden zwischen Israelis und Palästinensern getan werden. Aber dieser Plan wird verworfen. Warum? Die Menschen 1998 würden nicht verstehen, worum es geht – aus zwei Gründen: erstens wegen ihres ökonomischen Nationalismus und zweitens, weil sie die Sprache der Mythen nicht mehr verstehen.

Wegen des ökonomischen Nationalismus würde jede Nation den Erlöser als ihr Eigentum betrachten, als Standortvorteil gegenüber den anderen Nationen, den man propagandistisch auswerten müsse. Sie würden sagen: Wir sind die Erlösernation. Wir sind Weltklasse. Wir stehen an der Spitze vor allen anderen. Schrecklich, sich das nur vorzustellen! Und dann der Massentourismus. Und die Spots im Fernsehen: Kommt in das Land, wo Gott von der Weltregierung Urlaub macht!

Dazu die Verständnislosigkeit gegenüber Mythen. Man würde einen Kongress veranstalten über Fertilisationsfortschritte ohne virile Spermakomponente – und meinen, man habe damit die Sache begriffen. Aber dass das eine Geschichte ist, die an einem bestimmten Ort zu bestimmter Zeit und in einem bestimmten Volk geschah, und die etwas meint, das überall, an jedem Ort und zu jeder Zeit und in allen Nationen geschieht, nämlich überall, wo sich ein Mensch dem Wort Gottes öffnet und neues Leben jenseits des biologischen Lebens in ihm geboren wird – das würde als vormoderner Aberglaube abgelehnt werden.

Im Himmel war man sich einig, dass man ein Volk mit einer Tradition wählen sollte, die es gelernt hat, die eigene Geschichte als Zeichen für das Heil aller Menschen zu deuten. Und deshalb fiel die Wahl auf das jüdische Volk. Dort sollte die Erlösung geschehen. Und deshalb wählte man die antike Zeit, die wusste: Was in einer bestimmten Zeit geschah, kann Bedeutung für alle Zeiten haben. Was an einem bestimmten Ort geschieht, kann universalen Sinn haben.

Danach schickte man den Engel Gabriel nach Nazareth mit der Botschaft an Maria und gleichzeitig viele Engel zu allen Menschen. Und einer ist auch unterwegs zu jedem von uns. Er ist auch unterwegs zu dir und will dir die Botschaft überbringen:

Gott ist immer bei dir – in den Höhen und den Tiefen des Lebens. Nichts kann dich von ihm trennen: Weder Tod noch Leben, weder Engel noch Mächte noch Gewalten, weder Gegenwärtiges noch Zukünftiges noch irgendeine andere Kreatur kann dich von der Liebe Gottes scheiden, die in diesem Kinde ist. Wenn du dieses Kind in dein Herz aufnimmst, wenn es noch einmal in dir geboren wird, dann wird dein Leben voll von der Liebe Gottes werden. Es wird hell werden wie das Leben eines Verliebten, und wäre es auch nur für einen kurzen Augenblick. Und wäre es auch zwischen viel Angst und Traurigkeit. Wenn Gott in dir geboren wird, dann kann dir nichts Größeres mehr geschehen, und dein Leben hat unauslöschlichen Wert von Ewigkeit zu Ewigkeit.

Und der Friede Gottes, welcher höher ist als alle unsere Vernunft, bewahre unsere Herzen und Sinne in Christo Jesu. Amen.

Diese Predigt wurde am 4. Advent, den 20.12.1998, in der Peterskirche gehalten. Das in ihr angeführte Zitat von Angelus Silesius steht im »Cherubinischen Wandersmann« I, 62. Im Dezember 1998 war es erneut zu Bombenangriffen auf den Irak gekommen. Im selben Jahr wurde der Präsident der USA, Bill Clinton, wegen einer privaten Liebesaffäre von einem Amtsenthebungsverfahren bedroht, das ein Exzess von Heuchelei zu werden drohte.

Liebe und Wiedergeburt
Eine Zusammenfassung der Botschaft des Johannesevangeliums

(Joh 3,1-16)

Es war ein Pharisäer namens Nikodemus, ein führender Mann unter den Juden. Der suchte Jesus bei Nacht auf und sagte zu ihm: Rabbi, wir wissen, du bist ein Lehrer, der von Gott gekommen ist; denn niemand kann die Zeichen tun, die du tust, wenn nicht Gott mit ihm ist. Jesus antwortete ihm: Amen, amen, ich sage dir: Wenn jemand nicht von neuem geboren wird, kann er das Reich Gottes nicht sehen. Nikodemus entgegnete ihm: Wie kann ein Mensch, der schon alt ist, geboren werden? Er kann doch nicht in den Schoß seiner Mutter zurückkehren und ein zweites Mal geboren werden. Jesus antwortete: Amen, amen, ich sage dir: Wenn jemand nicht aus Wasser und Geist geboren wird, kann er nicht in das Reich Gottes kommen. Was aus dem Fleisch geboren ist, das ist Fleisch; was aber aus dem Geist geboren ist, das ist Geist. Wundere dich nicht, dass ich dir sagte: Ihr müsst von neuem geboren werden. Der Wind weht, wo er will; du hörst sein Brausen, weißt aber nicht, woher er kommt und wohin er geht. So ist es mit jedem, der aus dem Geist geboren ist. Nikodemus erwiderte ihm: Wie kann das geschehen? Jesus antwortete: Du bist der Lehrer Israels und verstehst das nicht? Amen, amen, ich sage dir: Was wir wissen, davon reden wir, und was wir gesehen haben, das bezeugen wir, und doch nehmt ihr unser Zeugnis nicht an. Wenn ich zu euch über irdische Dinge gesprochen habe und ihr nicht glaubt, wie werdet ihr glauben, wenn ich zu euch über himmlische Dinge spreche? Und niemand ist in den Himmel hinaufgestiegen außer dem, der vom Himmel herabgestiegen ist: der Menschensohn. Und wie Mose die Schlange in der Wüste erhöht hat, so muss der Menschensohn erhöht werden, damit jeder, der (an ihn) glaubt, in ihm das ewige Leben hat. Denn Gott hat die Welt so sehr geliebt, dass er seinen einzigen Sohn hingab, damit jeder, der an ihn glaubt, nicht zugrunde geht, sondern das ewige Leben hat.
(Einheitsübersetzung)

Als der Evangelist Johannes seinem Schreiber Tertius das dritte Kapitel seines Evangeliums diktierte, sagte er zu ihm: Heute will ich versuchen, das Wichtigste meines Evangeliums in zwei Punkten zusammenzufassen: in der Botschaft von der Wiedergeburt und der Liebe Gottes. Schreibe dazu folgende Geschichte auf! Und er diktierte:

Es war ein Pharisäer namens Nikodemus, ein führender Mann unter den Juden. Der suchte Jesus bei Nacht auf und sagte zu ihm: Rabbi, wir wissen, du bist ein Lehrer, der von Gott gekommen ist: denn niemand kann die Zeichen tun, die du tust, wenn nicht Gott mit ihm ist.

Der Schreiber unterbrach ihn: Warum erzählst Du von einem führenden Mann unter den Juden? Hat sich Jesus nicht an einfache Menschen gewandt? Und warum machst du einen frommen Mann aus ihm, der schon glaubt, dass Jesus von Gott gekommen ist? Warum keinen Ungläubigen und Sünder?

Da antwortete Johannes: Wenn ich einen einfachen und ungebildeten Menschen nähme, um die Notwendigkeit der Wiedergeburt zu zeigen, was würden die Gebildeten und Wohlhabenden sagen? Sie würden sagen: Natürlich, das einfache Volk hat es nötig, noch einmal geboren zu werden. Ihm fehlt die wahre Kultur des Herzens. Aber nicht uns. Wir sind durch Bildung neu geboren. Bildung ist eine zweite Geburt. Eben deswegen nehme ich einen Führer der Juden, einen »Lehrer in Israel«, einen frommen Mann. Denn auf die Wiedergeburt, von der ich spreche, sind Gebildete ebenso angewiesen wie Ungebildete, Reiche wie Arme, fromme wie säkularisierte Menschen. Hör nur, was Jesus zu diesem frommen und gebildeten Menschen sagt:

Amen, amen, ich sage dir: Wenn jemand nicht von neuem geboren wird, kann er das Reich Gottes nicht sehen. Nikodemus entgegnete ihm: Wie kann ein Mensch, der schon alt ist, geboren werden? Er kann doch nicht in den Schoß seiner Mutter zurückkehren und ein zweites Mal geboren werden.

Tertius, der Schreiber, protestierte: Warum drückst du dich so mehrdeutig aus? Du sagst: »Wenn jemand von neuem geboren wird.« Das bedeutet in unserer Sprache gleichzeitig: »Wenn jemand von oben geboren wird?« Warum dieses Wortspiel im Griechischen mit »neu« und »oben«?

Der Evangelist versuchte zu erklären: Kennst du nicht das Sprichwort, dass Gleiches nur von Gleichem erkannt werden kann? Nur ein Mensch kann einen Menschen verstehen, kein Tier und keine Pflanze. Ebenso kann Gott nur durch Gott erkannt werden. Um Gott zu verstehen, müssen wir etwas von ihm in uns aufnehmen, seinen Geist. Von oben geboren zu werden heißt: durch Gottes Geist neu geboren zu werden, um ihn und sein Reich erkennen zu können. Oder um ein Bild zu benutzen: Ohne Wiedergeburt ahnen wir so viel von der großen Welt Gottes wie ein Embryo vor der Geburt von der Welt außerhalb des Mutterleibs ahnt. Lass mich eine Geschichte erzählen, um klar zu machen, was ich meine:

»Ein Frosch lebte am Boden einer Grube. Die Wände waren so steil, dass er nie die Chance hatte, ins Freie zu gelangen. Da fiel einmal aus der Welt jenseits des Brunnens ein anderer Frosch in seine kleine Welt hinein und erzählte ihm von unendlich großen Wiesen, weiten Seen, von Wäldern aus rauschendem Schilfrohr. Der Frosch in der Grube fragte: Wie groß ist so eine Wiese? Und er hüpfte vom Rand der Grube bis in die Mitte. So groß oder noch größer? Der andere Frosch aber schüttelte den Kopf. Viel größer sind sie! Nein, sagte der Grubenfrosch, das kann nicht sein! Und er hüpfte von einem Rand der Grube bis zum anderen und fragte: Sind die Wiesen dort etwa so groß? Und wieder schüttelte der andere Frosch den Kopf und sagte: Viel größer sind sie, unvorstellbar groß. Da wurde der Grubenfrosch zornig und schrie: Du bist ein Lügner! Werft ihn hinaus! Er spinnt! Er ist verrückt!«

So geht es uns mit der Welt Gottes. Sie umgibt uns überall. Wir sitzen wie in einer kleinen Grube mitten in ihr. Wir glauben kaum, dass all das, was wir erleben, eine ungeahnte Weite und Tiefe hat – weit über das hinaus, was wir direkt wahrnehmen und sehen. Wenn der Frosch aus der Grube käme und in die große Welt gesetzt würde, das wäre eine Wiedergeburt.

Tertius insistierte: Aber das ist doch nur ein Bild. Du hast noch immer nicht erklärt, wie Menschen wieder geboren werden können! Als Antwort diktierte ihm der Evangelist seinen Text weiter:

Jesus antwortete: Amen, amen, ich sage dir: Wenn jemand nicht aus Wasser und Geist geboren wird, kann er nicht in das Reich Gottes kommen.

Wieder fragte der Schreiber: Meinst du wirklich, Wasser könne eine Wiedergeburt bewirken?

Nein, sagte der Evangelist. Aber darf ich das Bild von den Fröschen noch einmal benutzen? Sie werden als Kaulquappen im Wasser geboren, nicht, um im Wasser zu bleiben, sondern um ans trockne Land zu hüpfen und die Welt außerhalb ihres Tümpels zu entdecken. Die Taufe ist für Menschen allenfalls mit dem Wasser vergleichbar, in dem Kaulquappen geboren werden. Mit ihr ist die Hoffnung verbunden, dass die Getauften fähig werden, die Welt Gottes zu entdecken, eine Welt jenseits des Wassers, eine Welt des Geistes. Achte darauf, wie ich fortfahre. Ich spreche im Folgenden nur noch vom Geist, nicht mehr vom Wasser. Denn der Geist ist das Entscheidende. Das Wasser ist nur ein äußeres Zeichen. Es ist nur eine Vorbereitung, nur ein Hilfsmittel. Und er fuhr fort, sein Evangelium zu diktieren:

Was aus dem Fleisch geboren ist, das ist Fleisch; was aber aus dem Geist geboren ist, das ist Geist. Wundere dich nicht, dass ich dir sage: Ihr müsst von neuem (oder von oben) geboren werden. Der Wind (oder der Geist) weht, wo er will; du hörst sein Brausen, weißt aber nicht, woher er kommt und wohin er geht. So ist es mit jedem, der aus dem Geist geboren ist.

Da sagte Tertius: Wieder machst du zweideutige Aussagen. Das griechische Wort für Geist (pneuma) heißt zugleich »Wind« und »Geist«. Wie soll ich das verstehen?

Und wieder antwortete der Evangelist: Es ist so wie beim Frosch in der Grube. Er hört oben den Wind wehen. Die Bäume rauschen. Auch in seiner Grube bewegt sich die Luft. Aber er kann nichts verstehen.

Tertius rief dazwischen: Wie können wir überhaupt etwas verstehen, wenn wir wie Frösche in unserer kleinen Welt eingesperrt sind!

Der Evangelist antwortete: Wir haben eine Chance, etwas von der großen Welt zu verstehen, wenn der Wind einen anderen Frosch in unsere Grube treibt, der von oben hinein fällt. Pass auf: Ich lasse jetzt einen zweiten Frosch in die Grube hinabsteigen. Keiner wird ihm glauben. Und doch bringt er die Wahrheit über die Welt außerhalb der Grube. Schreib also bitte weiter:

Nikodemus erwiderte ihm: Wie kann das geschehen (dass jemand aus dem Geist neu geboren wird)? Jesus antwortete: Du bist der Lehrer Israels und verstehst das nicht? Amen, amen, ich sage dir: Was wir wissen, davon reden wir und was wir gesehen haben, das bezeugen wir, und doch nehmt ihr unser Zeugnis nicht an. Wenn ich zu euch über irdische Dinge gesprochen habe und ihr nicht glaubt, wie werdet ihr glauben, wenn ich zu euch über himmlische Dinge spreche? Und niemand ist in den Himmel hinaufgestiegen außer dem, der vom Himmel herabgestiegen ist: der Menschensohn.

Tertius lachte: Willst du auch Jesus zu einem Frosch machen?

Der Evangelist antwortete: Was hast du gegen Frösche? Wenn wir Menschen Frösche wären, würde sich Gott uns in Froschgestalt nähern, um uns die Botschaft seiner Liebe zu bringen.

Aber Tertius fragte beharrlich weiter: Bisher sind das alles Bilder. Bilder von Embryos und Fröschen. Wo öffnet sich aber, ohne Bild gesprochen, für uns Menschen die Welt Gottes? Wie geschieht das? Kannst du dir nicht mal etwas anderes einfallen lassen als diese Frösche!

Der Evangelist dachte nach: Ohne Bilder geht es nicht. Ich kann aber vielleicht ein anderes Bild wählen. Wenn dir das Bild von den Fröschen nicht gefällt, wie wäre es mit Schlangen?

Das ist ja noch schlimmer, protestierte Tertius. Frösche tun einem nichts. Manche ekeln sich vor ihnen. Aber Schlangen sind richtig gefährlich.

Eben deswegen, sagte der Evangelist. Hör zu und schreib weiter:

Und wie Mose die Schlange in der Wüste erhöht hat, so muss der Menschensohn erhöht werden, damit jeder, der an ihn glaubt, in ihm das ewige Leben hat.

Und der Evangelist erklärte. Das ist eine Erinnerung an eine Geschichte im Alten Testament. Die Israeliten ekelte vor der Wüstenspeise und sie murrten! Da wurden sie von einer Schlangenplage heimgesucht. Viele starben. Doch Gott zeigte ihnen einen Weg zur Rettung. Er ließ Mose eine Schlange auf einen Stab befestigen. Wer die anschaute, wurde vom Schlangengift geheilt.

Tertius fragte: Und wie willst du mit dieser abenteuerlichen Geschichte erklären, dass wir Zugang zur Welt Gottes finden?

Der Evangelist darauf: Es ist eine großartige Geschichte. Rettung finden wir dadurch, dass wir anschauen, was uns bedroht. Wenn wir die Schlange, die uns tötet, direkt anschauen, dann kann das Leben noch einmal neu beginnen. Das Leben ist voll von Einbrüchen, in denen wir aus unserer normalen Welt geworfen werden. Vielleicht ist es eine Krankheit, bei der wir den Rand des Todes streifen. Vielleicht eine Unrechtserfahrung, die uns das Vertrauen in eine irgendwie gerecht funktionierende Welt nimmt. Vielleicht ist es der Schmerz unerfüllter und nicht erwiderter Liebe. Vielleicht das Scheitern beruflicher Pläne. Vielleicht ist es moralisches Versagen: Schuldigwerden, so dass man glaubt, nie mehr ungebrochen zu sich selbst stehen zu können. All das sind Schlangen, die uns menschlich und emotional vergiften und die uns manchmal auch umbringen. Aber es gibt eine Verheißung: Wenn wir sie anschauen, wenn wir vor ihnen nicht die Augen verschließen, dann erleben wir den Durchbruch zu einer ganz anderen Dimension der Wirklichkeit.

Ich will in meinem Evangelium zeigen, fuhr der Evangelist fort, dass Jesus solch ein Durchbruch einer anderen Welt ist oder eine Stelle, durch die wir zu dieser Welt Gottes Zugang finden können. Gerade, weil er in diese Welt nicht passt. Gerade, weil er in ihr Unrecht erfuhr und gehasst wurde. Gerade, weil er getötet wurde. Er zwingt uns, all das anzuschauen, was wir sonst gerne verdrängen. Er zwingt uns zur Konfrontation mit dem, was uns vergiftet. Und eben darin liegt die Verheißung. Schmerzen, denen wir uns stellen, sind Wehen der Wiedergeburt.

Tertius fragte: Aber ist das nicht eine sehr dunkle Botschaft? Wer wird sie hören wollen?

Schreib nur weiter, antwortete der Evangelist. Und er diktierte den letzten Satz für heute:

Denn Gott hat die Welt so sehr geliebt, dass er seinen einzigen Sohn hingab, damit jeder, der an ihn glaubt, nicht zugrunde geht, sondern das ewige Leben hat. Denn Gott hat seinen Sohn nicht in die Welt gesandt, damit er die Welt richtet, sondern damit die Welt durch ihn gerettet wird.

Liebe Gemeinde, was macht, dass wir wiedergeboren werden? Von unserer Geburt wissen wir: Keiner hat sich selbst geboren. Keiner hat sich seine Eltern ausgesucht. Keiner verfügt über den Ort, die Zeit und die Umstände seiner Geburt. Damit wir aber zu Menschen werden, brauchen wir das Vertrauen, dass hinter unserer Geburt Liebe steht. Dass ein Vater und eine Mutter sich in Liebe vereinigt haben – nicht unbedingt in der Absicht, ein Kind zu zeugen. Das meine ich nicht. Wenn es nur Liebe war, die den anderen um seiner selbst meint. Oder wenn es wenigstens Sehnsucht nach solch einer Liebe war! Solange hinter unserer Geburt menschliche Liebe steckt, und mag sie noch so verborgen, noch so merkwürdig, noch so unglücklich sein, liegt über unserem Leben eine Verheißung. Genauso ist es mit der Wiedergeburt: Wir können sie nicht von uns aus herbeiführen. Wir können niemanden dazu zwingen, Augen für Gottes Wirklichkeit zu bekommen. Der Beginn der Wiedergeburt liegt auch hier in einer Liebesgeschichte. In der Geschichte der Liebe Gottes zu den Menschen. Wenn wir spüren, dass nicht nur ein Funken menschlicher Liebe unser Leben hervorbrachte, sondern eine noch viel größere Liebe – eine Liebe, die uns auch dann noch gilt, wenn wir uns verirrt und in diesem Leben verlaufen haben, dann hat unsere Wiedergeburt begonnen. Unsere erste Geburt verdanken wir menschlicher Liebe, unsere Wiedergeburt der Liebe Gottes.

Verliebte nehmen die Welt mit neuen Augen wahr, und alles wird in ihr voll Wert und Bedeutsamkeit. So wird es uns gehen, wenn wir die Liebe Gottes spüren: Alles ist auf einmal unendlich viel wert. Wir kamen uns vielleicht so vor, als seien wir nichts wert. Als hätten wir im Leben nichts zustande gebracht. Als sei es gleichgültig, dass wir existieren. Aber wen die Liebe Gottes erfasst hat, der ist davon durchdrungen, dass es wunderbar ist zu existieren – obwohl wir in diesem Leben leiden und am Ende sterben müssen.

Diese Liebe kann uns in der Begegnung mit Jesus aufgehen. Jesus ist ein Liebesbote. Er scheint aus einer anderen Welt zu kommen. Er öffnet uns die Augen, so dass wir mitten in dieser Welt Gottes Liebe entdecken, so dass alles transparent wird für Gott. Er gibt uns die Gewissheit, dass uns von seiner Liebe nichts trennen kann: weder Tod noch Leben, weder Engel noch Mächte noch Gewalten, weder Gegenwärtiges noch Zukünftiges, weder Hohes noch Tiefes noch eine andere Kreatur.

Wenn wir uns von dieser Liebe erfassen lassen, dann wird es uns so sein, als wäre unser bisheriges Leben wie das Leben von Kaulquappen in einer kleinen Pfütze gewesen. Jetzt aber haben wir diese kleine Welt verlassen und betreten eine neue Welt: die Welt Gottes, mit seinen unermesslichen Geheimnissen und Wundern. Und wir erhalten eine große Aufgabe in ihr: selbst zu Boten dieser Liebe zu werden.

Der Evangelist hat in der Tat im dritten Kapitel seines Evangeliums das Wesentliche seiner Botschaft zusammengefasst. Diese Botschaft ist in zwei Wörtern enthalten: Liebe und Wiedergeburt. Wie wir durch menschliche Liebe geboren wurden, so werden wir wieder geboren durch die Liebe Gottes.

Und der Frieden Gottes, der alle unsere Vernunft übersteigt, bewahre eure Herzen und Sinne in Christus Jesus. Amen.

Diese Predigt wurde am 21.3.1999 im Sonntagsgottesdienst der Peterskirche gehalten und noch einmal am 27.2.2000 in der Chinese Methodist Church Wan Chai in Hongkong. Eine erste, kürzere Fassung wurde am 28.2.1999 in einer anglikanischen Kirche in Bromley, Kent, gehalten. Die Fabel von den zwei Fröschen ist eine weit verbreitete Volksüberlieferung. Sie war den chinesischen Hörern gut bekannt. Ich lernte sie in einer dem Neohinduisten Vivekananda zugeschriebenen Fassung kennen.

Der Tod als Schattenriss Gottes
Gott und Nichts als schwarze Löcher in unserer Wirklichkeit

(Joh 11,1.3.17-26)

Es lag aber einer krank, Lazarus aus Betanien, dem Dorf Marias und ihrer Schwester Marta. ... Da sandten die Schwestern zu Jesus und ließen ihm sagen: Herr, siehe, der den du lieb hast, liegt krank. ... Als Jesus kam, fand er Lazarus schon vier Tage im Grabe liegen. Betanien aber war nahe bei Jerusalem, etwa eine halbe Stunde entfernt. Und viele Juden waren zu Marta und Maria gekommen, sie zu trösten wegen ihres Bruders. Als Marta nun hörte, dass Jesus kommt, geht sie ihm entgegen; Maria aber blieb daheim sitzen. Da sprach Marta zu Jesus: Herr, wärst du hier gewesen, mein Bruder wäre nicht gestorben. Aber auch jetzt weiß ich: Was du bittest von Gott, das wird dir Gott geben. Jesus spricht zu ihr: Dein Bruder wird auferstehen. Marta spricht zu ihm: Ich weiß wohl, dass er auferstehen wird – bei der Auferstehung am Jüngsten Tage. Jesus spricht zu ihr: Ich bin die Auferstehung und das Leben. Wer an mich glaubt, der wird leben, auch wenn er stirbt; und wer da lebt und glaubt an mich, der wird nimmermehr sterben.

Beim Begräbnis ist der bitterste Augenblick, wenn der Sarg in die Erde gesenkt wird. Dann stellen sich Pfarrer oder Pfarrerin schützend vor das Grab, als könnten sie es schonend verbergen, und rufen doch schonungslose Worte ins Grab: Erde zur Erde, Asche zur Asche, Staub zum Staub. Materie wird wieder zu Materie. Nicht einmal eine unsterbliche Seele sprechen sie dem Gestorbenen zu. Doch dann wenden sich Pfarrer oder Pfarrerin plötzlich den Lebenden zu und rufen, als wollten sie gegen ihre trostlosen Worte protestieren:

Jesus Christus spricht: Ich bin die Auferstehung und das Leben. Wer an mich glaubt, der wird leben, auch wenn er stirbt. – Wer mein Wort hört und glaubt, der ist schon vom Tode zum Leben hindurch gedrungen.

Diese Botschaft sagt: Steht auf, die ihr von Trauer niedergedrückt seid. Gott will euren Lebensmut auferwecken, der mit diesem Menschen gestorben und begraben scheint. Ein Gedicht von Kurt Marti aus seinen

»Leichenreden« bringt das zum Ausdruck. Es wird nicht das letzte Gedicht sein, das ich zitiere. Denn bei Tod und Auferstehung stoßen wir an Grenzen des Denkens. Da helfen Dichtungen oft mehr als Gedanken. Hier also das erste Gedicht:

ihr fragt
wie ist
die auferstehung der toten?
    ich weiß es nicht
ihr fragt
wann ist
die auferstehung der toten?
    ich weiß es nicht
ihr fragt
gibts
eine auferstehung der toten?
    ich weiß es nicht
ihr fragt
gibts
keine auferstehung der toten?
    ich weiß es nicht
ich weiß
nur
wonach ihr nicht fragt:
    die auferstehung derer die leben
ich weiß
nur
wozu Er uns ruft:
    zur auferstehung heute und jetzt

Genau das ist die Botschaft des Johannes-Evangelisten. Schon früh gab es im Christentum Menschen, die sagten, die eigentliche Auferstehung sei ein Geschehen in diesem Leben. Sagt nicht der Vater über den verlorenen Sohn: »Dieser mein Sohn war tot und ist wieder lebendig geworden; er war verloren und ist gefunden worden« (Lk 15,24.32). Waren nicht alle Christen vor ihrer Bekehrung tot? Sind sie nicht erst durch Umkehr zu Gott lebendig geworden? Also ist die Umkehr die eigentliche Auferstehung. Dagegen kann man nichts sagen.

Aber einige gingen weiter und sagten: Die Auferstehung mitten im Leben besteht darin, dass wir einen unzerstörbaren Kern in uns entdecken, einen Funken des Himmels, der in uns verborgen ist. Der Johannes-Evangelist korrigiert diese Uminterpretation der Auferstehung, die damals in der Luft lag, wenn er seine provozierende Geschichte von Lazarus erzählt, die viele wie ich nicht wörtlich für wahr halten können:

Erstens sagt der Evangelist: Ich zeige euch anhand des Lazarus, was gegenwärtige Auferstehung meint. Sie betrifft das ganze Leben, Seele und Leib. Deshalb ist in dieser Erzählung nicht nur die Seele des Lazarus von Bindungen befreit, sondern sein Leib befreit von den Fesseln des Todes!

Und zweitens will er sagen: Die gegenwärtige Auferstehung ist nicht nur Erkenntnis eines inneren Funkens, den es schon immer gab. Gott schafft in ihr etwas Neues – so wie er den Lazarus schon in diesem Leben neu schuf und dem Tode entriss.

Aber war das für den Johannes-Evangelisten der einzige Sinn der Lazarusgeschichte? Wohl kaum! Lazarus stank nach Verwesung, der verlorene Sohn nur nach Schweinen und Verwahrlosung. Das ist ein wichtiger Unterschied. Zwischen beiden Arten von Geruch liegt die Todesgrenze. Und daher gibt es eine zweite Botschaft in der Geschichte und bei jedem Begräbnis, auch wenn es die Menschen am Grab oft nicht realisieren: Dieses Sterben ist nicht das letzte Wort über den Toten.

In modernen Zeiten haben sich alle theologischen Richtungen darin überboten, zu versichern, dass das Christentum nicht nur Vorbereitung auf den Tod ist. Die Botschaft lautete: Es gibt ein Leben *vor* dem Tod. Für Pietisten ein Leben, das nicht von der Sünde, sondern vom Herrn Jesus beherrscht wird, für Liberale ein kreatives Handeln in der Nachfolge Jesu. Hier wie dort wird der Tod zurückgedrängt. Dietrich Bonhoeffer fand eine Formel dafür: Gott ist nicht nur an den Grenzen, sondern mitten im Leben jenseitig. Aber da befand er sich selbst in einer Grenzsituation: im KZ. Und war mit dem Tod konfrontiert. Und deshalb möchte ich eine Gegenthese wagen: Die Zurückdrängung des Todes ist oft nur ein Zurückdrängen Gottes. Der Tod ist der Schattenriss Gottes. Das wussten die Menschen im Mittelalter besser als wir: Mit Tod meine ich nicht das Sterben, sondern jenes Nichts, in das wir eintreten, wenn wir gestorben sind und verschwinden – wie Materie in schwarzen Löchern verschwindet mitten zwischen sichtbaren Sternen, ohne dass je eine Information von ihr nach außen dringen kann.

Die Konfrontation mit dem Nichts ist eine verborgene Konfrontation mit Gott. Aber ist der Tod nicht das krasse Gegenteil von Gott?

In der Tat, der Tod sagt uns: Alles ist endlich. Alles hört auf. Das zu wissen, ist keine mittelalterliche Weltverachtung. Es ist hohe Lebenskunst! Versuche, jeden Tag im Bewusstsein zu beginnen: Dieser Tag ist der erste Tag deines verbleibenden Lebens, und dein Leben wird intensiver. Das Nichts konfrontiert uns heilsam mit unserer Endlichkeit, aber auch mit der Unendlichkeit. Wenn wir von ihm verschluckt werden wie von einem schwarzen Loch, dann ist seine Dauer n + x Jahre, n + x Millionen von Jahren. Es gibt in ihm keine Grenze. Das Nichts ist grenzenlos, es ist unendlich, es ist ohne Ende.

An zweiter Stelle lehrt uns der Tod: Alles ist bedingt. Jede Zusage im Leben steht unter der Bedingung, dass wir leben, um sie einhalten zu können. Alles hängt von Bedingungen ab, über die wir nicht verfügen. Und doch konfrontiert uns das Nichts mit etwas Unbedingtem. In den Ferien trat ich zufällig in ein altes Beinhaus. Viele Totenschädel starrten mich an. Auf einem Wandgemälde sah ich den Herrscher des Landes dem Tod entgegen reiten. Er streckt ihm seinen Geldbeutel entgegen und sagt: Nimm mein Geld und all meinen Besitz, nur lasse mir das Leben! Aber der Tod zielt mit seinem Pfeil auf ihn und spricht: Ich will nicht dein Hab und Gut. Ich will dein Blut! Und schießt. Wir wissen wie diese Menschen am Ende des Mittelalters: Wir können mit dem Tod nicht Bedingungen aushandeln, unter denen er weniger tödlich wäre. Er verlangt die bedingungslose Kapitulation. Er ist unbedingt.

Und drittens gilt: Der Tod lässt uns unsere schlechthinnige Abhängigkeit spüren. Seine Übermacht ist so gewaltig, dass heute viele die Versuchung wie ein Sog erfasst, ihm durch Suizid zuvorzukommen, um Selbstbestimmung zu üben, wo alle Selbstbestimmung zu Ende ist. Aber das ist Scheinfreiheit. Wir können nur auf das Ende des Lebens einwirken. Wenn wir in den Tod eingetreten sind, können wir nichts mehr bestimmen. Absolut nichts. Der Tod herrscht nicht weniger total über uns, wenn wir unser Leben beenden, als über uns, wenn wir es nicht tun. Und doch werden wir durch den Tod frei: Keine Steuern werden mehr von uns verlangt, keine Verpflichtungen binden uns. Niemand kann uns bedrohen. Wir sind frei, wie es Heinz Piontek in einem Gedicht *Freies Geleit* formuliert.

Da wird ein Ufer
zurückbleiben.
Oder das End eines
Feldwegs.

Noch über die letzten Lichter hinaus
wird es gehen.

Aufhalten darf uns
niemand und nichts!
Da wird sein
unser Mund
voll Lachens –

Die Seele
reiseklar –

Das All
nur eine schmale
Tür,

angelweit offen –

Diese Freiheit ist größer und erschreckender, als viele denken. Denn die Konfrontation mit dem Nichts kann alles erschüttern. Alles könnte auch anders sein. Auch die Moral. Es scheint beliebig zu werden, ob wir so lebten oder anders. Aus dem schwarzen Loch des Todes dringt zwar nichts heraus, aber manchmal weht ein kalter Hauch von Nihilismus von daher.

In der Begegnung mit dem Nichts im Tod begegnen wir in der Tat etwas Unendlichem, etwas Unbedingtem, etwas absolut Willkürlichem. All das sind Eigenschaften, die sonst nur Gott zukommen. *Er* ist unendlich. *Er* ist unbedingt. *Er* ist unbegründbare Freiheit. Der Tod wird zum Schattenriss Gottes. Und daher wird zur entscheidenden Frage: Wenn das Nichts, in das wir im Tode versinken, nicht nichts ist, wenn wir dort einer letzten Wirklichkeit begegneten, dann müsste sie die Eigenschaften Gottes haben. Und wenn ich vorhin den Tod mit einem der schwarzen Löcher im Sternenhimmel verglich (von denen eins mitten in unserer Milchstraße ist), dann gilt Ähnliches von Gott: Gott wird von vielen wie ein schwarzes Loch erlebt: Alles wird unwiderstehlich von ihm angezogen, aber er hält alles unentrinnbar fest, so dass keine Nachricht, kein Schall, kein Licht wieder hinausdringen kann. Und doch existiert er – mitten im Universum, mitten in unserem Leben.

Wenn aber das schwarze Loch, in das wir im Tod hineingehen, nicht Nichts ist – dann muss es eine Macht sein, die stärker als der Tod ist. Dann sähe alles anders aus, wie Kurt Marti in einem anderen Gedicht sagt:

das könnte manchen herren so passen
wenn mit dem tode alles beglichen
die herrschaft der herren
die knechtschaft der knechte
bestätigt wäre für immer

das könnte manchen herren so passen
wenn sie in ewigkeit
herren blieben im teuren privatgrab
und ihre knechte
knechte in billigen reihengräbern

aber es kommt eine auferstehung
die anders ganz anders wird als wir dachten
es kommt eine auferstehung die ist
der aufstand gottes gegen die herren
und gegen den herrn aller herren: den tod.

Glaube an Gott ist die Überzeugung, dass die letztgültige Realität nicht Nichts ist. Dieser Glaube ist angesichts des Todes auf Gott gerichtet, nicht auf das eigene Leben. Auch nicht auf das eigene Fortleben. Das zeigt die Diskussion Jesu mit den Sadduzäern, die zu seiner Zeit die Auferstehung leugneten: Er lässt sich auf ihre Frage nicht ein, wie die Menschen auferstehen werden – ob und mit wem verheiratet, ob und mit welchem Körper. Er lenkt den Blick allein auf Gott, der Macht über den Tod hat. Gott, so sagt Jesus, ist ein Gott der Lebenden, kein Gott der Toten. Diese radikale Hinwendung zu Gott angesichts des Todes tritt für mich am reinsten im Gebet einer islamischen Mystikerin rabi'a al-adawiya (ca. 717-801) hervor:

betete ich dich an
aus furcht vor der hölle
dann ach verbrenne mich
in der hölle

betete ich dich an
in hoffnung auf das paradies
dann ach verriegle mir
das paradies

bet' ich dich aber an
um deinetwillen allein
dann – o gott! – vermähle mich
mit deiner ewigen schönheit

Aber kann der normale Christ und Mensch so selbstlos sein wie diese Mystikerin? Kann er von jeder persönlichen Erwartung absehen? Ist das nicht eher etwas für Heilige? Oder für Mutige, wie Marie Luise Kaschnitz in ihrem Gedicht: *Nicht mutig* sagt:

Die Mutigen wissen
Daß sie nicht auferstehen
Daß kein Fleisch um sie wächst
Am jüngsten Morgen
Daß sie nichts mehr erinnern
Niemandem wiederbegegnen
Daß nichts ihrer wartet
Keine Seligkeit

Keine Folter
Ich
bin nicht mutig.

Was bleibt also – für die, die nicht mutig sind, nicht so mutig wie Mystiker und Heilige? Es bleiben mir drei Überzeugungen, eine philosophische, eine religiöse und eine christliche.

Was bleibt von uns? Philosophisch bin ich davon überzeugt, dass unser Leben unauslöschbar eingeschrieben ist in diese Wirklichkeit. Keine Macht in der Welt kann es löschen. Und das ist nicht nur ein erhebender Gedanke. Denn auch alle Schandtaten bleiben ins Sein eingebrannt, jedes Versagen, jeder dreckige Gedanke, jede schmutzige Tat. Aber auch jede Hilfe, jede Güte und alles Gelingen. All das bleibt, um ein religiöses Bild zu benutzen, ewig im Gedächtnis Gottes – dann, wenn wir aus der Zeit ausgestiegen sind.

Was bleibt also von uns? Als religiöser Mensch glaube ich: Es bleibt, was wir im Urteil Gottes sind. Es bleibt das Bild, das er sich von uns macht – und wir können nur hoffen, dass er es durch seine Gnade nachbessert. Dass die Gedemütigten und Verlierer ihre Würde wieder erhalten, dass die Schurken ihre Integrität wieder bekommen, die Leidenden und Gefolterten ihre Schmerzen und Traumata abstreifen dürfen wie alte Kleider. Und dabei habe ich durchaus einen Wunsch, den Wunsch, einmal Gottes Stimme zu hören, diese Stimme, die Ja zu uns sagt, obwohl so vieles in uns ist, was wir nicht bejahen. Dieser Wunsch wird in einem anderen Gedicht von Marie Luise Kaschnitz ausgedrückt. Es hat die Überschrift: *Ein Leben nach dem Tode*

Glauben Sie fragte man mich
An ein Leben nach dem Tode
Und ich antwortete: ja
Aber dann wußte ich
Keine Auskunft zu geben
Wie das aussehen sollte
Wie ich selber
Aussehen sollte
Dort

Ich wußte nur eines
Keine Hierarchie
Von Heiligen auf goldnen Stühlen sitzend
Kein Niedersturz
Verdammter Seelen
Nur

Nur Liebe frei gewordne
Niemals aufgezehrte
Mich überflutend

Kein Schutzmantel starr aus Gold
Mit Edelsteinen besetzt
Ein spinnenleichtes Gewand
Ein Hauch
Mir um die Schultern
Liebkosung schöne Bewegung
Wie einst von tyrrhenischen Wellen
Wie von Worten die hin und her
Wortfetzen
Komm du komm

Schmerzweb mit Tränen besetzt
Berg- und Tal-Fahrt
Und deine Hand
Wieder in meiner

So lagen wir lasest du vor
Schlief ich ein
Wachte auf
Schlief ein
Wache auf
Deine Stimme empfängt mich
Entläßt mich und immer
So fort

Mehr also fragen die Frager
Erwarten Sie nicht nach dem Tode?
Und ich antworte
Weniger nicht.

Was bleibt von uns? Und damit komme ich zu einer dritten Gewissheit als Christ. Das Urteil Gottes über unser Leben können wir schon hier und jetzt hören. Es ist die Stimme dessen der spricht: »Wer mein Wort hört und glaubt ..., der ist schon vom Tode zum Leben hindurch gedrungen« (Joh 5,24). Diese Stimme kann dir schon heute versichern, dass dein Leben, so verquer und verirrt es sein mag, angenommen ist. Sie will dir versichern: Du bist ein Ebenbild Gottes und du bleibst es, auch wenn du beschädigt bist und das Leben zu Ende geht – im Leben und im Sterben, jetzt und in alle Ewigkeit.

Dennoch fragen wir hartnäckig weiter und werden nie aufhören zu fragen: Was bleibt? Zwei Antworten von Menschen haben mir geholfen. Sie enthalten für mich das Wichtigste, was ich als Christ dazu sagen kann. Und ich will damit schließen, dass ich diese beiden Stimmen weitergebe:

Als Student fragte ich einen Theologieprofessor, der etwa so alt war wie ich es heute bin, wie er sich das denn vorstelle, das Leben nach dem Tode. Er schien mir glaubwürdig, hatte er mir doch anvertraut, er müsse jederzeit mit seinem Tod rechnen und ich solle das wissen, bevor ich bei ihm eine längere Arbeit schriebe. Und ihr könnt indirekt daraus schließen, dass ich nicht jeden meiner Lehrer für ganz glaubwürdig in dieser Frage hielt. Nur deswegen wagte ich, ihn zu fragen. Und er antwortete mir: Du sollst dir kein Bildnis noch Gleichnis machen! Das gilt auch für das, was uns im Tode entfernt. Da ging mir auf, dass der Tod ein Schattenriss Gottes ist – dass sich in seinen Umrissen Gott verbirgt: Für beide gilt das Bilderverbot.

Später fragte ich einen Freund, der mit mir Theologie studiert hatte, als er mir von seinem vom Tod gezeichneten Schwager erzählte. Und als wir alles Mögliche und Hilflose ausgetauscht hatten, wie das ist – mit dem Sterben in jungen Jahren an einem Karzinom, da fragte ich ihn: Wie stellst du dir das vor, das nach dem Tode? Und da antwortete er mir mit einer Gewissheit, die ich ihm nie zugetraut hätte: Ich werde sein, wo Christus ist. Mit ihm bin ich verbunden im Leben und im Sterben. Und da ging mir auf: Gott und der Tod sind nicht nur ein deckungsgleiches schwarzes Loch, in dem alle Stimmen verschwinden. Gottes Schweigen kann sich in eine Stimme verwandeln, die wir hören können. Gottes Finsternis kann sich in Licht verwandeln, das uns erreicht. Es ist das Licht Christi, das in unseren Herzen aufgeht. Es ist die Stimme Christi, die von jenseits des Todes zu uns dringt. Und sie spricht:

Ich bin die Auferstehung und das Leben. Wer an mich glaubt, der wird leben, auch wenn er stirbt; und wer da lebt und glaubt an mich, der wird nimmermehr sterben. – Wer mein Wort hört und glaubt, der ist schon vom Tode zum Leben hindurchgedrungen.

Und der Friede Gottes, welcher höher ist als alle unsere Vernunft, bewahre unsre Herzen und Sinne in Christo Jesu. Amen.

> Diese Predigt wurde im Sonntagsgottesdienst der Peterskirche am 8.10.2000 gehalten. Das spätmittelalterliche Beinhaus, das in ihr erwähnt wird, findet sich in Leuk im Wallis (in der Schweiz). Die zitierten Gedichte sind von K. Marti, leichenreden, Neuwied/Berlin 1969, 25 (»ihr fragt wie ist die auferstehung«) ; von H. Piontek, in: ders. (Hg.), Lieb, Leid und Zeit und Ewigkeit. Deutsche Gedichte aus tausend

Jahren, Hamburg 1981, 42 (»Da wird ein Ufer zurückbleiben«); von K. Marti, leichenreden (s.o.), 63 (»das könnte manchen herren so passen«); K. Marti, abendland. gedichte, Darmstadt/Neuwied 1980, 61 (»betete ich dich an«); M.L. Kaschnitz, Gedichte; Gesammelte Werke Bd. 5, Frankfurt 1985, 463 (»Die Mutigen wissen«) und dies., Gedichte, 504 (»Glauben Sie fragte man mich«).

Die Frage nach der Wahrheit
Sokrates und Jesus vor ihren Richtern

(Joh 18,33-38)

Da ging Pilatus wieder hinein ins Prätorium und rief Jesus und fragte ihn: Bist du der König der Juden? Jesus antwortete: Sagst du das von dir aus, oder haben dir's andere über mich gesagt? Pilatus antwortete: Bin ich ein Jude? Dein Volk und die Hohenpriester haben dich mir überantwortet. Was hast du getan? Jesus antwortete: Mein Reich ist nicht von dieser Welt. Wäre mein Reich von dieser Welt, meine Diener würden darum kämpfen, dass ich den Juden nicht überantwortet würde; nun aber ist mein Reich nicht von dieser Welt. Da fragte ihn Pilatus: So bist du dennoch ein König? Jesus antwortete: Du sagst es, ich bin ein König. Ich bin dazu geboren und in die Welt gekommen, dass ich die Wahrheit bezeugen soll. Wer aus der Wahrheit ist, der hört meine Stimme. Spricht Pilatus zu ihm: Was ist Wahrheit?

Was ist Wahrheit? Die Frage des Pilatus trifft ins Herz des Glauben. Wenn es keine Wahrheit gibt, kann niemand sagen: Ich bin der Weg, die Wahrheit und das Leben. Das Christentum wäre eine Lebenslüge.

Was ist Wahrheit? Das ist auch die Frage des Sokrates. Wenn wir Wahrheit prinzipiell nicht erkennen können – dann wären auch Wissenschaft und Universität auf einer Lebenslüge erbaut.

Die Frage nach der Wahrheit wird in zwei Grundtexten unserer Kultur als Gerichtsszene verhandelt: Jesus vor Pilatus, Sokrates vor den Athenern.

Versetzen wir uns in Pilatus, als er Jesus verhört. Jesus wird beschuldigt, er sei ein Aufrührer, der die römische Herrschaft über die Juden beseitigen will. Pilatus fragt: »Bist du der König der Juden?« Aber Jesus stellt eine Gegenfrage, als wäre er der Richter: »Sagst du das von dir aus, oder haben dir das andere über mich gesagt?« Natürlich wurde Jesus von anderen Juden angezeigt. Von sich aus hat Pilatus wenig Interesse! »Bin ich etwa ein Jude?« knurrt er. Tatsache ist: »Dein eigenes Volk und die Hohenpriester haben dich an mich ausgeliefert.« Warum? Das möchte er eben herauskriegen. Und daher fragt er: »Was hast du eigentlich getan?«

Jesus wird feierlich: »Mein Reich ist nicht von dieser Welt.« Dieser Jesus beansprucht für sich ein Reich, ja sogar eine Königsherrschaft. Ob er wirklich so harmlos ist, wie er tut? Jesus scheint zu ahnen, was Pilatus denkt, und sagt: »Wäre mein Reich aus dieser Welt, so würden meine Jünger kämpfen.« Aber hat nicht einer einem Soldaten das Ohr abgehauen? Wie harmlos ist er wirklich? Noch einmal betont Jesus daher: »Mein Königreich ist nicht von hier.« Doch warum sagt er nicht: Mein Reich ist nicht *in* dieser Welt, sondern: Es *ist* zwar in der Welt, hat aber seinen Ursprung anderswo. Hier muss Pilatus nachbohren, denn ein Königreich in seiner Welt, in Judäa, woher auch immer es sich legitimiert, kann Unruhe stiften. Und ein König erst recht.

Daher konfrontiert er Jesus mit der Feststellung: »Also bist du dennoch ein König!« Jetzt bekennt Jesus: »Du sagst es, ich bin ein König.« Und er definiert sein Königtum: »Ich bin dazu gekommen, dass ich die Wahrheit bezeugen soll. Wer aus der Wahrheit ist, der hört meine Stimme.«

Pilatus versteht: Jesus will eine Art Philosoph sein. Denn der Weise ist »König«. Das war damals eine verbreitete Redewendung. Der Weise herrscht nicht über andere, sondern über sich selbst. Er herrscht nicht durch Waffen, sondern durch Worte. Er herrscht, indem er für die Wahrheit zeugt. So ein Weiser, ein Philosoph, wollte einmal zwei Armeen überreden, nicht gegeneinander zu kämpfen. Das versuchte der Philosoph Musonius Rufus im römischen Bürgerkrieg 68 n. Chr. Solche pazifistischen Träumer sind ungefährlich, aber naiv. Die Welt wird nicht durch Wahrheit regiert. Gewiss nicht durch die Wahrheit dieser Träumer. Wer weiß überhaupt, was Wahrheit ist? Was alle griechischen Philosophen nicht klären konnten, sollte es dieser jüdische Wanderlehrer gefunden haben?

Im Innern des Pilatus wird in diesem Augenblick eine zweite Szene lebendig, der Prozess gegen Sokrates. Den kennt er noch aus seiner Schullektüre. Warum wurde Sokrates angeklagt? Weil er seinen Mitbürgern zeigte, dass sie die Wahrheit nicht besaßen, die sie zu besitzen meinten. Und weil er ein Leben, das nicht der Überprüfung der Wahrheit dient, nicht für lebenswert hielt. Welcher Rollentausch war das! Spielte nicht er, Pilatus, heute die Rolle des Sokrates? Stellte nicht er die skeptische Frage: Was ist Wahrheit? Stand nicht die ganz Bildungstradition der Antike auf seiner Seite, wenn er gegen diesen jüdischen Wanderpropheten vorging? Damals wollten die Athener in ihren traditionellen Gewissheiten weiterleben. Auch dieser Angeklagte Jesus vertrat eine irrationale Offenbarungswahrheit, die in jüdischen Traditionen verwurzelt war. Gab es also einen größeren Gegensatz als den zwischen Jesus und Sokrates?

Dem ist zu widersprechen. Zumindest eine Gemeinsamkeit gibt es: Hier wie dort ist die Wahrheit gefährdet. Vor allem mit zwei Argumenten wird sie gefährdet und die Suche nach ihr bis heute immer wieder untergraben:

Das erste Argument lautet: Wahrheit ist eine *Machtfrage*. Überall gilt das Gesetz, das nach § 1 sagt: Der Mächtigere hat Recht. Und das in § 2 bestimmt: Hat der Mächtigere ausnahmsweise nicht Recht, tritt § 1 in Kraft. Selbst wenn Sokrates und Jesus Recht hatten – die Athener hatten die Macht, Pilatus hat die Macht, er bestimmt, welche Wahrheit sich durchsetzt. Nach den Evangelien hat Pilatus wider besseren Wissens Jesus verurteilt. Das war politisch motivierter Justizmord. Doch urteilen wir mild über Pilatus. Auch Politiker in unserer zivilisierten Welt lassen im Wahlkampf manchmal jemanden hinrichten – heute nicht mit dem Schierlingsbecher, sondern mit der Giftspritze. Aber auch wenn Politiker auf der richtigen Seite kämpfen, haben sie ein gebrochenes Verhältnis zur Wahrheit. Um kein Beispiel aus der jüngsten deutschen Geschichte zu nehmen, die uns den großzügigen Umgang von Politikern mit der Wahrheit drastisch vor Augen geführt hat, wähle ich ein Beispiel aus Frankreich. Als im französischen Fernsehen ein Dokumentarfilm über die Résistance gesendet werden sollte, wurde de Gaulle versichert, der Film enthielte die Wahrheit über die Franzosen – über den Widerstand, die abwartende Mehrheit und die Kollaborateure. De Gaulle aber rief aus: »Wahrheit! Des vérités! Glaubt ihr denn, ich hätte mit Wahrheiten eine provisorische Regierung gegen den Widerstand Englands und Amerikas bilden können? Nein, man macht Geschichte mit einer Ambition, nicht mit Wahrheiten: On fait l'Histoire avec une ambition, pas avec des vérités.« Ist die Wahrheit auch dann eine Machtfrage, wenn die Mächtigen auf der richtigen Seite kämpfen?

Das zweite Argument gegen die Frage nach der Wahrheit ist: Wahrheit ist *kulturelle Willkür*. Entscheidend sei nicht: Was stimmt mit der Wirklichkeit überein, sondern: Was stimmt mit unserer Gesellschaft, Kultur und Tradition überein? Nichts gilt universal. Zwar hat der Johannes-Evangelist den Prozess vor Pilatus bewusst gestaltet, um den Universalitätsanspruch der christlichen Wahrheit zu bekräftigen. Jesus soll seine Wahrheit vor dem Vertreter des »universalen« Weltreichs bezeugen. Aber Pilatus sieht richtig: Er hat es hier mit spezifisch jüdischen Auseinandersetzungen zu tun. F. Nietzsche hat Pilatus deswegen gelobt, wobei er an antijüdische Emotionen appelliert. Er schreibt im Antichristen: »Habe ich noch zu sagen, dass im ganzen neuen Testament bloß eine einzige Figur vorkommt, die man ehren muss? Pilatus, der römische Statthalter. Einen Judenhandel *ernst* zu nehmen – dazu überredet er sich nicht. Ein Jude mehr oder weniger – was liegt daran? ... Der vornehme Hohn eines Römers, vor dem ein unverschämter Missbrauch mit dem Wort ›Wahrheit‹ getrieben wird, hat das neue Testament mit einem einzigen Wort bereichert, das Wert hat – das seine Kritik, seine *Vernichtung* selbst ist: ›was ist Wahrheit!‹«. Nietzsche hat in einem Punkt Recht: Wir verdanken Israel die Frage nach der Wahrheit in der Religion, die Frage nach dem wahren Gott im Unterschied zu allen Götzen. Sie wurde vorher nie so radikal gestellt. Und wir verdanken die Frage nach Wahrheit in der Wissenschaft den Griechen. Sie wurde vor ihnen nie so radikal gestellt. Nietzsche hat auch darin Recht: Wäre es nicht vernichtend für Glauben und Denken, wenn wir diese Frage nach der Wahrheit nicht beantworten könnten? Viele denken heute so: Was man »Wahrheit« nennt, sei ein Mischmasch von Irrtum und Ambition, von Vorurteil und Konvention, von kultureller Willkür und Zufall.

Gegen diese Resignation sollten wir zwei Gestalten aktivieren: Sokrates und Jesus. Ihre Wahrheit hat nicht nur gemeinsam, dass sie gefährdet ist. Es gibt auch positive Übereinstimmungen.

Die erste Übereinstimmung ist ein Bewusstsein von der *Unverfügbarkeit der Wahrheit*: Beide gehen davon aus, dass wir die Wahrheit nicht besitzen. Offenbarungen wie bei Jesus, in denen der Schleier über der Wirklichkeit zerreißt und Menschen mit Gott konfrontiert werden, sind unverfügbar. Wir können auf sie nur warten, hören und sie zu deuten versuchen. Wahrheiten wie bei Sokrates, denen wir uns methodisch annähern, werden wir immer nur annäherungsweise erreichen. Denn wir werden niemals unsere Vorstellungen mit der Wirklichkeit an sich vergleichen können. In dieser Unverfügbarkeit der Wahrheit liegt ein Trost: Worüber wir nicht verfügen können, das können wir auch nicht korrumpieren. Es ist unserem Zugriff, aber auch unserem Zynismus entzogen.

Und woran liegt das? Das führt zur zweiten Übereinstimmung zwischen Sokrates und Jesus. Sie besteht in der *Unbedingtheit der Verpflichtung zur Wahrheit*: Beide, Jesus und Sokrates, berufen sich auf Gottes Willen. Ein göttlicher Imperativ treibt Sokrates an, die Frage nach der Wahrheit zu stellen, obwohl sie immer wieder scheitert. Auch wir können nicht umhin, was wir einmal als Wahrheit erkannt haben, mag es objektiv noch so verzerrt, noch so irrtümlich, noch so falsch sein, dem vorzuziehen, was wir als Illusion durchschaut haben. Wir folgen dabei einem Imperativ, den wir nicht selbst geschaffen haben. Selbst der größte

Zyniker folgt ihm, wenn er zwar überall nur Illusionen sieht, aber die Erkenntnis, die das durchschaut, für sich selbst solchen Illusionen vorzieht, die er nur den anderen zugestehen möchte.

Die dritte Gemeinsamkeit zwischen Sokrates und Jesus ist ihr *Konflikt mit der Macht*. Charles de Gaulle hatte Recht: Mit Faktenwahrheiten wird keine Geschichte gemacht, sondern mit Ambitionen und Träumen. Geschichte wird aber auch mit Lebenswahrheit gemacht, mit der Stimme des Gewissens, die sich auflehnt gegen Lüge und Hass. Das lernen wir sowohl von Sokrates als auch von Jesus. Beide haben sich aufgelehnt. Beide zeigen: In der Kollision mit der Macht unterliegen zwar oft die, die für die Wahrheit eintreten. Beide haben gelehrt: Es ist besser, Unrecht zu leiden, wenn man seinem Gewissen folgt, als Unrecht zu tun. Beide zeigen dabei aber machtpolitisch: Kreuz und Schierlingsbecher können die Vertreter der Wahrheit umbringen, aber ihr Tod macht ihre Wahrheit um so stärker – gegen den Willen derer, die mit Kreuz und Schierlingsbecher töten.

Bei so vielen Gemeinsamkeiten scheinen Sokrates und Jesu doch etwas miteinander zu tun zu haben. Oder gibt es vielleicht zwei grundverschiedene Wahrheiten? Die des Wissens und des Glaubens? Die des Sokrates und Jesu?

Gewiss, es gibt Unterschiede: Die Wissenschaft sucht nach der Wahrheit von Theorien, der Glauben nach der Wahrheit des Lebens. Aber hier wie dort ist Wahrheit *Übereinstimmung mit der Wirklichkeit* – nicht nur mit dem, was empirisch in der Wissenschaft festgestellt werden kann, sondern im Glauben auch mit Gott, der jenseits unmittelbarer Erfahrung liegt. Hier wie dort ist diese Übereinstimmung nicht die von Bild und Abbild, sondern eher eine Entsprechung wie zwischen Geheimkode und Kodiertem.

Diese Übereinstimmung wird manchmal als *Entgegenkommen der Wirklichkeit* erfahren: Warum ist die Wissenschaft heute konsensfähiger als der Glauben? Die Ergebnisse der Naturwissenschaften sind für uns überzeugend, weil wir sie technisch anwenden. Wahr ist, was wir selbst herstellen können. Und dabei setzen wir voraus, dass wir auf eine Ordnung in der Wirklichkeit vertrauen dürfen. Wir vertrauen darauf, wenn wir etwas zehnmal gemessen haben, dass wir auch in Zukunft dieselben Ergebnisse erhalten, obwohl wir keine zwingenden Gründe für dieses Vertrauen haben. Jeder technische Apparat, dem wir uns anvertrauen, setzt diese Regelmäßigkeit voraus, dass die Naturgesetze heute und morgen dieselben sind. Die Wirklichkeit kommt uns immer wieder überraschend als geordnet entgegen.

Ist das beim Glauben grundsätzlich anders? Auch hier kommt uns die Wirklichkeit entgegen. Dies Entgegenkommen wird intensiviert zur *Selbsterschließung einer fremden Wirklichkeit*. Denn sollte es nicht denkbar sein, dass uns auch das Zentrum der Wirklichkeit entgegenkommt – so wie Sonnenlicht die Wolken an einigen Stellen durchbricht? Dass die Wirklichkeit sich offenbart und von ihrem Zentrum her öffnet? Eine Art Entgegenkommen liegt ja jeder Wissenschaft zugrunde. Der entscheidende Unterschied in der Religion aber ist: Im Glauben kommt uns eine Wirklichkeit entgegen – nicht damit wir sie durch Technik verändern, sondern damit wir uns selbst verändern, nicht damit wir durch Experimente in die Natur eingreifen, sondern damit wir unser Leben als Totalexperiment gestalten, damit wir umkehren und neu geboren werden.

Wenn uns etwas so aus der Tiefe der Wirklichkeit entgegenkommt und uns ganz persönlich verändern will, dann drängt sich vor allem eine Analogie in unserer Lebenserfahrung auf. Und das führt zur letzten Gemeinsamkeit zwischen Sokrates und Jesus: Beide verbinden *Wahrheit und Liebe*. Sokrates deutet das Streben nach Wahrheit als Eros, als Liebe zur Wahrheit. Die Weisheit des Sokrates besteht darin, dass er weiß, dass er nicht weise ist. Er entbehrt die Weisheit. Aber er weiß auch, wir entbrennen in Liebe zu dem, was wir entbehren. Und ebenso interpretiert der Johannes-Evangelist die Sendung Jesu als Sendung der Liebe Gottes zu den Menschen, die sich darin verwirklicht, dass sich Menschen untereinander lieben – mitten in einer Welt, die voll Hass ist. Unvermeidlich treten Eros und Agape in Widerspruch zu anderen Erfahrungen. Denn was immer Eros und Agape unterscheidet, beide kämpfen nicht mit Waffen, sondern mit Worten. Beide stehen mit ihrer Wahrheit quer zur Welt. Beide sind nicht von dieser Welt.

Vor mehr als zweihundert Jahren schrieb ein Verliebter an seine Geliebte: »Ich bin fleissig und bekümmre mich um irdische Dinge um der Irdischen willen. Mein innres Leben ist bey dir, und mein Reich ist nicht von dieser Welt.« Was J.W. Goethe an Charlotte von Stein schrieb, gilt für alle, in deren Leben ein Funken der Liebe gefallen ist: sei es der Eros zur Wahrheit, die Liebe zu Gott oder zu einem Menschen. Diese Liebe ist nicht von dieser Welt, sie steht in Widerspruch zu ihr, aber sie wird in dieser Welt tätig, gerade weil sie ihr widerspricht.

In dieser Welt gilt das Gesetz des Stärkeren, der den Schwächeren weg beißt.

In dieser Welt gilt das Gesetz der Selektion, die das genetisch schlechter ausgestattete Leben scheitern lässt.

In dieser Welt gilt das Gesetz des Profits, dass das Unprofitable Konkurs macht.

Liebe aber unterstützt den Schwächeren.

Liebe ermöglicht Leben für das zum Tod Bestimmte.

Liebe investiert in das, was keinen Profit bringt.

Liebe bewährt sich darin, dass wir auch genetisch defizitäres Leben annehmen, das wir heute immer besser diagnostizieren können.

Liebe darf sich nicht dadurch beirren lassen, dass sie in dieser Welt oft gekreuzigt und vergiftet wird. Sie ist nicht von dieser Welt. Sie ist in der Welt etwas Fremdes, etwas Systemfremdes, wie man heute sagt. Und doch ist sie nicht ganz fremd, sondern ergibt sich aus der innersten Natur dieser Wirklichkeit, als sei der Widerspruch zur Härte des Systems selbst ein Bestandteil dieses Systems der Gesamtwirklichkeit.

Seitdem wir Menschen die Schwelle von der biologischen Evolution zur Kultur überschritten haben, sind wir einer anderen Welt verpflichtet, in der Liebe und gegenseitige Hilfe den Kampf ums Dasein begrenzen. Diese neue Welt beginnt mitten in unserer Welt und wirkt in sie hinein. Die Bibel ist ein Zeugnis dafür, wie diese neue Welt bewusst wurde und wie sie einbrach in das Denken und Leben von Menschen.

Oft resignieren wir und meinen, der Zugang zu dieser neuen Welt sei versperrt. Aber Jesus ruft uns zu: Ich bin der Weg, die Wahrheit und das Leben. Ich bin der Weg zu dieser neuen Welt.

Die *Wahrheit*, die uns durch ihn anspricht, garantiert nicht, dass wir uns in dieser Welt durchsetzen. Aber sie gibt uns Halt, wenn wir scheitern. Und kann auch im Scheitern noch in die Welt hineinwirken. Als Pilatus im Namen des Römischen Reiches Jesus verurteilte, ahnte er nicht, dass sich das Römische Reich einmal zu dem Verurteilten bekehren würde.

Die *Liebe*, die uns durch Jesus ergreift, garantiert nicht, dass wir in dieser Welt Erfolg haben. Aber sie öffnet ein Reich, in dem der Erfolg nicht alles ist. Und sie kann gerade dadurch etwas in dieser Welt bewegen.

Der *Friede*, den wir durch Jesus erfahren, ist der Friede Gottes. Er ist anders als der Friede, den die Welt gibt. Er ist nicht von dieser Welt, aber er lebt in ihr, als großes Glück in vielen einzelnen Menschen und als Widerstand gegen all das Unglück und Leid, das Menschen zugefügt wird.

Dieser Friede Gottes, der höher ist als alle unsere Vernunft, bewahre eure Herzen und Sinne in Christo Jesu. Amen.

Diese Predigt wurde am Sonntag, den 2.7.2000 in der Peterskirche in Heidelberg gehalten. Der Philosoph, der im römischen Bürgerkrieg 68 n. Chr. zwei Heere davon abhalten wollte, gegeneinander Krieg zu führen, ist Musonius Rufus (vgl. Tacitus, Historien III, 81). In der vorhergehenden Woche wurde in Texas der Schwarze Gary Graham am 23.6.2000 mit der Giftspritze hingerichtet. Die UN-Hochkommissarin für Menschenrechte, Mary Robinson, hatte sich für ihn eingesetzt, da er zur Tatzeit erst 17 Jahre alt war und nach einer UN-Konvention für die Rechte von Kindern nicht hätte zum Tode verurteilt werden dürfen. Der Menschenrechtler Jesse Jackson, der bei der Hinrichtung anwesend war, sprach von staatlich organisiertem Mord. Die Anklage basierte auf einer einzigen Zeugenaussage. Entlastende Sachverhalte wurden nicht berücksichtigt. Der Präsidentschaftskandidat der Konservativen Bush schien Härte demonstrieren zu wollen. Das gebrochene Verhältnis von Politikern zur Wahrheit war kurz vor dieser Predigt deutlich geworden. Der ehemalige Bundeskanzler Kohl wurde in der Woche vor der Predigt vor dem Untersuchungsausschuss zur Klärung von Finanzmanipulationen der CDU und Bestechungen der Regierung am 29.6.2000 verhört – und weigerte sich, zur Wahrheitsfindung beizutragen. Die Aussage von Charles de Gaulle über die Wahrheit findet sich bei Jean Daniel in: ›Faut-il acquitter Mitterand?‹, Le Nouvel Observateur, 15-21 septembre 1994, s. 39. zit. n. A. de Pury / A. Knauf, La théologie de l'ancien testament: kérygmatique ou descriptive? ETR 70 (1995) 323-334, dort S. 334. J. W. Goethes Aufnahme von Joh 18,36 findet sich in seinem Briefwechsel mit Ch. Von Stein in: J. W. Goethe, Gedenkausgabe der Werke, Briefe und Gespräche, Zürich 1949, Band 18, Nr. 693, Brief vom 16.4.1783. Der Hinweis auf genetisch defizitäres Leben, das wir immer besser diagnostizieren können, enthält ebenfalls eine aktuelle Anspielung. In der Woche vor dieser Predigt verkündete der amerikanische Präsident zusammen mit dem englischen Premierminister, dass ein internationales Forscherteam in den USA, China, Großbritannien, England, Deutschland den genetischen Kode des Menschen zu ca. 96 % entschlüsselt hat.

Zugang zu Gott ohne Türhüter
Eine Variante zur Parabel »Vor dem Gesetz«

(Röm 5,1-5)

Da wir nun gerecht geworden sind durch den Glauben, haben wir Frieden mit Gott durch unsern Herrn Jesus Christus; durch ihn haben wir auch den Zugang im Glauben zu dieser Gnade, in der wir stehen, und rühmen uns der Hoffnung der zukünftigen Herrlichkeit, die Gott geben wird. Nicht allein aber das, sondern wir rühmen uns auch der Bedrängnisse, weil wir wissen, dass Bedrängnis Geduld bringt, Geduld aber Bewährung, Bewährung aber Hoffnung, Hoffnung aber lässt nicht zuschanden werden; denn die Liebe Gottes ist ausgegossen in unsre Herzen durch den heiligen Geist, der uns gegeben ist.

Der Text spricht von dem, was jeder Mensch im Gottesdienst sucht: Zugang zu Gott. Jeder von uns wird dabei an eigene Erwartungen und Enttäuschungen denken. Vielleicht sind einige unter uns, die es noch einmal mit Gott versuchen – nach Zeiten der Entfremdung von ihm. Er ist ja das Wichtigste überhaupt, sagen manche, und doch ist er so unzugänglich. Da fragt man sich: Wenn wirklich ein Leben in der Wahrheit von ihm abhängt, warum macht er es seinen Geschöpfen so schwer, ihn zu finden? Warum ist er so unsichtbar?

Anderen ist Gott auf sehr protestantische Art vertraut: Umgeben von einer Aura aus h-moll Messe. Hörbar, wenn er spricht: »Ich habe dich bei deinem Namen gerufen. Du bist mein!«. Verborgen in einem galiläischen Wanderprediger, der Worte formulierte, die das Leben bis heute durchglühen. Doch manchmal scheint auch dieser Vorrat an Gottesnähe verbraucht. Und dann fragt man sich: Warum macht Gott es einem so schwer, bei ihm zu bleiben?

Andere haben Erfahrungen seiner Nähe, die man kaum mitteilen kann: Ein Schleier zerreißt über den Dingen der Alltagswelt und in ihnen wird die Gegenwart von etwas Geheimnisvollem spürbar, das wie ein großes Du ist. Man ahnt: Das hat mit Gott zu tun. Und dann sitzt so jemand in der Peterskirche mit den Gefühlen eines Ethnologen: Unter was für einen fremden Stamm hat's mich da verschlagen? Was sollen die steinernen Ritter im Chor, Gustav Adolf im Kirchenfenster und die Inszenierung liturgischer Korrektheit vor dem Altar? Was hat das mit jener Erfahrung zu tun, die mich hierher getrieben hat?

Schließlich gibt es Menschen unter uns, denen nur eins gewiss ist: dass sie fern von Gott sind. Manche werden in der Kirche von Neid auf die anderen neben ihnen erfasst. Warum? Weil sie meinen, die anderen hätten den Weg zu Gott gefunden. Weil sie sich fragen: Warum nur ich nicht? Warum ist mein Leben ins Abseits geraten? Durch Verlust oder Versagen, Krankheit oder Einsamkeit, Unrecht oder das Zerschellen von Wünschen! Wer aus seinem eigenen Leben ausgesperrt ist, weiß sich auch fern von Gott.

Wir alle kommen, um Zugang zu Gott zu suchen. Oder Zugang zum Leben, zum Nächsten, zu uns selbst. Unser Alptraum ist, dass es uns so geht wie dem Mann vom Lande, der in Kafkas Parabel um Eintritt ins Gesetz bittet. Die Tür ist offen. Aber ein Türhüter verwehrt den Zutritt. Später erst könne er ihn einlassen. Er lässt sich weder durch Bitten noch durch Bestechung bewegen, er droht vielmehr, dass noch weitere Türhüter folgen werden – einer schrecklicher zu ertragen als der andere. Bis der Mann ganz alt geworden ist und kurz vor seinem Sterben fragt: Alle Menschen streben doch nach dem Gesetz. Wieso kommt es, dass in den vielen Jahren niemand außer mir Einlass verlangt hat? Und da sagt der Türhüter: Hier konnte sonst niemand Einlass erhalten, denn dieser Eingang war nur für dich bestimmt. Ich gehe jetzt und schließe ihn.

Liebe Gemeinde, fast komme ich mir wie dieser Türhüter vor, wenn ich sage: Gott ist unzugänglich. Ich kann nicht versprechen, die Tür zu öffnen. Wir scheitern mit unseren Versuchen, zu ihm zu kommen. Natürlich könnte jemand einwenden, Paulus sei anderer Meinung. Paulus sagt: »Da wir nun gerecht geworden sind durch den Glauben, haben wir Frieden mit Gott, haben Zugang zu ihm«. Sollte ich nicht über diesen Text predigen – anstatt über die Gottesfinsternis in uns und in der Parabel Kafkas?

Aber was meint Paulus, wenn er sagt: »Da wir nun gerecht geworden sind durch den Glauben, haben wir Zugang zu ihm?«

Das darf man nicht so übersetzen:
Da unser Leben gelungen ist,
haben wir Zugang zu Gott.
Auch nicht so:
Da wir unseren Nächsten gefunden haben,
haben wir Zugang zu Gott.

Auch nicht:
Da wir zu uns selbst gefunden haben,
haben wir Zugang zu ihm.
Sondern so muss man übersetzen:
Obwohl unser Leben misslungen ist,
obwohl es Fragment bleibt,
obwohl wir unseren Nächsten immer wieder verfehlen,
obwohl wir fern sind von uns selbst,
haben wir im Glauben Zugang zu Gott.

Im Begriff der Rechtfertigung ist unser Scheitern vorausgesetzt. Wir scheitern nicht an äußeren Hindernissen, auch wenn wir das meinen, wie der Mann in Kafkas Parabel meint, am Türhüter zu scheitern. Wir scheitern an uns selbst. Und doch dürfen wir glauben:

Nicht nur, wer richtig ist, wird gerecht gesprochen –
sondern auch, wer im Falschen gelebt hat und lebt.
Nicht nur der, dessen Leben ein gelungenes Gesamtkunstwerk ist,
hat Zugang zu Gott,
sondern dessen Leben ein modernes Kunstwerk ist:
fragmentarisch und hässlich und banalitätsdurchzogen.
Nicht wer von Gotteserfahrung glüht, wird selig gepriesen,
sondern selig sind, die arm sind an Gottesgewissheit –
denn ihnen gehört das Reich Gottes!

Das möchte ich heute etwas näher ausführen: wie unser Erkennen an Gott scheitert – und wie wir trotzdem Zugang zu Gott finden können.

Als ich anfing, Theologie zu studieren, wollte ich alles über Gott herauskriegen, was man herauskriegen kann. Ich sagte mir: Wenn man so viele Bücher über Gott geschrieben hat, muss doch etwas Gültiges in ihnen enthalten sein. Heute weiß ich: Gott ist für unser Erkennen unzugänglich. Unsere Versuche scheitern, ihn zu finden. Zwar können wir die Notwendigkeit der Frage nach ihm erkennen. Zwar können wir plausibel machen, dass Welt und Leben über sich hinausweisen. Zwar können wir erkennen, warum wir in unserem Erkennen notwendigerweise nicht weiterkommen. Aber wir müssen damit leben, dass unsere Antworten weit problematischer sind als unser Fragen nach Gott. Daher ist mein erster Satz zur Gotteserkenntnis: *Gott* entzieht sich unserem Erkennen. Wir scheitern an ihm, aber wir spüren ihn dabei, so wie die Welle den Felsen spürt, an dem sie sich zerschlägt.

Dieser Gott, der unserem Erkennen unendlich fern ist, ist zugleich unserem Leben unendlich nah, so nahe, dass man eigentlich nicht *über* ihn sprechen kann – so wenig, wie man über einen anderen Menschen sprechen kann, wenn er gegenwärtig ist und zuhören kann. Gott ist überall gegenwärtig. In ihm leben, weben und sind wir. Und das ist mein zweiter Satz: So fern Gott im Erkennen ist – so nah ist er im Leben. Er ist uns im Leben näher als wir uns selbst es sind. Und diese Wahrheit ist in einer alten Geschichte enthalten: In *Jesus* ist Gott nahe. In ihm ist er mit dem menschlichen Leben (nicht nur mit dessen höheren Teilen) verbunden, sondern mit Leib und Leid, mit Hunger und Gewalt, mit Trauer und Tod. Deshalb sagt unser Text: Durch ihn haben wir Zugang zu Gott.

Und dann noch ein dritter Satz: Wir können Zugang zu Gott bekommen, wenn wir unsere Fragerichtung ändern. Wenn wir nicht nach Gott fragen, sondern uns damit vertraut machen, dass Gott nach uns fragt. Wenn wir nicht darüber grübeln, warum unsere Gedanken über ihn scheitern, sondern wenn wir uns selbst als Gedanken Gottes begreifen, der in dieser Welt scheitert, aber den er dennoch als seinen Gedanken akzeptiert. Etwas von Gott selbst leidet in uns, zweifelt in uns, scheitert in uns. Das ist daher mein dritter Satz: Zugang zu Gott haben wir dort, wo Gott Zugang zu unserem Leben hat, wo uns sein Geist mit unbedingtem Wert erfüllt und mit uns leidet. Und auch das steht in unserem Text: Zugang zu Gott haben wir durch den *Geist*, durch den die Liebe Gottes ausgegossen ist in unsere Herzen. Gott wird zur Gewissheit, wo er als Liebe in uns lebt.

Soll all das sagen, dass ein irrationaler Glaube den Zugang zu Gott öffnet, den rationales Erkennen nicht findet? Solche Gedanken sind mir eigentlich zuwider. Spiritualität ist keine Sauna, in der man die Vernunft ausschwitzt, um sich danach wohler zu fühlen! Nein! Ich bin überzeugt: Mitten in dieser Vernunft ist ein Glauben verborgen. Und ich möchte deshalb neben die drei parallelen Sätze zur Gotteserkenntnis drei Sätze über diesen Glauben stellen, einen Glauben, der schon im Bekenntnis zur Vernunft enthalten ist:

Der erste Satz: Vernunft weiß, dass sie Grenzen hat, an denen sie scheitert. Was wir von der Wirklichkeit erkennen, ist nur das, was für unseren Körper, unsere Technik, unser Gehirn zugänglich ist – und was wir nach Bedingungen konstruieren, die uns vorgegeben sind. Wir scheitern daran, die Wirklichkeit an sich zu erkennen. Und ebenso scheitern wir daran, Gott zu erkennen. Bei diesem Scheitern ist die Theologie in guter Gesellschaft mit jeder Vernunft. Die Wirklichkeit an sich entzieht sich ihren Annäherungen – ebenso wie Gott.

Dazu kommt ein zweiter Satz: Die Wirklichkeit an sich ist uns unendlich fern – und doch ist sie unendlich nah, weil wir selbst ein Teil von ihr sind. Aber was wir wirklich, was wir an sich sind, ist noch nicht entschieden. Wir finden uns nicht fertig vor. Ob wir in unserem tiefsten Wesen Vernunft sind oder triebhafte Energie, ist offen. Wir entscheiden mit, als was wir uns eigentlich verstehen wollen. Wer sich dabei zur Vernunft bekennt, investiert in sie einen Glauben, den er nicht mehr vernünftig begründen kann. Denn viele Stimmen sagen: Es gibt Mächte in uns und in der Welt, die stärkere Bataillone als die Vernunft haben. Wer sich trotzdem zu ihr bekennt, wird seine Entscheidung gegen Anfechtungen durchhalten müssen. Es gibt keinen Glauben ohne Anfechtungen – auch keinen Glauben an die Vernunft.

Und noch ein dritter Satz: Wenn wir trotz solcher Anfechtungen auf die Vernunft setzen, dann investieren wir ein großes Vertrauen in die Wirklichkeit. Es könnte ja sein, dass die Erkenntnis der Wahrheit das Leben nicht fördert, sondern bedroht. Machen wir uns das an einem Beispiel klar: Wenn einem bewusst ist, welche Unglücke und Krankheiten einen morgen treffen könnten und treffen werden – wenn man das realistisch vor Augen hat – dann kann man vor lauter Angst nicht mehr leben. Illusionen über unsere Situation scheinen lebensfreundlicher zu sein als die Wahrheit. Könnte das nicht auch im Großen gelten? Könnten wir aufgrund unseres Erkenntnisfortschrittes nicht immer klarer unsere hoffnungslose Lage auf einem kleinen Planeten erkennen, der irgendwann verglühen wird. Und dass wir auf ihm als Krustenphänomene herumkrabbeln, und alles wenig Sinn hat! Und doch glaube ich, dass jede Erkenntnis, die uns der Wahrheit näher bringt, das Leben auf lange Sicht mehr fördert als alle vermeintlich lebensfördernden Illusionen. Vernunft und Wissenschaft verpflichten dazu, Illusionen und Irrtümer auf dem Altar der Wirklichkeit zu opfern. Und um etwas zu opfern, braucht man einen starken Glauben, dass sich der Verzicht lohnt.

Im Bekenntnis zur Vernunft ist daher für mich ein anonymes Bekenntnis zu Gott enthalten: Gott verbirgt sich in der Wirklichkeit an sich, an der unsere Gedanken stranden. Gott verbirgt sich im Imperativ, der Vernunft zu folgen, auch wo sie schwach zu sein scheint. Gott verbirgt sich im Vertrauen, dass die Wahrheit für das Leben besser ist als alle Illusion.

Aber noch einmal: Wie finden wir Zugang zu diesem Gott, der sich so verbirgt? *Unser* Zugang zu ihm ist mit tausend Türhütern verstellt. Aber *Gottes* Zugang zu dir, den kann kein Türhüter verstellen. Denn hier bist du der einzige Türhüter! Und es liegt an dir, ob du ihn einlässt oder nicht. Manche könnten nun meinen, diese Wende sei ein Trick, mit denen Prediger oft zu schnell von Ungewissheit zur Gewissheit gelangen. Aber es gibt eine vergleichbare Wende bei der Vernunft! Wenn uns aufgeht, dass wir mit ihr nicht bis zur Wirklichkeit an sich vordringen, dass alle ihre Aussagen relativ sind, dass ihre Sätze keine Wahrheit an sich sind, dann verzweifeln wir an ihrem Wert. Entdecken wir aber, dass wir selbst ein Stück dieser Wirklichkeit an sich sind, dass wir sie in uns aktivieren – am überzeugendsten in Form von Glauben und Denken –, dann haben wir einen Grund, uns selbst hochzuschätzen. Dann erkennen wir, dass unsere Vernunft ein Abglanz einer überlegenen Vernunft ist, deren Licht wir reflektieren. Dann erleben wir uns als einen Teil jener Wirklichkeit, nach der unser Herz unruhig ist, bis es Ruhe findet in ihr.

Wie aber müsste im Lichte dieser Wende die Parabel Kafkas vom Gesetz ausgehen? Der Mann vom Lande wartet und wartet. Schon in der traditionellen Parabel gab es einen Höhepunkt in seinem Leben. Als sein Auge matt geworden war, heißt es: »Wohl aber erkennt er jetzt im Dunkel einen Glanz, der unverlöschlich aus der Türe des Gesetzes bricht.« Von da ab könnte die Geschichte so weiter gehen: Aus der Tür kommt ein Mann auf ihn zu. Auch der hatte sich vor langer Zeit vom Lande aufgemacht, um das Gesetz zu suchen. Und der Wartende fragt ihn: Hast du es gefunden? Und wie hast du das geschafft? Nein, sagt der Mann, ich habe nichts gefunden. Ich wurde eingelassen und von Tür zu Tür verwiesen. Und als ich an dieser letzten von vielen Türen war, da sagte man mir: Hinter dieser Tür wirst du dein Ziel finden. Du musst nur eins tun: Immer weiter gehen und alle mitnehmen, die du findest. Denn das Gesetz sendet dich zurück ins Leben. Das Leben aber wirst du nur zusammen mit anderen Menschen finden, die nach dem Gesetz suchen und die zum Leben umgekehrt sind. Das Gesetz hat also mich und dich erwählt, zusammen sein Licht in der Welt zu verbreiten.

So gingen sie beide in ihre Dörfer zurück, aus denen sie einst aufgebrochen waren. Und über ihrem Leben lag unauslöschlich ein Abglanz vom großen Glanz des Gesetzes.

Auch wir stehen vor Türen, die offen sind und durch die wir uns nicht trauen zu gehen, obwohl sie für uns da sind. Auch wir warten und warten oft vergeblich, warten oft ein ganzes Leben vor offenen Türen. Und doch finden wir Gott erst, wenn wir uns von ihm zurücksenden lassen ins Leben. Wenn wir umkehren zum Leben. Wenn wir dabei andere Menschen mitnehmen und uns glücklich preisen, weil Gott uns dazu braucht, zusammen mit ihnen sein Licht zu verbreiten – und das, obwohl wir alle, du und ich, sehr fragwürdige Menschen sind.

Und der Frieden Gottes, welcher höher ist als alle unsere Vernunft, bewahre unsere Herzen und Sinne in Christo Jesu. Amen.

Diese Predigt wurde am Sonntag, den 11.3.2001, in der Peterskirche in Heidelberg gehalten. Die Parabel von F. Kafka »Vor dem Gesetz« findet sich in F. Kafka, Das Urteil und andere Erzählungen, FiBü 19; Frankfurt 1952, 117-119.

Respekt vor der Verfassung
Gegenlektüre eines staatstragenden Textes

(Röm 13,1-7)

Jedermann sei untertan der Obrigkeit, die Gewalt über ihn hat. Denn es ist keine Obrigkeit außer von Gott; wo aber Obrigkeit ist, die ist von Gott angeordnet. Wer sich nun der Obrigkeit widersetzt, der widerstrebt der Anordnung Gottes; die ihr aber widerstreben, ziehen sich selbst das Urteil zu. Denn vor denen, die Gewalt haben, muss man sich nicht fürchten wegen guter, sondern wegen böser Werke. Willst du dich aber nicht fürchten vor der Obrigkeit, so tue Gutes; so wirst du Lob von ihr erhalten. Denn sie ist Gottes Dienerin, dir zugut. Tust du aber Böses, so fürchte dich; denn sie trägt das Schwert nicht umsonst: sie ist Gottes Dienerin und vollzieht das Strafgericht an dem, der Böses tut. Darum ist es notwendig sich unterzuordnen, nicht allein um der Strafe, sondern auch um des Gewissens willen. Deshalb zahlt ihr ja auch Steuer; denn sie sind Gottes Diener, auf diesen Dienst beständig bedacht. So gebt nun jedem, was ihr schuldig seid: Steuer, dem die Steuer gebührt; Zoll, dem der Zoll gebührt; Furcht, dem die Furcht gebührt; Ehre, dem die Ehre gebührt.

Paulus urteilt in diesem Text sehr naiv. Er mahnt ohne Vorbehalt zur Unterordnung unter den Staat. Andere Stimmen im Neuen Testament sind kritischer. Jesus sagt: Gebt dem Kaiser, was des Kaisers ist, und Gott, was Gottes ist. Lukas betont: Man muss Gott mehr gehorchen als den Menschen. Der Johannesapokalyptiker fordert sogar zum Widerstand gegenüber einem Staat auf, der sich religiös verehren lässt. Ausgerechnet Paulus aber verbietet jeden Widerstand! Ausgerechnet er spricht vom Staat, als fördere er immer nur das Gute und bestrafe das Böse. Ausgerechnet er, der so skeptisch über die Möglichkeiten des natürlichen Menschen denkt, scheint nicht zu wissen, dass Macht korrumpiert – und dass absolute Macht absolut korrupt ist.

Aber eben dieser Paulus wurde mit vielen weiteren Christen Opfer staatlicher Gewalt. Als Nero sie hinrichten ließ – als brennende Fackeln und Spektakel für die Bevölkerung, da war der Staat kein Diener des Guten. Da wurde er zum Diener des Bösen. Man stelle sich vor, Paulus wurde damals von Lukas in seinem Gefängnis in Rom gefragt, ob er angesichts solcher Massenhinrichtungen seinen Text in Röm 13 noch aufrecht halten wolle? Wie würde Paulus reagieren? Vielleicht würde er versuchen, seinen Text kritisch auszulegen – nach dem Motto, recht verstanden, habe ich schon immer gesagt, was ich jetzt meine. Er sagt also zu Lukas: Lies genau, dann wirst du viele kritische Zwischentöne in meinem Text finden. Schon der erste Satz sollte dich nachdenklich machen:

Jeder ordne sich den übergeordneten Mächten unter.

Hier ist jeder angesprochen. Auch die Inhaber staatlicher Ämter, auch der Kaiser. Auch er soll sich unterordnen – unter Gott. Hast du dir noch nie Gedanken darüber gemacht, warum ich von Mächten im Plural spreche? Und das in einem Brief nach Rom, wo jeder erwarten musste, dass die Vollmacht des Kaisers nur ein Bündel einzelner Vollmachten ist, die immer wieder erneuert werden mussten. Nicht der Kaiser ist für mich die Quelle legitimer Gewalt, sondern die staatliche Ordnung, die ihm seine Vollmachten gibt. Also die Verfassung. Sie ist für mich ein Auftrag Gottes. Was im Text »Macht« (exousia) genannt wird, ist immer verfassungsmäßige Macht. So auch im nächsten Satz:

Denn es gibt keine verfassungsmäßige Macht, die nicht von Gott stammt; die zur Zeit bestehende ist jedenfalls von Gott angeordnet.

Ich habe nicht geschrieben: Alle Amtsinhaber stammen von Gott. Ich schrieb: Die verfassungsmäßige Macht stammt von Gott. Ich las einmal eine Inschrift des Augustus, in der er über seine Taten schrieb: »Was der Senat von mir besorgt wissen wollte, habe ich kraft meiner verfassungsmäßigen Vollmacht als Volkstribun getan« (R.G. I,6). Augustus unterscheidet seine Person von seiner Vollmacht. Und er bezeichnet diese Vollmacht mit demselben Wort wie Paulus, mit »exousia«. Nur von dieser verfassungsmäßigen Vollmacht sage ich: Sie ist ein Auftrag von Gott. Gaius Caligula, der den Jerusalemer Tempel in einen Tempel des Kaiserkults verwandeln wollte, handelte nicht im Auftrag Gottes und im Rahmen seiner verfassungsmäßigen Vollmacht. Für ihn gilt nicht das Widerstandsverbot, das ich im Folgenden so formuliert habe:

Wer sich daher der verfassungsmäßigen Macht widersetzt, widersetzt sich der Anordnung Gottes; und wer sich ihr widersetzt, zieht sich selbst das Urteil zu.

Auch hier ist wichtig: Ich formuliere ein Widerstandsverbot nur gegen die verfassungsmäßige Ordnung, nicht gegen einzelne Amtsinhaber. Ich hätte eindeutiger schreiben sollen: *Wer sich der Verfassung widersetzt, widersetzt sich der Anordnung Gottes, die dem Staat die Aufgabe übertragen hat, für das Gute zu sorgen, das Böse einzudämmen. Nur wer sich diesem, dem Staat zugrunde liegenden göttlichen Gebot widersetzt, wird scheitern.* Und das gilt auch für Amtsinhaber.

Ein wenig verwundert bin ich, wie man meinen Schlusssatz so schnell überliest: *Wer sich dem göttlichen Gebot widersetzt, wird sich selbst sein Urteil zuziehen.* Sich selbst das Urteil zuziehen – das kann bedeuten, dass jemand ohne formalen Prozess zugrunde geht. Dass er am Widerstand der Ordnung scheitert, die er verletzt. Im Jerusalemer Tempel wurden die Heiden davor gewarnt, den heiligen Bezirk zu betreten. Sie lasen dort: Bei Übertretung seien »sie selbst die Ursache ihres Todes«. Das hat man so verstanden, dass sie nicht ein einem formalen Verfahren verurteilt werden mussten. Sie wurden Opfer von Gemeinschaftsjustiz. Wer sich dem göttlichen Gebot widersetzt – und das gilt auch für Amtsinhaber – der wird sich selbst den Untergang bereiten. Das wird auch Nero noch erfahren, der sich über alle Gebote Gottes hinwegsetzt! Natürlich habe ich Angst vor seiner persönlichen Willkür, nicht aber vor der verfassungsmäßigen Ordnung des Römischen Reiches. Vor den Beamten, die im Rahmen der Verfassung handeln, habe ich keine Angst. Für sie gilt:

Vor den Amtsinhabern hat sich nicht die gute, sondern die böse Tat zu fürchten: Willst du also ohne Furcht vor der verfassungsmäßigen Macht leben, dann tue das Gute, so dass du ihre Anerkennung findest.

Auch dieser Satz ist kritisch zu lesen: Nur im ersten Satz spreche ich von Amtsinhabern im Plural, im zweiten Satz von der verfassungsmäßigen Macht im Singular, also von der Macht, aufgrund derer die Amtsinhaber handeln. Dazu stehe ich nach wie vor: Wenn du ohne Furcht vor der verfassungsmäßigen Macht des Staates leben willst, dann tue das Gute. Denn diese staatliche Verfassung haben auch die Amtsinhaber zu fürchten. Von der Verfassung spreche ich auch, wenn ich weiter formuliere:

Sie ist Dienerin Gottes, für dich und um des Guten willen.

Ich weiß nicht, ob unsere Politiker so begeistert von der Idee sind, dass die verfassungsmäßige Ordnung des Staates Dienerin Gottes zu unserem Wohlergehen sein soll. Meist denken sie, wir müssten unser Wohlergehen opfern, damit es ihnen und dem Staat gut geht. Aber die Verfassung des Staates dient dir zum Guten. Und einzelne Amtsinhaber versündigen sich gegen sie, wenn sie Böses tun. Dann hören sie auf, legitime Vertreter der staatlichen Ordnung zu sein.

Tust du aber das Böse, so fürchte dich; denn sie trägt das Schwert nicht umsonst: sie ist Gottes Dienerin und vollzieht das Strafgericht an dem, der Böses tut.

Mache dir klar: Nicht die einzelnen Machtinhaber sind gemeint, die manchmal auch unschuldige Menschen umbringen. Ich meine die staatliche Ordnung, wie sie in Gottes Auftrag begründet ist. Die Ordnung, wie sie sein soll. Und es spricht nichts dagegen, auch diesen Satz auf alle Amtsinhaber anzuwenden: Wenn sie das Böse tun, dann müssen auch sie sich fürchten. Denn die Verfassung des Staates hat nicht umsonst Rechtsgewalt über alle. Sie sieht auch für sie Strafen vor, wenn sie Böses tun.

Darum ist es notwendig, sich unterzuordnen, nicht allein um der Strafe, sondern auch um des Gewissens willen.

Sofern die staatliche Verfassung das Gute fördert und das Böse eindämmt, soll man sie aus Überzeugung unterstützen und sich in sie einordnen. Aber wenn sie nicht mehr dem Guten dient – dann ist die Stunde des Gewissens gekommen, wo das Gute auch gegen den Widerstand staatlicher Amtsinhaber durchgesetzt werden muss – im Namen der staatlichen Verfassung.

Trotz dieser Erläuterungen des Paulus hat Lukas den Eindruck, Paulus habe sich zu missverständlich ausgedrückt. Er verlässt das Gefängnis, geht nach Hause und überlegt, wie er den Text des Paulus verbessern könnte. Dabei arbeitet er folgenden Text aus, den er Paulus am nächsten Tag vorlegen will:

Jeder soll sich der staatlichen Verfassung unterordnen, welche Position er im Staat auch immer hat. Denn dessen Verfassung führt einen Auftrag Gottes durch, auch wenn keine

Verfassung bis in alle Ewigkeit existiert. Wer sich der verfassungsmäßigen Ordnung widersetzt, widersetzt sich daher einem göttlichen Auftrag und wird scheitern. Gottes Auftrag besteht darin, dass alle Amtsinhaber das Gute fördern und das Böse eindämmen. Wer das Gute tut, braucht deshalb in einer verfassungsmäßigen Ordnung keine Furcht zu haben. Denn eine solche Ordnung dient den Menschen. Tust du aber Böses, so fürchte dich. Denn jede verfassungsmäßige Ordnung soll Zwang gegen das Böse ausüben. Deshalb ist es notwendig, sich der Verfassung und den in Übereinstimmung mit ihr handelnden Amtsinhabern unterzuordnen – nicht nur wegen möglicher negativer Folgen, sondern aus innerer Überzeugung um des Gewissens willen. Wenn dein Gewissen dir aber sagt, dass ein Staat nicht mehr dem Auftrag Gottes dient, das Gute zu fördern und dem Bösen zu wehren, dann muss man Gott mehr gehorchen als Menschen.

Als Lukas am nächsten Tag Paulus erneut besuchen wollte, hört er die Schreckensbotschaft, dass Paulus unerwartet für alle im Morgengrauen auf persönlichen Befehl Neros hingerichtet wurde. Er ist erschüttert. Dieser Staat hat nicht im Auftrag Gottes gehandelt. Lukas kann seinen überarbeiteten Text nicht mehr mit Paulus diskutieren. Und so kommt es, dass der Römerbrief an dieser Stelle nicht mehr überarbeitet wurde. Lukas aber nahm sich dafür vor, ein Buch über das Leben der Apostel zu schreiben und in ihm nachzutragen, was Paulus vergessen hatte zu sagen: Man muss Gott mehr gehorchen als Menschen.

Und der Friede Gottes, welcher höher ist als alle unsere Vernunft, bewahre eure Herzen und Sinne in Christo Jesu. Amen.

Diese Predigt wurde am 18.7.2001 im Mittwochmorgengottesdienst der Peterskirche gehalten. Das Augustuszitat stammt aus den Res Gestae (hg. v. E. Weber), Darmstadt: Wiss. Buchgesellschaft ⁴1985, 15.

Macht korrumpiert
und die Notwendigkeit von Antikorruptionsräumen

(Röm 15,1-13)

Wir aber, die wir stark sind, sollen das Unvermögen der Schwachen tragen und nicht Gefallen an uns selber haben. Jeder von uns lebe so, dass er seinem Nächsten gefalle zum Guten und zur Erbauung. Denn auch Christus hatte nicht an sich selbst Gefallen, sondern wie geschrieben steht: »Die Schmähungen derer, die dich schmähen, sind auf mich gefallen.« Denn was zuvor geschrieben ist, das ist uns zur Lehre geschrieben, damit wir durch Geduld und den Trost der Schrift Hoffnung haben. Der Gott aber der Geduld und des Trostes gebe euch, dass ihr einträchtig gesinnt seid untereinander, Christus Jesus gemäß, damit ihr einmütig mit einem Munde Gott lobt, den Vater unseres Herrn Jesus Christus. Darum nehmt einander an, wie Christus euch angenommen hat zu Gottes Lob. Denn ich sage: Christus ist ein Diener der Juden geworden um der Wahrhaftigkeit Gottes willen, um die Verheißungen zu bestätigen, die den Vätern gegeben sind; die Heiden aber sollen Gott loben um der Barmherzigkeit willen, wie geschrieben steht: »Darum will ich dich loben unter den Heiden und deinem Namen singen.« Und wiederum heißt es: »Freut euch, ihr Heiden, mit seinem Volk!« Und wiederum: »Lobet den Herrn, alle Heiden, und preist ihn, alle Völker!« Und wiederum spricht Jesaja: »Es wird kommen der Spross aus der Wurzel Isais und wird aufstehen, um zu herrschen über die Heiden; auf den werden die Heiden hoffen.« Der Gott der Hoffnung aber erfülle euch mit aller Freude und Frieden im Glauben, dass ihr immer reicher werdet an Hoffnung durch die Kraft des heiligen Geistes.

Der Predigttext ist ein Schlussakkord nach Dissonanzen. Vorher war vom Streit ums Essen die Rede, vom Streit zwischen Starken und Schwachen. Die Schwachen gehörten zu drei Außenseitergruppen in Rom: Sie waren 1. Vegetarier, 2. Juden und 3. Christen, nämlich Judenchristen. Um sicher zu sein, dass sie kein den Göttern geweihtes Fleisch oder ihnen geweihten Wein zu sich nahmen, verzichteten sie auf Fleisch und Wein. Ein paar Heidenchristen haben sich ihnen angeschlossen, die sich besonders deutlich von ihrer heidnischen Vorzeit trennen wollten. Die meisten Heidenchristen aber gehörten zu den Starken, die stolz darauf waren, frei von Speisetabus zu sein. Ihnen schlossen sich wiederum ein paar Judenchristen an, die sich demonstrativ von ihrer jüdischen

Vorzeit trennen wollten, indem sie z. B. Schweinefleisch aßen. Auch in Korinth, wo Paulus den Römerbrief schrieb, gab es Starke und Schwache, wenn auch etwas anderer Art als in Rom. Tertius, der Schreiber des Römerbriefs, dem Paulus den Brief diktierte und der am Ende grüßen lässt, gehörte vielleicht zu den Schwachen. Was ging wohl durch seinen Kopf, wenn Paulus ihm folgenden Satz diktierte?

Wir aber, die wir stark sind, sollen das Unvermögen der Schwachen tragen und nicht Gefallen an uns selber haben. Jeder von uns lebe so, dass er seinem Nächsten gefalle zum Guten und zur Erbauung.

Tertius denkt: Für Paulus bin ich ein rückschrittlicher Christ. »Wir Starken« sagt er. Ob er uns zu Recht »Schwache« nennt? Wir sind es doch, die von unserer Umwelt abweichen, wir müssen mehr Stärke zeigen als die Starken! Weiß Paulus nicht, dass Seneca, der Philosoph, in seiner Jugend Vegetarier gewesen ist – vor ca. 30 Jahren in Rom? Dass ihn sein Vater drängte, damit aufzuhören? Warum? Er fürchtete Verleumdungen und Anzeigen! Vegetarismus galt in Rom als ausländischer Aberglauben. Es war politisch nicht opportun, Vegetarier zu sein. Nein, wir Schwachen sind in Wirklichkeit die Starken, die sich nicht anpassen. Schön, wenn Paulus für Toleranz uns gegenüber wirbt. Aber weniger Überlegenheitsbewusstsein wäre noch besser. Paulus fährt fort im Diktat:

Denn auch Christus hatte nicht an sich Gefallen, sondern wie geschrieben steht: »Die Schmähungen derer, die dich schmähen, sind auf mich gefallen.« Denn was zuvor geschrieben ist, das ist uns zur Lehre geschrieben, damit wir durch Geduld und den Trost der Schrift Hoffnung haben.

Ob Paulus sein Überlegenheitsbewusstsein korrigiert, fragt sich Tertius. Hat er das für mich diktiert? Mahnt er jetzt die Starken, dass sie die Schmähungen gegen uns mit uns zusammen ertragen sollen? Er muss doch wissen, dass wir wegen unseres vegetarischen Aberglaubens überall kritisiert werden. Wer jede Berührung mit den heidnischen Göttern ablehnt und nur den einen und einzigen Gott anerkennt, zieht Unmut auf sich. Will er uns sagen: die Prügel, die euch treffen, treffen eigentlich Gott selbst – so wie Christus stellvertretend den Unmut abbekam, der Gott gilt? Aber Paulus ist schon beim nächsten Satz:

Der Gott ... der Geduld und des Trostes gebe euch, dass ihr einträchtig gesinnt seid untereinander Christus Jesus gemäß.

Wie harmoniebedürftig du bist, denkt Tertius, du willst die ganze Gemeinde versöhnen und bist selbst so unversöhnt! Überall, wo du auftauchst, gibt es Streit. Streit zuerst mit Juden – dann mit der politischen Gemeinde. Unsere Gemeinde in Korinth hast du gespalten. Wie ein Rammbock hast du Mauern zum Einsturz gebracht. Danach mussten Titus und Timotheus die Trümmer beseitigen und Frieden herstellen. Diktier, was du willst! Aber mein Wunsch an die römische Gemeinde lautet: Gott gebe, dass Paulus friedfertig und einträchtig gesonnen zu euch kommt. Doch da greift Paulus den Gedanken der Eintracht noch einmal auf und diktiert:

Seid einträchtig gesonnen, damit ihr einmütig mit einem Munde Gott lobt, den Vater unseres Herrn Jesus Christus.

Na, denkt Tertius, am Anfang des Römerbriefs hast du ganz andere Töne angeschlagen. Da begannst du mit einer Totalverurteilung aller Menschen. Da gab es keinen Gerechten, nicht einen einzigen. Da wolltest du allen den Mund stopfen, damit »alle Welt vor Gott schuldig werde«. Jetzt aber soll der Mund, den du damals gestopft hast, in Lobeshymnen ausbrechen. Jetzt sollen wir eins sein, nicht weil wir alle Sünder sind, sondern weil wir den einen Gott loben und preisen! Das soll wohl die Gleichmacherei durch die Sünde durch etwas Positives ein wenig ausgleichen. Aber jetzt musst du uns noch sagen, wie das gehen soll? Paulus diktiert weiter:

Darum nehmt einander an, wie Christus euch angenommen hat, zu Gottes Lob.

Manchmal gelingen dir wirklich überlieferungswerte Sprüche, denkt Tertius. Aber sind sie nicht zu abstrakt? Willst du nicht im Grunde den Römern schreiben: »Bitte, nehmt *mich* an – mich den notorischen Störenfried, der im Rufe steht, überall Unruhe zu stiften! Ihr braucht keine Angst zu haben, dass ich so viel Wirbel mache, dass der Kaiser noch einmal intervenieren muss wie vor sieben Jahren, als er die Führer der Gemeinde verbannte«. Und hast du nicht Angst vor deiner Jerusalemreise, die du noch vor der Reise nach Rom antreten willst? Flehst du nicht im Innern die Jerusalemer Christen an: »Nehmt auch ihr *mich* an, wie Christus euch angenommen hat!« Du fürchtest in Jerusalem um dein Leben, hast du mir gesagt. Terroristen gebe es dort, die Attentate gegen ihre Feinde machen. Und du hast viele Feinde dort. Feinde, weil du dich in den Ruf gebracht hast, die Grundlagen des Judentums zu zerstören, die Beschneidung und die Speisegebote, das, woran man Juden als Juden erkennt. Deshalb bittest und bettelst du: »Nehmt *mich* an!« Doch Paulus ist schon beim nächsten Satz:

Denn ich sage: Christus ist ein Diener der Beschneidung geworden um der Wahrhaftigkeit Gottes willen, um die Verheißungen zu bestätigen, die den Vätern gegeben sind;

Tertius denkt: Jetzt wirst du diplomatisch! Jetzt willst du in der Welt verbreiten, dass Christus den Juden – der Beschneidung – gedient hat. Und willst vor allem klar stellen, dass *du* ihr gedient hast. Ob man dir das abnimmt? Du – ein Diener der Beschneidung? Du – der du überall bekannt dafür bist, dass du lehrst, man dürfe sich als Heidenchrist nicht beschneiden lassen. Nicht einmal freiwillig. Damit hast du viele verärgert. Und jetzt willst du den Schaden begrenzen. Jeder weiß doch, dass du der große Heidenmissionar bist, dass du gegen die Beschneidung bist. Paulus diktiert weiter, jetzt etwas über die Heiden:

Die Heiden aber sollen Gott loben um der Barmherzigkeit willen, wie geschrieben steht: ›Darum will ich dich loben unter den Heiden und deinem Namen singen‹. Und wiederum heißt es: ›Freut euch, ihr Heiden, mit seinem Volk!‹ Und wiederum: ›Lobet den Herrn, alle Heiden, und preist ihn, alle Völker!‹

Tertius denkt, warum sagst du nicht gleich: Und lobet auch den Paulus, weil er die Heiden gewonnen hat! Aber ist dein Lobgesang auf dein Lebenswerk nicht wie Singen von Kindern im dunklen Wald? Die Gegensätze zwischen Juden und Heiden nehmen dramatisch zu. Vor 15 Jahren brach in Judäa fast ein Krieg aus, als Kaiser Gaius sein Standbild im Tempel aufstellen lassen wollte. Vor ein paar Jahren wurde Judäa und Samarien durch Aufruhr erschüttert. Der Widerstand gegen die Römer wächst. Und wenn Paulus es drei Mal aus der Schrift beweisen könnte, aus Thora, Propheten und Schriften, dass alle Völker den einen Gott verehren werden – es bleibt eine Utopie, ein Traum. Die Realität spricht dagegen. Wäre es nicht schon viel, wenn dieser Traum in unserer Gemeinde zeichenhaft in Erfüllung ginge? Wenn Judenchristen und Heidenchristen ihre konfessionellen Kleinkriege beendeten, weil sie verschiedene Speisetraditionen haben? Aber vielleicht *muss* Paulus jetzt diesen Traum träumen. Vielleicht braucht er ihn persönlich? Vielleicht nimmt ihm das die Angst, nach Judäa zu fahren, in ein für ihn gefährliches Land, wo Gegensätze zwischen den Völkern das Land zerreißen! Sagt er vor allem zu sich selbst: Diese Gegensätze von Juden und Heiden sind nicht unüberwindlich? Sie werden mich nicht zerreißen. Im Gegenteil, ich werde ein Vorbote des Friedens sein. Hoffentlich machst du dir da nichts vor! Aber Paulus diktiert schon weiter:

Und wiederum spricht Jesaja: »Es wird kommen der Spross aus der Wurzel Isais und wird aufstehen, um zu herrschen über die Heiden, auf den werden die Heiden hoffen.«

Um Gottes willen, denkt Tertius, wie kann er das in einem Brief nach Rom schreiben: Dass ein Herrscher aus jüdischer Familie über alle Völker herrschen wird! Was passiert, wenn dieser Brief den römischen Behörden in die Hände fällt? Was Paulus schreibt, ist Hochverrat, ist Aufruhr und Rebellion. Einen anderen als den Kaiser kündigt er der Welt als Herrscher an. So ein Messianismus ist politisch gefährlicher als Vegetarismus. Zum Glück hat Paulus alles in Bibelzitaten versteckt. Dazu noch in einer Metapher: »Wurzel Isais«, wer versteht das schon? Wer weiß, dass er damit das jüdische Königshaus meint? Er könnte sich immer herausreden, er hätte nur aus den heiligen Schriften der Juden zitiert. Aber es wäre eine Ausrede. Ich weiß es. Er glaubt wirklich an diesen neuen König. Doch wie kommt er darauf, dass auch nichtjüdische Völker auf einen jüdischen Messias hoffen? Denkt er an die Weissagung eines römischen Dichters von einem Knaben, der das goldene Zeitalter bringt, der Frieden auf Erden schafft, so dass selbst die wilden Tiere zahm werden? Aber selbst wenn alle Welt eine verborgene Sehnsucht nach einem Friedenskönig hätte, würden nicht alle einen Herrscher ablehnen, der von den Römern als Krimineller gekreuzigt wurde? Oder werden sie sich gerade von so einem ohnmächtigen Herrscher überzeugen lassen? Von jemandem, der für andere gelebt und für andere Prügel eingesteckt hat, die nicht ihm galten? Der ein ganz anderer Herrscher ist? Kann vielleicht nur so ein Herrscher die Herzen der Menschen gewinnen? Kann nur er die Angst nehmen, er denke nur an sich selbst und seine Macht? Paulus schließt mit den Worten:

Der Gott der Hoffnung aber erfülle euch mit aller Freude und Frieden im Glauben, dass ihr immer reicher werdet an Hoffnung durch die Kraft des heiligen Geistes.

Ja, denkt Tertius. Woher hat Paulus nur diese große Zuversicht? Woher diese Hoffnung? Gehört Paulus vielleicht doch zu den Starken – nicht weil er Fleisch und Gemüse isst, sondern weil er gegen den Augenschein an dieser Hoffnung festhält?

Was Tertius und Paulus nicht wissen konnten: Noch heute kommen Christen zusammen und beleben in der Adventszeit diese Hoffnung: Dass die Konflikte zwischen den Völkern überwunden werden. Dass Herrschaft human wird. Und das, obwohl solche Hoffnungen so oft widerlegt wurden.

Für alle Herrschaft gilt, was ein englischer Diplomat einmal sagte: *Power corrupts, absolute power corrupts absolutely* (Lord Acton). Dafür hatten wir viel Anschauungsmaterial in diesem Jahr! Es brachen Kriege in Kosovo und Tschetschenien aus, die man in unserem Teil der Welt mit all den Sicherheitspakten und Verträgen nicht für möglich gehalten hätte. Aber vergessen wir nicht: Für den Satz »*Power corrupts. Absolute power corrupts absolutely*« gab es viel Anschauungsmaterial auch in unserer Gesellschaft. Uns wurde vor Augen geführt, dass Herrschaft sich selbst zu Gefallen lebt, dass sie mit schwarzen Kassen vorbei an Gesetzen und eindeutigen Gerichtsurteilen regiert – zur eigenen Machtsicherung. Und das in einem Rechtsstaat, in dem Recht und Kontrollen Herrschaft zähmen und begrenzen. Manchmal frage ich mich freilich: Sollte die Empörung darüber in einem Volk von Steuerhinterziehern nicht etwas gedämpfter sein, auch die Empörung über Politiker, die systematisch zur Steuerhinterziehung verleiten? 9 von 10 Mitbürgern billigen laut Umfragen Steuerhinterziehung. Wir sind schon in einem fortgeschrittenen Zustand von Korruption, wo korruptes Verhalten normal geworden ist. Der Korrekte ist der Außenseiter, entweder der Dumme, wenn er nicht mitmacht, oder der Störenfried, wenn er die anderen kritisiert. Wer ist hier der Starke, wer der Schwache?

Aber wir sollten über all das nicht jammern. Man kann daraus wieder einmal lernen: Alle Menschen sind Sünder. Und nicht nur Steuersünder. Das gilt auch von den großen Verbrechen. Wir Deutsche waren im zweiten Weltkrieg nicht humaner als die Serben im Kosovo, waren nicht vernünftiger als die Russen in Tschetschenien. Die Ausstellung über die Wehrmacht hat das dokumentiert, auch wenn einige Fotos falsch zugeordnet waren. Das Bewusstsein, dass wir alle fehlbar sind, ist eine wichtige Voraussetzung dafür, dass unsere Träume human bleiben. Denn sonst werden Träume diktatorisch. Das gilt auch für die Träume der Adventszeit:

Advent ist seit je her die Zeit, in der Menschen von einer humanen Herrschaft träumen. Davon, dass die Macht so gezähmt wird wie der Esel, auf dem Jesus in Jerusalem einritt. Davon, dass es Herrschaft gibt ohne Waffen. Davon, dass es Frieden auf Erden gibt. Davon, dass Macht sich nicht selbst zu Gefallen lebt, sondern dient und sich zu den Schwachen stellt, die geprügelt und geschmäht werden. Davon, dass sich die Starken nicht scheuen, »Klientelpolitik« für Randgruppen zu machen. Dass nicht nur Vegetarier ihr friedliches Wesen entfalten können! Das ist die Form von Herrschaft, die bei Jesus erkennbar ist. Wir Menschen wären ärmer, wenn wir diesen Traum nur deshalb aufgäben, weil er nie verwirklicht werden wird: den Traum von der Zähmung der Macht durch Recht, durch Kontrolle, durch Friedenssicherung und durch Rücksicht der Starken auf die Schwachen.

Und gab es nicht auch in der jüngeren Vergangenheit Zeichen in diese Richtung? In Nordirland kamen verfeindete Volksgruppen nach 30 Jahren Terror wieder zusammen. In Südafrika schloss die Wahrheitskommission ihre Arbeit ab – und ließ sich nicht einschüchtern, auch die herrschende Partei zu kritisieren. Im Kosovo gibt es Anfänge einer neuen zivilen Gesellschaft. Jedes Jahr tun humanitäre Organisationen ihre unspektakuläre Arbeit: Brot für die Welt und Adveniat, ärztliche Mission und Ärzte ohne Grenzen, Amnesty International und viele andere. Und was die Skandale angeht, so zeigt die Reaktion auf sie, dass der Sinn für Anstand und Recht noch immer lebendig ist? Ist es nicht bewundernswert, wie sich da eine Pastorentochter redlich durch den Morast hindurch arbeitet, den ihr einige große Männer hinterlassen haben?

Das alles sind kleine Zeichen. Aber darüber hinaus strahlt in der Adventszeit ein größeres Ziel: Dass sich alle Völker eins wissen – nicht nur im Bewusstsein, dass wir ohnehin alle Sünder sind, sondern im Lobe Gottes: in der Bejahung dieser Schöpfung, des Lebens und seiner Grenzen. Wenn wir Christen trotz verschiedener Konfessionen zusammenarbeiten, wenn wir etwas tun für die Menschenrechte und die Gefangenen, wenn wir uns trotz verschiedenen Glaubens mit Menschen aller Religionen in Friedensgebeten vereinen – dann geht etwas vom Traum des Paulus in Erfüllung. Solch ein vereinigendes Beten und Loben Gottes wird nur gelingen, wenn wir alle davon durchdrungen sind: Keiner lebt sich selbst zu Gefallen. Alle werden gemessen an ihrem Umgang mit den Schwachen. Alle Herrschaftsansprüche müssen daran gemessen werden. Auch religiöse und moralische Ansprüche. Auch eine Kirche, eine Religion, ein Volk oder eine Kultur lebt sich nicht selbst zu Gefallen. Alle leben für Gott. Und der misst uns alle daran, was wir für die Schwachen tun. Und alle *dürfen* etwas für sie tun, auch wenn alle Sünder sind, Steuersünder inbegriffen. Das ist die Botschaft des Advents, die Botschaft von einem Leben, das sich nicht selbst zu Gefallen lebt. Die Botschaft von einem Herrscher, der auf einem Esel ritt.

Und der Friede Gottes, welcher höher ist als alle unsere Vernunft, bewahre eure Herzen in Christus Jesus. Amen

Diese Predigt wurde am dritten Advent, dem 12.12.1999 in der Heidelberger Peterskirche gehalten – am Ende eines Jahres, das die Korruptionsanfälligkeit politischer Macht deutlich vor Augen geführt hat: Der Krieg im Kosovo (vom März bis Juni 1999) führte ebenso die Grenzen der Politik vor Augen, wie der noch andauernde Krieg in Tschetschenien. Im Herbst des Jahres musste der ehemalige Bundeskanzler Helmut Kohl einräumen, dass er seine Parteipolitik gegen das Gesetz mit schwarzen Kassen finanziert hatte. Beharrlich weigerte er sich, die Spender des Geldes zu nennen und vollzog damit andauernden Gesetzesbruch. Die Pastorentochter, die den von ihm angerichteten Morast in bewundernswerter Weise ausräumte, war die damalige Generalsekretärin und spätere CDU-Vorsitzende Angela Merkel. Vor der Kommunalwahl am 24.10.99 warb eine große Partei in Heidelberg mit dem Slogan: »Schluss mit der Klientelpolitik für Radfahrer, Autonome und Randgruppen«. Aber es gab auch positive Zeichen. Zwischen IRA und Unionisten in Nordirland kam es am Karfreitag dieses Jahres zu einer Vereinbarung über einen Weg zum Frieden. Eine Ausstellung über die Rolle der Wehrmacht führte zur Zerstörung der Vorstellung, die Wehrmacht hätte die nationalsozialistische Vernichtungspolitik nicht mitgetragen. Einige Fotos auf der Ausstellung waren jedoch falsch zugeordnet und nötigten dazu, sie neu zu konzipieren. – Seneca berichtet in ep. 108 davon, wie er unter pythagoreischem Einfluss vegetarisch lebte, davon aber auf Bitten seines Vaters aus politischen Gründen Abstand nahm. Die römische Weissagung eines friedensbringenden Knaben ist die berühmte 4. Ekloge von Vergil.

Leben als Konkurrenz
und die Rechtfertigung des Wettkämpfers

(1 Kor 9,24-27)

Wisst ihr nicht, dass die, die in der Kampfbahn laufen, die laufen alle, aber einer empfängt den Siegespreis? Lauft so, dass ihr ihn erlangt. Jeder aber, der kämpft, enthält sich aller Dinge; jene nun, damit sie einen vergänglichen Kranz empfangen, wir aber einen unvergänglichen. Ich aber laufe nicht wie aufs Ungewisse; ich kämpfe mit der Faust, nicht wie einer, der in die Luft schlägt, sondern ich bezwinge meinen Leib und zähme ihn, damit ich nicht andern predige und selbst verwerflich werde.

Das Leben – ein Wettkampf. Dies Bild übt heute eine magische Macht über die Gedanken aus. Alle fordern mehr Wettbewerb, mehr Konkurrenz, mehr Leistungsbereitschaft. Die Kirchen erscheinen dabei als Verlierer. Sie fürchten eine Zunahme an sozialer Kälte. Und deswegen werden sie kritisiert – etwa so: Im Menschen gebe es aus Zeiten, als er in Horden lebte, eine Sehnsucht nach Geborgenheit. Sie begegne heute als Forderung nach Nächstenliebe bei jenen Gutmenschen, die ein auslaufendes Modell sozialen Denkens seien. Die Geschichte werde durch harten Wettbewerb vorangetrieben: durch Menschen und Gruppen, die sich ihm stellen. Anstatt durch ihre Predigt den Menschen Mut zu diesem Wettbewerb zu machen, verteidigten die Kirchen die von oben verwaltete Sozialwärme. Sie und die Christen seien kein Modell für das Verhalten in den nun anbrechenden Zeiten. Das Leben ist ein Wettkampf – dieses neoliberale Bild begegnet hier als Forderung und ein wenig auch als Drohung.

Aber dieses Bild enthält auch eine Verheißung. Ein Wettbewerb geht nach Regeln vor sich. Auch wenn man viel von Deregulierung spricht, um den Wettbewerb zu fördern, darf nicht vergessen werden: Ohne Regeln kein Wettbewerb. Faire Regeln sichern, dass keiner ungerechtfertigte Vorteile hat.

Machen wir uns jedoch nichts vor. Das tatsächliche Leben verläuft anders. Wir haben die neuen Bundesländer in unsere Wettbewerbswirtschaft aufgenommen. Aber sind die Startbedingungen fair, wenn 93,7 % der privaten Geldvermögen in den alten Bundesländern sind und nur 6,3 % in den neuen? Wie sollen die Menschen im Osten mit so wenig Vermögen Unternehmergeist und Risikobereitschaft entwickeln? Man könnte ebenso gut einen Lahmen auffordern, am Marathonlauf teilzunehmen.

Auch im privaten Leben sind die Chancen nicht so fair verteilt wie bei einem Leichtathletikkampf. Wir alle treten in das Stadion des Lebens ein, um unser Bestes zu geben. Aber die Laufstrecken sind verschieden lang. Der eine hat viel Lebenszeit zur Verfügung, der andere wenig. Und das ist bitter. Jeden Sonntag sind unter uns Menschen, die sich auf den nahenden Tod vorbereiten – auch junge Menschen. Und sie fragen: Warum gerade ich? Warum geht mein Leben zu Ende? Warum dürfen die anderen sorglos dasitzen, als sei das Leben unbegrenzt? Warum?

Das Bild vom Wettkampf hat zwei Seiten: Einerseits ist es eine harte Forderung. Jeder hat Angst, ob er mithalten kann. Andererseits enthält es eine Verheißung, so dass man wünschen möchte: Wäre das Leben doch ein Wettbewerb, bei dem alles nach Regeln geschieht! Dann ginge es fair zu! Das Leben wäre keine Wildnis und kein Dschungel!

Die Korinther, an die Paulus schreibt, waren mit dem Bild des Wettkampfes vertraut. Korinth war der Ort der isthmischen Spiele. Die Kultur Griechenlands war eine Wettkampfkultur – entstanden aus kriegerischen Aristokratien, die sich in Wettkämpfen körperlich trainierten. Sie übertrugen den Geist des Wettkampfes auf andere Gebiete. Sie wetteiferten auch im Denken. Ein Philosoph überbot den anderen durch seine Erklärung der Welt. Die Weisheit dieser wetteifernden Kriegerkultur hat uns nach Meinung vieler weitergebracht als die ordnungsorientierte Beamtenweisheit des Orients. Aber auch von der Weisheit des Orients haben wir gelernt, vor allem von der Weisheit Israels, dort, wo sie die Beamtenstuben verließ und zur Weisheit eines bedrängten Volkes wurde. In Israel entstand eine Kultur – nicht der gegenseitigen Konkurrenz, sondern der Hilfe, nicht des Wettkampfes, sondern der Barmherzigkeit. Wir haben in unserer Kultur versucht, beides zu vereinen: den griechischen Geist des Wettkampfs und die Barmherzigkeit Israels. Auch in unserem Predigttext ist beides zusammengekommen. Man spürt noch die Spannung. An drei Stellen knirscht es in diesem Bild:

Es knirscht bei den Aussagen über das Verhältnis zu anderen Menschen. Paulus sagt: »Wisst ihr nicht, dass die, die in der Kampfbahn laufen, die laufen *alle*, aber *einer* empfängt den Siegespreis?« Hier gibt es nur einen Sieger. Aber dann fährt er im Plural fort: »Lauft so, dass ihr ihn erlangt.« Das klingt so, als könne jeder Sieger werden. So wie es in einer späteren urchristlichen Schrift heißt: »Wir wollen also kämpfen, damit wir *alle* bekränzt werden« (2 Clem 7,2).

Es knirscht ferner bei den Aussagen über Paulus selbst: Paulus kämpft nicht gegen andere. Er sagt: »Ich kämpfe mit der Faust ... ich bezwinge meinen Leib und zähme ihn.« Paulus kämpft in diesem Wettkampf gegen seinen eigenen Leib als Gegner. Man spürt nichts davon, dass dieser Leib ein Tempel ist, erfüllt vom heiligen Geist. Wie kann man den Tempel Gottes so respektlos mit Faustschlägen behandeln!

Es knirscht schließlich bei den Aussagen über Gott. Paulus erwartet keinen vergänglichen Kranz aus Fichtennadeln oder Sellerie (wie das bei den Spielen in Korinth üblich war). Er erwartet einen unvergänglichen Kranz: die Anerkennung des Menschen durch Gott. Eben das ist seine Rechtfertigungsbotschaft: Dass Gott jeden Menschen unbedingt anerkennt aufgrund seines Glaubens – unabhängig von seinen Leistungen, unabhängig von seinem Laufen und Bemühen, unabhängig von Erfolg und Misserfolg. Hier aber macht Paulus alles von seinem Erfolg abhängig.

Im Bild vom Wettkampf sind also Brüche. Und man wundert sich nicht, dass es auch Brüche beim Verstehen und bei der Kommunikation mit den Korinthern gab. Paulus hatte sich als Vorbild im Wettbewerb hingestellt. Die Korinther hatten ihn beim Wort genommen. Sie verglichen ihn mit anderen Aposteln – mit negativem Ergebnis. Die anderen Apostel schienen besser zu sein. Paulus erhielt nicht den ersten Preis. Im Gegenteil, Paulus wurde verspottet. Seine Briefe seien gewaltig, seine leibliche Anwesenheit aber sei erbärmlich. Peinlich, einfach peinlich sei es, wie sich dieser Paulus im ersten Brief als strahlenden Sieger stilisiere, als jemand, der seinen Leib trainiere und beherrsche. Gerade in diesem Punkt könne er nicht überzeugen. Sein Leib war krank. Er war nicht beeindruckend. Das alles erfahren wir aus dem 2. Korintherbrief.

Ich bin sicher, Paulus fand in Korinth auch Menschen, die ihn verteidigten. Etwa Folgendes könnten sie zu seinen Gunsten anführen:

Habt etwas mehr Verständnis für den Apostel, wenn er sich als Wettkämpfer und Sieger stilisiert, obwohl er es nicht ist. Am Anfang seines Briefes hat er in ganz anderer Weise vom Stadion und Theater gesprochen. Nicht von einem Ort sportlicher Wettkämpfe, sondern von einem Ort der Demütigungen und Erniedrigungen. Er schrieb:

Ich denke, Gott hat uns Apostel als die Allergeringsten hingestellt, wie zum Tode Verurteilte. Denn wir sind ein Schauspiel (ein Theater) geworden der Welt und den Engeln und den Menschen. Wir sind Narren um Christi willen ... Bis auf diese Stunde leiden wir Hunger und Durst und Blöße und werden geschlagen und haben keine feste Bleibe ... Wir sind geworden wie der Abschaum der Menschheit, jedermanns Kehricht bis heute.

So also hat Paulus die Welt erlebt: als Hinrichtungsort. Ist es da nicht ein gewaltiger Fortschritt, wenn er später im selben Brief sagt: Dies Stadion, in dem ich wie ein zum Tod Verurteilter vorgeführt werde, wird für mich zum Stadion, in dem ich um den Siegespreis laufe. Diese Todesnähe, in der ich keinen Bewegungsspielraum habe, wird für mich zum Start für einen neuen Lauf. Diese Schläge, die mich von außen treffen, überwinde ich, indem ich mich selbst schlage und disziplniere. Es ist richtig, der Apostel nimmt den Mund zu voll, wenn er sich als strahlenden Sieger stilisiert. Aber ist die Verwandlung der Todesarena in eine Arena des Wettkampfes nicht der eigentliche Sieg? Hat Paulus nicht schon deshalb den Wettkampf des Lebens »gewonnen«, weil es ihm gelingt, eine deprimierende Situation in ein positives Bild zu verwandeln? Bilder haben Macht über unser Denken und Handeln. Wir reagieren nicht auf die Welt, wie sie ist, sondern auf die Bilder, mit denen wir sie interpretieren.

Uns allen möchte ich wünschen: Wenn wir von Gott in eine Arena des Todes geführt werden – und das erwartet uns alle –, dass wir entdecken: Es ist ein Stadion, in dem wir noch einmal zum Wettkampf gefordert sind, zu einem Kampf mit uns selbst, zu einem Kampf mit unserer Verzweiflung, Depression und Trägheit. Und es winkt ein Siegespreis. Es gibt, gleichgültig, ob wir nach außen hin Sieger oder Verlierer sind, unbedingte Anerkennung durch Gott. Von uns wird in alle Ewigkeit bleiben, was wir im Urteil Gottes sind.

Natürlich gab es in Korinth Leute, die Paulus auch nach diesem Plädoyer kritisiert hätten. Sie konnten genüsslich auf einen Widerspruch hinweisen: Warum predigt der Apostel die unbedingte Anerkennung des Menschen durch Gott – und macht trotzdem sein ganzes Heil davon abhängig, dass er im Wettlauf des Lebens den ersten Preis erringt? Verkündigt er nicht selbst: »Es kommt nicht auf das Wollen und Laufen des Menschen an, sondern auf das Erbarmen Gottes« (vgl. Röm 9,16). Aber Paulus läuft und läuft, als käme es gerade auf das Laufen an! Er ist aktiv, um zu zeigen: Bei seinem Heil ist der Mensch passiv. Er polemisiert gegen die Werke – und ist selbst einer der ersten, bestdokumentierten Workaholics der Weltgeschichte. Widerspricht nicht das rastlose Leben des Apostels seiner Botschaft? Widerlegt er sich nicht selbst?

Lasst mich versuchen, Paulus zu verteidigen. Was sagt er denn mit seiner Rechtfertigungspredigt? Er sagt, dass der Sinn des Lebens genau so unbegreiflich ist wie die Existenz der Welt überhaupt. Wenn wir darüber staunen, dass überhaupt etwas existiert und nicht nichts, so staunen wir über Gottes schöpferische Macht. Keiner von uns kann auch nur etwas dazu oder dagegen tun, dass überhaupt etwas existiert und nicht nichts. Keiner von uns kann etwas dazu tun, dass er existiert. Niemand ist gefragt worden, ob er das Leben wollte. Hier sind wir alle radikal abhängig. Hier sind wir passiv. Daher möchten wir um so mehr, dass wenigstens das Gelingen unseres Lebens von unserem Tun abhängt! Wenigstens seine Erfüllung, sein Sinn! Aber auch das ist reine Gnade, obwohl es viel Sinnvolles gibt, das wir selbst bewirken, selbst schaffen und herbeiführen können. Aber alles, was im menschlichen Leben Sinn zu geben scheint, versinkt im großen Nichts. Nur wo wir in all dem Vergänglichen und Relativen, was wir tun und bewirken, den Kontakt mit dem spüren, der aller Vergänglichkeit enthoben ist, wo ein Tropfen Ewigkeit ins Leben fällt, wo Gottes Gegenwart den Augenblick und unser Tun heiligt, nur da wird das Leben mit einem Sinn erfüllt, der durch nichts in Frage gestellt werden kann. Nur da können wir unbedingt ja sagen zu unserem Leben – unabhängig davon, wie es war und wie es sein wird, unabhängig von Erfolg und Misserfolg, von Status und Herkunft. Nur in dieser unbedingten Gewissheit spürt unser Wille den Willen dessen, der gesagt hat: Etwas soll sein und nicht nichts. Nur da wird unser Wille eins mit ihm.

Aber warum können wir diese Gewissheit eines unbedingten Sinnes nicht für uns genießen. Warum diese Unruhe, die wir schon bei Paulus spüren? Warum die Spannung, die ihn quält? Sie ist unvermeidlich. Denn wenn wir wirklich gewiss sind, dass der Mensch einen unbedingten Wert vor Gott hat, unabhängig von seinem Geschick, seinen Werken, seinem Status, dann gilt diese Einsicht jedem Menschen. Dort, wo wir sie einschränken und sagen: Sie gilt nur für Kirchenmitglieder, nur für gute Menschen, nur für tüchtige Menschen, da machen wir den Wert des Menschen abhängig von Bedingungen und vom Tun des Menschen. Die Rechtfertigungsbotschaft aber gilt entweder universal, oder sie gilt gar nicht. Daher die große Aufgabe, sie *allen* sagen zu müssen. Uns ist diese Aufgabe anvertraut. Gott hat uns alle gewürdigt, seine Mitarbeiter zu werden. Er hat Menschen dies Wort anvertraut, das den Funken der

Ewigkeit in dies Leben werfen kann. Und wie könnte es sein, dass wir nicht unruhig sind, ob wir dieser Aufgabe gerecht werden. Dieser Funke erlischt, wenn wir ihn nicht weitergeben.

Und daher ändert sich das Bild vom Wettkampf bei Paulus am Ende noch ein zweites Mal. Wenn Paulus sagt, dass er sich selbst bezwinge, um anderen zu verkündigen, so öffnet sich das Stadion. Paulus verlässt das Stadion und läuft als Verkündiger durch die ganze Welt. Sein Lauf ist seine Mission in der Welt: Er betreibt die Globalisierung eines Wettbewerbs ganz anderer Art.

Wenn andere sich darum bemühen, den Geist des Wettbewerbs bis in die letzten Dörfer dieser Welt zu tragen, so sollten wir mit ihnen wetteifern, auch die Gewissheit eines Heils zu verbreiten, das unabhängig von unseren »Werken« ist und unabhängig von unserer Position im Wettbewerb. Wir verbreiten diese Gewissheit nicht, wenn wir soziale Kälte zynisch als Fortschritt uminterpretieren. Dass jeder Mensch unabhängig von seinen Werken und Erfolgen vor Gott gerechtfertigt ist, zeigt sich darin, wie wir mit denen umgehen, die keine Werke haben und keinen Beitrag zum Sozialprodukt leisten: die Kinder und Alten, die Kranken und Süchtigen, die Obdachlosen und Flüchtlinge, die Depressiven und die Scheiternden.

Bei den olympischen Spielen wird in einem großen Staffellauf eine Fackel durch die ganze Welt getragen. Die ganze Welt ist ein Spiel, das Gott veranstaltet. Bei dem Wettspiel Gottes aber soll das Licht der Ewigkeit in die Welt getragen werden. Es gibt keine größere Freude, als wenn ein kleiner Funke davon in dir und in uns allen aufgeht – und wenn du ihn weiterreichen darfst. Du brauchst deshalb nicht wie Paulus durch die ganze Welt zu jagen. Es ist schon viel, wenn du ihn wie ein Staffelläufer an *einen* anderen Menschen weitergibst, damit in einer großen Lichterkette die ganze Welt erfasst wird. Wenn du den Funken für dich zu behalten suchst, verglüht er. Aber wenn du ihn weiterreichst, wird er ein großes Licht. Wo dies Licht hell wird, da ist Gott angekommen in seiner Welt. Da ist er angekommen an der entscheidenden Stelle in der Welt: in deinem und in unseren Herzen.

Und der Friede Gottes, welcher höher ist als alle unsere Vernunft, bewahre unsere Herzen und Sinne in Christo Jesu. Amen.

Diese Predigt wurde am Sonntag, den 1.2.1998, in der Peterskirche in Heidelberg gehalten. Die Zahlen zu den privaten Vermögenswerten in den alten und neuen Bundesländern entnehme ich E. Richter, Vermögenspolitische Aspekte der Ost-West-Spaltung in Deutschland, Evangelische Theologie 57, 1997, 560-566.

Trost ohne Vertröstung
Vom einzigen Trost im Leben und im Sterben

(2 Kor 1,3-7)

Gelobt sei Gott, der Vater unseres Herrn Jesus Christus, der Vater der Barmherzigkeit und Gott allen Trostes, der uns tröstet in aller unserer Trübsal, damit wir auch trösten können, die in allerlei Trübsal sind, mit dem Trost, mit dem wir selber getröstet werden von Gott. Denn wie die Leiden Christi reichlich über uns kommen, so werden wir auch reichlich getröstet durch Christus. Haben wir aber Trübsal, so geschieht es euch zu Trost und Heil. Haben wir Trost, so geschieht es zu eurem Trost, der sich wirksam erweist, wenn ihr mit Geduld dieselben Leiden ertragt, die auch wir leiden. Und unsre Hoffnung steht fest für euch, weil wir wissen: wie ihr an den Leiden teilhabt, so werdet ihr auch am Trost teilhaben.

Was ist ein »Trost«? Was heißt »trösten«? In der Regel ist etwas Trauriges geschehen, und wir versuchen es so zu deuten, dass wir damit leben können. Deswegen liegt oft etwas Trostloses im Trösten! Als wolle man mit Worten Taten ersetzen und durch Deutungen ändern, was doch nicht zu ändern ist. Wie aber kommen wir zu einem Trost, der nicht so trostlos ist? Drei Bilder werden in mir wach, wenn ich danach suche. Ich stelle sie zunächst einfach nebeneinander.

Das erste Bild: Erinnerungen an Kindergeburtstage, besonders an die Spiele. Da gab es Verlierer und Gewinner. Und für die Verlierer hatten die Erwachsenen kleine Trostpreise vorbereitet. Warum? Wir Kleinen sollten lernen, gute Verlierer zu sein. Wir sollten lernen, nicht zu schmollen, wenn die Dinge anders liefen, als wir es wünschten. Und vor allem: wir sollten beim nächsten Spiel wieder mitmachen. Trösten ist eine Bitte an den Mitmenschen, die sagt: Dir ist etwas widerfahren, was dich verletzt und dir zuwider ist – aber bitte, mach weiter mit! Mach weiter mit beim großen Spiel des Lebens. Es gibt da vielleicht doch noch etwas zu gewinnen. Trösten heißt: für die Gemeinschaft gewinnen.

Das zweite Bild: Als ich älter wurde, entdeckte ich bei Johannes Brahms Stücke, die Inbegriff des Trostes sind, vor allem das Deutsche

Requiem. Beim Zuhören betritt man eine andere Welt. An der Schwelle zu ihr hören wir die Seligpreisung der Bergpredigt: »Selig sind, die da leiden, denn sie sollen getröstet werden.« Dann geht es durch düstere Klagen über die Vergänglichkeit bis zu einem Choral, in dem sich musikalisch der Himmel auftut: »Wie lieblich sind deine Wohnungen, Herr Zebaoth.« In diesen Wohnungen erklingt eine warme Sopranstimme, die Stimme des johanneischen Jesus. Sie ruft: »Ihr habt nun Traurigkeit; aber ich will euch wiedersehen, und euer Herz soll sich freuen, und eure Freude soll niemand von euch nehmen.« Diese Frauenstimme verschmilzt mit der Stimme Gottes aus dem dritten Jesajabuch: »Ich will euch trösten, wie einen seine Mutter tröstet.« Diese Musik ist fast zu schön, wäre in ihr nicht auch die ganze Tragik des Lebens festgehalten, in Klage und Protest, Sehnsucht und Trotz, Trotz auch gegen den Tod. Mit gewaltigen Posaunen wird gegen ihn protestiert – mit den Worten des Paulus: »Der Tod ist verschlungen in den Sieg. Tod, wo ist dein Stachel?« Als ich zum ersten Mal diese Musik hörte, war sie mir zu gewaltig, zu schroff, zu wuchtig. Und gerade deshalb ist hier Trost zu finden: Trost auch durch Eintritt in eine andere Welt, in der die Tragik dieser Welt gewaltig, schroff und wuchtig nachklingt, aber ihre Schmerzen auch abklingen und überwunden werden.

Das dritte Bild: Vor einiger Zeit war ich zu Besuch in meiner Heimat, im linksrheinischen Land. Ich schlief in einem Zimmer, das lange einem Ehepaar als Schlafzimmer gedient hatte. Über dem Ehebett war ein Streifen mit der ersten Frage des Heidelberger Katechismus angebracht: »Was ist dein einziger Trost im Leben und im Sterben? Dass ich mit Leib und Seele, im Leben und im Sterben, nicht mein, sondern meines getreuen Heilands Jesu Christi eigen bin.« Unter diesem Spruch wurde hier einmal gelebt, geliebt und geschlafen – mit Leib und Seele. Und der Trost bestand darin, dass Jesus und Gott gegenwärtig waren – und »alles zu meiner Seligkeit dienen muss« (wie es in der ersten Frage des Katechismus weiter heißt). Auch die Freuden der Sexualität gehörten zu dieser Seligkeit und waren in den großen Trost einbezogen.

Das sind drei Vorstellungen, die in mir beim Stichwort »Trost« lebendig werden. Trost erneuert Gemeinschaft, er öffnet eine andere Welt und lässt Gottes Gegenwart erfahren. Versuchen wir diese drei Vorstellungen nun mit dem Bild zu verknüpfen, das Paulus uns bietet. Paulus hat eine Todesgefahr in Ephesus überstanden. Er schreibt:

Denn wir wollen euch, liebe Brüder, nicht verschweigen die Bedrängnis, die uns in der Provinz Asien widerfahren ist, wo wir über die Maßen beschwert waren und über unsere Kraft, so dass wir auch am Leben verzagten.

Genauer muss man mit der Einheitsübersetzung formulieren: »Wir hatten unser Todesurteil schon hingenommen.« Paulus aber war überraschend freigesprochen worden. Diese Freilassung ist sein Trost. Er spricht hier anders vom Trost als wir. Trost bedeutet für ihn nicht, eine Niederlage umzuinterpretieren. Trost bedeutet Rettung vor der Niederlage. Trost vollzieht sich nicht in Worten, sondern ist ein Geschehen. Trost ist das unerwartete Geschenk des Lebens. Trost hat etwas Aktivierendes. Im Griechischen ist das deutlicher als im Deutschen. Das Wort, das für Trösten und Trost gebraucht wird, bedeutet auch »Ermutigung« und »Ermahnung«. Paulus wird weniger getröstet. Er wird ermutigt. Und er will andere ermutigen.

Aber auch die Ermutigung, von der Paulus spricht, hat Beziehungen zu der herkömmlichen Art, von Trost zu sprechen.

Wenn der Apostel über seine Rolle in der Welt spricht, so schreibt er sich die Rolle des Verlierers zu. Nur vor Gott ist er ein Gewinner, ansonsten fühlt er sich wie der letzte Dreck behandelt. Auch in Ephesus. Nicht alle haben in ihm den Apostel gesehen, der um seiner Botschaft willen inhaftiert war. Viele sahen in ihm ein dubioses Element, einen predigenden Landstreicher, einen Kriminellen vielleicht. Und gleichzeitig hatte sich die Korinthergemeinde in einen hässlichen Streit mit ihm verwickelt. Der Freispruch war in dieser Situation mehr als ein Trostpreis. Er hat Paulus erneut glauben lassen, dass es sich lohnt, in dieser Welt zu wirken. Paulus ist wieder für die christliche Gemeinschaft gewonnen. Trost ist auch für ihn *Erneuerung der Gemeinschaft*. Die Bitternis mancher Äußerungen gegenüber den Korinthern ist überwunden. Er ist der sozialste Mensch. Er schmollt nicht mehr. Er trägt nicht nach. Und auch die Gemeinde hat sich mit ihm versöhnt. Paulus ist nicht nur getröstet, er ist ermutigt, weiter aktiv zu bleiben.

Gleichzeitig kennt Paulus auch den Trost als *Eintritt in eine andere Welt*. Er selbst schreibt im 2 Kor davon, wie er einmal in den dritten Himmel entrückt wurde – nicht, um dort überirdische Musik zu hören, sondern unaussprechliche Worte. Aber nicht dort erhält **er** Trost, sondern mitten auf Erden. Mitten im Leiden. Drei Mal hat er den Herrn gebeten, ihn von seinem Leiden, einer Krankheit, zu befreien. Aber er erhält nur eine Antwort: Lass dir an meiner Gnade genügen! Denn meine

Kraft kommt in Schwachheit zur Vollendung. Und nun hat ihn ein Trost wieder mitten im Leben getroffen: Dadurch, dass eine Anklage verworfen, Gefängnistüren geöffnet, Fesseln gelöst wurden. Er wurde nicht darüber hinweg getröstet, dass ihn Fesseln einschnürten – er wurde ermutigt, weil die Fesseln fielen.

Schließlich gilt auch für Paulus: Trost und Ermutigung bezieht er aus der *Nähe Gottes*. Wenn er überraschend freigelassen wurde und überlebte, so spürt er darin Gottes Nähe. Er schreibt: »Das aber geschah, damit wir unser Vertrauen nicht auf uns selbst setzten, sondern auf Gott, der die Toten auferweckt, der uns aus solcher Todesnot errettet hat und erretten wird.« Und diese Nähe wird durch Christus vermittelt. Deswegen schreibt er: »Denn wie die Leiden Christi reichlich über uns kommen, so werden wir auch reichlich getröstet durch Christus.« Auch Paulus könnte über die große Freude seiner Freilassung den Spruch stellen: »Was ist dein einziger Trost im Leben und im Sterben? Dass ich mit Leib und Seele, im Leben und im Sterben nicht mein, sondern meines getreuen Heilandes Jesu Christi eigen bin.« Aber bei ihm klänge es etwas anders: Ich versuche im Sinne des Paulus umzuformulieren: Was ist die entscheidende Ermutigung im Leben und im Sterben? Dass ich im Leben und im Sterben Christus angehöre. Immer wieder wird mein Lebensmut mit Christus gekreuzigt und begraben, und immer wieder wird er durch Gottes Macht mit ihm auferweckt. Durch ihn bin ich verbündet mit einer Macht, die stärker als das Nichts ist – weil sie Schöpfung und Vernichtung, Leben und Sterben in ihren Händen hat. Das ist mehr als ein Trostpreis, das ist der erste Gewinn. Das ist mehr als Entrückung in eine andere Welt. Das ist der Eintritt mitten ins Leben. Das ist wie die Seligkeit der Liebenden: eine unbedingte Ermutigung – zum Leben und zum Sterben.

Und der Friede Gottes, welcher höher ist als alle unsere Vernunft, bewahre eure Herzen und Sinne in Christo Jesu. Amen.

Diese Predigt wurde im Mittwochmorgengottesdienst, am 14.10.1998, in der Heidelberger Peterskirche gehalten.

Zwischen Glück und Klage
Paulus – ein Mensch im Widerspruch

(2 Kor 6,1-10)

Als Mitarbeiter Gottes ermahnen wir euch, dass ihr seine Gnade nicht vergebens empfangt. Denn es heißt: Zur Zeit der Gnade erhöre ich dich, am Tag der Rettung helfe ich dir. Jetzt ist sie da, die Zeit der Gnade, jetzt ist er da, der Tag der Rettung. Niemand geben wir auch nur den geringsten Anstoß, damit unser Dienst nicht getadelt werden kann. In allem erweisen wir uns als Gottes Diener: durch große Standhaftigkeit, in Bedrängnis, in Not, in Angst, unter Schlägen, in Gefängnissen, in Zeiten der Unruhe, unter der Last der Arbeit, in durchwachten Nächten, durch Fasten, durch lautere Gesinnung, durch Erkenntnis, durch Langmut, durch Güte, durch den Heiligen Geist, durch ungeheuchelte Liebe, durch das Wort der Wahrheit, in der Kraft Gottes, mit den Waffen der Gerechtigkeit in der Rechten und in der Linken, bei Ehrung und Schmähung, bei übler Nachrede und bei Lob. Wir gelten als Betrüger und sind doch wahrhaftig; wir werden verkannt und doch anerkannt; wir sind wie Sterbende, und seht: wir leben; wir werden gezüchtigt und doch nicht getötet; uns wird Leid zugefügt und doch sind wir jederzeit fröhlich; wir sind arm und machen doch viele reich; wir haben nichts und haben doch alles.
(Einheitsübersetzung)

Wenn man Briefe von einem unbekannten Absender liest, macht man sich unwillkürlich eine Vorstellung von dem Menschen hinter den Worten. Bei den Briefen des Paulus entstehen dabei vor meinen inneren Augen zwei Menschen, die einander widersprechen. Das gilt besonders von Texten wie unserem Predigttext, in denen Paulus sein Herz weit auftut.

Der erste Paulus gehört zu jenen Menschen, die in allen Frustrationen des Lebens ein Licht ausstrahlen. Dass von Kleinkindern so eine Wärmewelle ausgeht, kennen wir alle. Auch bei jungen Menschen ist es kein Wunder. Sie sind noch unverbraucht. Ich denke aber vor allem an Menschen, die das Leben mitgenommen hat, die langanhaltenden Belastungen in der Arbeit, gescheiterte Pläne und Enttäuschungen mit Menschen und Partnern hinter sich haben – und die trotzdem ein warmes Licht ausstrahlen. Sie haben den Schattendämon unseres Lebens, den

Frust, verbannt und vertreiben ihn, wo immer sie erscheinen. Wenn sie das Zimmer betreten, wird es hell. War Paulus so ein Mensch, der immer strahlte – auch in Trübsalen, Nöten und Ängsten? Davon spricht er als erstes! Hielt er das alles auch als Opfer von Gewalt durch? Bei Schlägen, Gefangenschaften und Tumulten? Das nennt er als zweites! Verlor er diese Ausstrahlungskraft auch nicht bei Mühen, durchwachten Nächten und Fasten, bei all dem, was er sich selbst aufbürdete? Das nennt er als drittes! Und starb deshalb das Gute in ihm nicht aus, weil er sich seiner Lauterkeit und Toleranz gegenüber Mitmenschen ganz sicher war? All das schreibt sich Paulus nämlich an vierter Stelle zu! Es gibt zweifellos solche wunderbaren Menschen, Gefäße des heiligen Geistes, die sich nicht runterziehen lassen, wenn das Leben drückt und lastet. Solche Menschen tun einem gut. Man freut sich, wenn sie in das eigene Leben treten, auch wenn man sie nicht für sich ausnutzen möchte. Sie sollen für andere da sein. Andere brauchen sie oft noch viel mehr!

Aber wenn ich weiter lese, tritt ein anderer Paulus vor meine Augen: einer mit Waffen zur Rechten und zur Linken, ein Paulus, der immer zu Angriff und Verteidigung bereit ist. Ständig fühlt er sich angegriffen und bedroht. Die Welt ist feindlich; er ist der lauterste Mensch. Trotzdem wird er verachtet, muss er boshaften Tratsch über sich ertragen. Manche halten ihn für einen Betrüger. Viele wollen ihn nicht kennen. Dass er noch lebt, ist ein Wunder. Wenn er fröhlich ist, so ist seine Freude eine Insel in einem Meer von Traurigkeit. Vor mir steht ein Menschentyp, der sensibel auf die Bosheiten der Welt reagiert. Er ist dadurch traurig geworden und seine Worte haben einen klagenden Ton. Auch solche Menschen sprechen mich stark an. Sie sind wie Engel mit Flügelschaden. Die unvermeidlichen Püffe im Leben überfordern ihr liebes Wesen. Ich erlebe solche Menschen als Herausforderung an meine Güte. Man möchte zu ihnen gehen und ihnen versichern, dass die Welt nicht ganz so schlimm ist. Dass wir Menschen zwar hart und böse sind, aber auch ermutigen und trösten können. Da man diesen Engeln mit beschädigten Flügel nicht den Weg zum Himmel zeigen kann, dorthin, wo alle genauso lieb sind wie sie, möchte man wenigstens dazu beitragen, dass sie sich auf der Erde zu Hause fühlen. War Paulus solch ein sensibler Mensch?

Warum entstehen diese gegensätzlichen Bilder von Paulus in mir? Der Grund liegt bei Paulus. Er hat einen Widerspruch in sich. Er versichert zunächst: Wir geben niemandem Anstoß! Und dann spricht er von Schande, böser Nachrede, Verleumdung. Da sagt sich jeder mit gesundem Menschenverstand: Dieser Paulus muss viel Anstoß gegeben haben! Und dazu kommt der zweite Widerspruch: Paulus will einen Tag des Heils verkünden. Heute und jetzt ist die willkommene Zeit, heute ist der Tag des Heils. Und dann kommt eine ergreifende Klage, wie schlecht es ihm in dieser Zeit des Heils geht! Warum sendet er so widersprüchliche Signale? Warum zuerst der Posaunenstoß: Jetzt ist der Tag des Heils – und danach die Trauermusik zum Thema: Es ist ja alles so schwierig.

Die Korinther haben ihn wahrscheinlich gut verstanden. Denn vieles zielt auf sie. Paulus schreibt ihnen nach einem großen Streit. Er sagt auf liebenswürdige Weise, ohne sie zu kritisieren: Euch gegenüber musste ich mich verteidigen – mit Angriffs- und Verteidigungswaffen. Ihr habt mich in meiner Ehre gekränkt, ihr habt schlimme Gerüchte über mich in die Welt gesetzt, ich sei ein Betrüger und Verführer. Ich war in Ephesus schon halb tot und erwartete mein Todesurteil. Und ausgerechnet in dieser Situation macht ihr mir das Leben schwer – »als Sterbende, und siehe, wir leben, als Gezüchtigte und doch wurden wir nicht getötet, als jemand, den ihr sehr traurig gemacht habt.« Aber seht: Ich bin trotzdem noch immer fröhlich. Ich predige nicht nur die Versöhnung der Welt, sondern will mich mit euch versöhnen, die ihr mir einmal den Krieg erklärt hattet! Die Korinther waren wirklich hässlich zu Paulus. Paulus aber will ein Modell dafür sein, wie man solche Konflikte bewältigt.

Die Widersprüche in den Aussagen des Paulus entstehen dadurch, dass er zwei sich widersprechende Botschaften vermitteln will: einmal die Botschaft: Ich bin zutiefst verletzt, und zweitens die Botschaft: Ich bin der versöhnlichste Mensch. Er ringt sich von Verletztheit zur Versöhnung durch. Das macht ihn sympathisch.

Paulus sagt aber nicht nur etwas über sich als Menschen, sondern er spricht als Apostel – als Vertreter der Kirche, der eine Botschaft ausrichtet. Was ihm geschah, geschieht der Kirche bis heute: Sie hat die besten Absichten, will das Evangelium von Versöhnung und Frieden verbreiten, aber sie scheitert. Was gibt es nicht alles an übler Nachrede gegen sie. Eine Verführerin und Betrügerin sei sie. Volksverdummung für die Fußkranken der modernen Gesellschaft. Insgeheim lebe in ihr noch immer viel fanatische Potenz. Für manche Zeitgenossen ist sonnenklar: Christen würden, wenn sie nicht durch bürgerliche Gesetze daran gehindert würden, Kreuzzüge machen, Gegner verbrennen und fundamentalistischen Terror ausüben. Wenn sie heute moderater geworden sind, so nur, weil ihr Glauben nicht mehr die Glaubensstärke alter Tage hat. Der humane und dialogfähige Glaube sei eine Schwundstufe des Glaubens. Der echte Glaube sei immer fanatisch. Ich war ziemlich verblüfft, wie viele pauschale Unterstellungen der religiös motivierte Terror vom 11. September freigelegt hat.

Soll man sich darüber ärgern? Nein! Machen wir es wie Paulus. Versöhnung gilt auch den Menschen, die sich nicht mit uns versöhnen. Es erklären viele das Christentum für eine aussterbende Sache. Sagen wir mit Paulus: Wir gelten als tot – und siehe wir leben! Es sagen viele, das Christentum hat versagt. Sagen wir mit Paulus: Wir bezahlen mit Glaubwürdigkeitsverlust, wo das Christentum mit den Mächtigen kungelt und keinen Widerstand leistet. Wir sind dafür gestraft, aber deshalb nicht tot.

Und trotzdem gilt: Siehe, heute ist die willkommene Zeit! Nicht erst, wenn die große Erweckung ausbricht! Sondern heute, wo die Verkündigung oft ohne Kraft ist, wo viele Pastoren geistlich erloschen sind, wo den Theologieprofessoren nicht viel Überzeugendes einfällt und die Kirchenleute deshalb so optimistisch sind, weil das ohnehin ihre Berufspflicht ist. Trotzdem gilt: Nicht gestern war die angenehme Zeit für uns, nicht zur Zeit der Reformation oder der theologischen Erneuerung in der Krisenzeit des letzten Jahrhunderts. Heute ist die angenehme Zeit. Denn vor Gott ist ständig heute. Dass Menschen durch seinen Ruf getroffen werden und ein Funke Ewigkeit in ihr Herz fällt, ist heute so wertvoll wie gestern und morgen. Wenn Gott das Herz eines Menschen berührt und sein Geist in ihm wohnen möchte, dann hat die Weltgeschichte ihr Ziel gefunden. Alles, was früher war, kann diesen Augenblick nicht übertreffen. Alles, was kommen wird, kann ihn nicht vermindern. Dieser Augenblick geschieht überall, wo Gott will – auch in einer Zeit, in der Kirche und Religion keine Hochkonjunktur haben. Tiefkonjunkturen nennt man auch Depressionen, und sie können tatsächlich Depressionen auslösen. Aber gerade deshalb sollte die Kirche sich das Motto des Paulus ins Herz schreiben:

Wir leben – als betrübte, aber allzeit fröhlich, als geistlich Arme, die aber viele nach wie vor reich machen können, als solche, die nichts haben und doch alles besitzen.

Dazu brauchen wir Menschen, die das verkörpern. Wunderbare Menschen, von denen ein warmes Licht ausgeht, finden sich unter Christen immer wieder. Aber auch traurige Menschen, die trotz allem den Weg zum Leben finden, auch wenn sie eigentlich für eine bessere Welt gemacht sind. Und die vielen anderen. Keiner kann sich seinen Charakter und seine Grundstimmung auswählen. Aber in jeden Menschen, gleichgültig in welcher Grundstimmung er lebt, kann etwas von dem Licht des Evangeliums dringen und ihn mit Frieden erfüllen.

Dieser Friede Gottes, welcher höher ist als alle unsere Vernunft, bewahre unsere Herzen und Sinne in Jesus Christus.

Diese Predigt wurde am 16.1.2002 im Mittwochmorgengottesdienst der Peterskirche gehalten. Sie nimmt Bezug auf die Bewertung der Religion als fanatische Motivationskraft, die durch den Anschlag auf das World-Trade-Center am 11. September 2001 weit verbreitet wurde.

Die Verwandlung des Paulus
und die Bekehrungskultur der modernen Welt

(Phil 3,1-16)

Weiter, liebe Brüder: Freut euch in dem Herrn! Dass ich euch immer dasselbe schreibe, verdrießt mich nicht und macht euch um so gewisser. Nehmt euch in acht vor den Hunden, nehmt euch in Acht vor den böswilligen Arbeitern, nehmt euch in Acht vor der Zerschneidung! Denn wir sind die Beschneidung, die wir im Geist Gottes dienen und uns Christi Jesu rühmen und uns nicht verlassen auf Fleisch, obwohl ich mich auch des Fleisches rühmen könnte. Wenn ein anderer meint, er könne sich auf Fleisch verlassen, so könnte ich es viel mehr, der ich am achten Tag beschnitten bin, aus dem Volk Israel, vom Stamm Benjamin, ein Hebräer von Hebräern, nach dem Gesetz ein Pharisäer, nach dem Eifer ein Verfolger der Gemeinde, nach der Gerechtigkeit, die das Gesetz fordert, untadelig gewesen. Aber was mir Gewinn war, das habe ich um Christi willen für Schaden erachtet. Ja, ich erachte es noch alles für Schaden gegenüber der überschwänglichen Erkenntnis Christi Jesu, meines Herrn. Um seinetwillen ist mir das alles ein Schaden geworden und ich erachte es für Dreck, damit ich Christus gewinne und in ihm gefunden werde, dass ich nicht habe meine Gerechtigkeit, die aus dem Gesetz kommt, sondern die durch den Glauben an Christus kommt, nämlich die Gerechtigkeit, die von Gott dem Glauben zugerechnet wird. Ihn möchte ich erkennen und die Kraft seiner Auferstehung und die Gemeinschaft seiner Leiden und so seinem Tode gleichgestaltet werden, damit ich gelange zur Auferstehung von den Toten. Nicht, dass ich es schon ergriffen habe oder vollkommen sei; ich jage ihm aber nach, ob ich's wohl ergreifen könnte, weil ich von Christus Jesus ergriffen bin. Meine Brüder, ich schätze mich selbst noch nicht so ein, dass ich's ergriffen habe. Eins aber sage ich: Ich vergesse, was dahinten ist, und strecke mich aus nach dem, was da vorne ist, und jage nach dem vorgesteckten Ziel, dem Siegespreis der himmlischen Berufung Gottes in Christus Jesus. Wie viele nun von uns vollkommen sind, die lasst uns so gesinnt sein. Und solltet ihr in einem Stück anders denken, so wird euch Gott auch das offenbaren. Nur, was wir schon erreicht haben, darin lasst uns auch leben.

»Bekehrung« ist ein großes Wort wie Gott, Glaube und Gnade. Manche meinen, diese Wörter seien verbraucht. Aber große Wörter überleben ihre Abwertung. Bekehrung gehört zu diesen vitalen Worten. Es meint die umfassende Korrektur des Lebens durch Konfrontation mit Gott. Davon handelt unser Text. In diesem Text wird formuliert, was bis heute zum Programm unserer Kultur gehört. Denn wir leben in einer intensiven Bekehrungskultur. Diese These darf ich mit drei modernen Bekehrungsanalogien untermauern.

Die erste Analogie ist die *Wissenschaft*. Wissenschaft besteht darin, Erkenntnisse immer wieder mit der Wirklichkeit zu konfrontieren und zu korrigieren. Wissenschaftliches Denken ist ständige Umkehr im Denken. Manchmal müssen nicht nur einzelne Theorien korrigiert werden, sondern die Grundvoraussetzungen eines Faches. Junge Wissenschaftler träumen davon, solche »Paradigmenwechsel« herbeizuführen und damit ihr Fach zu bekehren. Selbst kleinste Ideen werden heute gerne zu Paradigmenwechsel hochstilisiert. Das wirkt albern und peinlich. Warum? Weil Wissenschaftler nicht weniger bekehrungssüchtig sind als Volksmissionare. Und weil die Wissenschaft genau so bekehrungsunwillig ist wie der Alltagsmensch. Deshalb geben wir dem einen Nobelpreis, dem die Bekehrung des Denkens gelingt! Umkehr und Bekehrung im religiösen Sinne sind mehr als solche Korrekturen des Denkens, sie sind Korrekturen des Lebens, ein Paradigmenwechsel der ganzen Existenz, bei dem die Basis unseres Verhaltens, Fühlens und Wollens verändert wird. Paulus verspricht dafür keinen Nobelpreis, wohl aber einen Siegespreis. Den Siegespreis eines Rufes von oben.

Meine zweite Analogie ist unsere *Emanzipationskultur*. Wir alle kennen Bekehrungsgeschichten nach folgendem Muster. Unwissend wuchs ich als Kind in diese Welt hinein – fest in den Händen der Eltern, Erzieher, der Lehrer und Pastoren. Ich saugte in mich, was sie erzählten. Ich übernahm, was sie für richtig hielten. Ich wusste nicht, dass ich in den Händen dunkler Mächte war, die mich meiner Selbstbestimmung beraubten. Dann aber kam der Augenblick, wo ich diese Fesseln erkannte – und mit einem Ruck machte ich mich frei. Ich legte die Vorurteile meiner Jugend ab. Ich befreite mich vom Aberglauben der Religion. Solche Bekehrungsgeschichten gibt es in Hülle und Fülle. Die Inhalte sind variabel. Die einen wurden marxistisch erleuchtet, die anderen erlebten den Durchbruch ihrer Lebenslust, die dritten rebellierten gegen das Patriarchat, die vierten packte das Entsetzen über die ungleiche Verteilung der Lebenschancen. Wer wollte bestreiten, dass sich in solchen Bekehrungsgeschichten jeweils eine Wahrheit durchsetzt? Wer wollte bestreiten, dass unsere Kultur ärmer wäre ohne sie? Das gilt auch dann, wenn manche dieser Bekehrungsgeschichten konstruiert sind. Erscheinen die finsteren Mächte der Vergangenheit nicht oft noch finsterer, als sie in Wirklichkeit waren? Manche moderne Bekehrte sind unversöhnt mit sich und ihrer Vergangenheit! Und das tut weh. Aber unbestreitbar ist: In solchen persönlichen Bekehrungsgeschichten vollzieht sich ein Exodus aus abhängig machenden Mächten. Auch wenn er immer wieder misslingt – er ist das Programm unserer Kultur. Wir leben in einer intensiven Bekehrungskultur. Und was uns in ihr irritiert, das große Maß an Aggressivität gegen die repressiven Mächte der Vergangenheit, das finden wir auch bei Paulus. Ist er denn fair gegenüber dem Judentum seiner Frühzeit, wenn er ausruft: »Seht euch vor den Hunden vor, vor den böswilligen Arbeitern, vor der Zerschneidung?« Ist es nicht eine schlimme Entgleisung, die Beschneidung mit Kastration zu assoziieren? Oder für Dreck und Mist zu erklären, was er einst für wert gehalten hatte? Paulus benutzt dieselbe Fäkalsprache wie die 68er Generation, die sich durch das Wörtchen »Scheiße« etwas Realitätsnähe suggerierte. Und trotzdem gilt: Paulus hat in seiner Bekehrung eine Wahrheit entdeckt. Wir leben noch immer in der von ihm geprägten Bekehrungskultur.

Meine dritte Analogie ist unsere *therapeutische Kultur*. Vielen Menschen geht es nur darum, von Problemen nicht erdrückt zu werden – frei zu werden von Phobien und Zwängen, Depressionen und dem Verlust der Impulskontrolle. In diesem Jahrhundert entstanden wertvolle Programme, um psychisches Leiden zu reduzieren. Unsere psychotherapeutische Kultur ist von einem Pathos der Veränderung geprägt. Sie sagt, auch wenn sich Ehepartner zerstreiten – Paartherapie ist möglich, wenn beide wollen. Sie verspricht, wenn Menschen vor Angst unfrei werden – Phobien sind kein Schicksal. Sie verheißt, wenn der Zwang, immer perfekt oder unschuldig sein zu müssen, Menschen ruiniert – man kann sich von solchen Zwangsvorstellungen befreien! Diese Veränderungen setzen Hilfe voraus, eine vertrauensvolle Beziehung zum Therapeuten, eine Gemeinschaft. Und darin liegt eine Analogie zur religiösen Bekehrung. Denn auch die geschieht nicht durch Selbstbefreiung, sondern durch die Gemeinschaft mit Jesus Christus, wie Paulus sagt.

Kein Zweifel: Wissenschaft, Emanzipation und Psychotherapie bilden ein bekehrungsintensives Milieu. Wir alle suchen nach einer Verwandlung unseres Lebens. Wir sehnen uns nach ihr. Wenn die Suche nach Bekehrung charakteristisch für den Pietismus ist, so ist unsere Kultur säkularisierter Pietismus. Manchmal denke ich, die moderne Welt ist fast zu bekehrungsintensiv. Manchmal möchte ich, sie hätte mehr Geduld mit dem alten Adam. Dem pietistischen Eifer für die Bekehrung kann man sich heute leicht entziehen, weniger leicht der säkularen Bekehrungswut.

Was aber unterscheidet die Bekehrung des Paulus von all diesen säkularen Bekehrungen? Ich möchte es deutlich machen, indem ich seine Bekehrung mit drei Bekehrungsskripten vergleiche:

Das *erste Bekehrungsskript* könnte so lauten: Ich wuchs auf und wandelte die Straße der Strebsamkeit. Ich übertraf meine Zeitgenossen durch Karriere und Erfolg. Aber ich war von der Angst besessen, es nicht schaffen zu können. Ein Druck lastete auf mir. Ich konnte nicht mehr schlafen – psychosomatische Schleifspuren, meinte mein Arzt. Ich fing an zu trinken – evasive Vermeidungsreaktionen diagnostizierte ein Psychologe. Das Programm der Strebsamkeit lastete auf meinem Leben. Und dann klappte ich zusammen. Ich litt unter der Krankheit wie ein Hund, vor allem, weil ich durch sie weit hinter die anderen zurückfiel. Aber da erkannte ich auf einmal: Diese Krankheit ist eine Botschaft. Sie ruft: Du musst dein Leben ändern! Du musst dich frei machen vom Zwang der Strebsamkeit. Ich warf meine Lebensziele über Bord, und seitdem schlafe ich wieder. Ich trinke nicht mehr. Ich komme besser mit mir und meinen Nächsten aus. Ich habe akzeptiert, das ich nicht gesund bin. Ich lebe in Gemeinschaft mit meinen Leiden – und spüre gerade dadurch Kraft zu einem neuen Leben. Ich bin eins mit mir.

Dies Bekehrungsskript klingt ein wenig nach Paulus. Aber es gibt einen Unterschied. Was sagt Paulus von seiner Zeit vor der Wende? Er sagt, dass er untadelig nach dem Gesetz war. Er litt nicht darunter, dass er auf der Straße der Strebsamkeit nicht weit genug gekommen war. Im Gegenteil, er hatte alle anderen überholt. Er war in seinen Augen perfekt. Und was sagt er über die Zeit nach seiner Bekehrung? Er betont: »Nicht dass ich's schon ergriffen habe oder schon vollkommen sei; ich jage ihm aber nach, ob ich's wohl ergreifen könnte.« Vor der Bekehrung war er vollkommen. Nachher gesteht er sich seine Unvollkommenheit ein. Bei Paulus liegt eine Bekehrung von Vollkommenheit zur Unvollkommenheit vor: von einem Leben, das zufrieden mit sich war, zu einem Leben, in das eine große Unruhe gekommen ist.

Ein *zweites Bekehrungsskript* könnte so lauten. Ich war das kleinste unter den Geschwistern. Ich zog immer den Kürzeren. Dann kam ich in den Kindergarten. Und da nahmen mir die älteren Kinder das Spielzeug weg. Dann kam ich in die Schule. Da sagte die Lehrerin: Hat auch unser Dummerchen es kapiert? Dann kam das Dummerchen aufs Gymnasium. Da sagte der Französischlehrer »Tu parles comme une vache espagnole!« »Du sprichst wie eine spanische Kuh«. Und ich durfte vor der Klasse vormachen, wie man die Nasale falsch ausspricht. Aber eines Tages, als er wieder sagte: »Tu parles comme une vache espagnole«, antwortete ich: »Et tu parles comme une vache allemande.« Die Klasse tobte. Ich hatte moralisch einen Volltreffer gelandet. Dafür bekam ich einen Eintrag ins Klassenbuch und wurde zum Direktor zitiert. Als ich meine Story erzählte, wurde er nachdenklich und sagte: Hier ist etwas schief gegangen. Und dann wurde auch der Französischlehrer zitiert. Und zum nächsten Schuljahr bekamen wir einen neuen Lehrer. Seitdem habe ich gelernt, mich zu wehren. Ich habe mit Frechheit meine Seele gerettet. Ich entdeckte, dass auch ich stark war, dass ich mich mit Erfolg wehren kann.

Ich hoffe, dass es immer wieder solche Bekehrungen geben wird – das Erwachen von Widerstand gegen herabsetzendes Verhalten. Ein Aufbegehren des Opfers gegen seine Peiniger. Aber bei Paulus liegt ein anderes Skript vor. War Paulus vor seiner Bekehrung etwa ein Opfer? Ein Gejagter? Im Gegenteil: Er gehörte zu den Wölfen, nicht zu den Lämmern. Er verfolgte die ersten Christen. Und worin bestand seine Bekehrung? Sie bestand darin, dass er die Gemeinschaft mit den Opfern suchte: die Gemeinschaft mit den Leiden Christi. Er war überzeugt, dass er in dieser Gemeinschaft eine viel größere Kraft erfuhr: die Kraft dessen, der Tote erwecken und aus dem Nichts erschaffen kann, der auch inhumane Verfolger umdrehen kann, so dass sie sich mit ihren Opfern solidarisieren.

Bei Paulus faszinieren mich diese beiden Merkmale seiner Bekehrung: Es ist eine Bekehrung von Vollkommenheit zur Unvollkommenheit und vom Verfolger zu den Verfolgten. Paulus ist ein religiöser Fundamentalist gewesen, der eine abweichende Minorität unter Druck setzte. Wenn wir heute überall auf der Welt solchen Fundamentalisten begegnen, sollten wir uns an ihn erinnern: Auch sie können sich bekehren. Auch Verfolger können zur Einsicht kommen. Haben wir nicht in unserem eigenen Volk erlebt, dass dieselbe Generation, die in unvorstellbare Gräueltaten im dritten Reich verstrickt war, nach dem Krieg eine zivile Gesellschaft aufbaute? Gewiss war die Bekehrung der Deutschen unzulänglich. Der Protest gegen die »Moralkeule« der Schuld ist bis in die Gegenwart oft lautstärker als der Widerspruch gegen ihre Verdrängung. Und dennoch ist es für mich ein Wunder: Dieselbe Generation, die den zweiten Weltkrieg auf dem Gewissen hat, sie war auch zu anderem fähig. Zu ihr gehört auch ein Politiker, der in Warschau niederkniete und damit mehr Versöhnung nach innen und außen bewirkte als mit vielen Reden. Mir geht in diesen Tagen oft unsere Vergangenheit durch den Kopf. Auch die Völker, die sich auf dem Balkan mit unsäglichem Terror und Massakern vertreiben, auch sie können wieder eine zivile Gesellschaft aufbauen. Auch sie können umkehren. Auch sie können vom Saulus zum Paulus werden. Und auch wir müssen vielleicht umkehren – von einer Strategie der Bomben zur Politik. Mit jeder Bombe, die Flüchtlinge trifft, werden unsere humanitären Ziele ad absurdum geführt. Wir alle brauchen mehr »Bekehrungskultur«. Keiner gehört zu den Gerechten. Und es gibt keine Lösung, bei der man ohne Schuld bleibt.

Mit all dem haben wir noch nicht erfasst, worauf es Paulus an erster Stelle ankommt: auf die Erkenntnis Jesu Christi. Was hat er durch ihn erkannt? Er beschreibt seine Erkenntnis erstens als Verzicht auf seine eigene Gerechtigkeit und zweitens als Gemeinschaft mit den Leiden Christi und der Kraft seiner Auferstehung.

Dazu ein *letztes Bekehrungsskript*: Wir alle wachsen mit einem ursprünglichen Vertrauen ins Leben auf. Bevor wir das Leben durch Gedanken rechtfertigen, haben wir erlebt: Es ist in Ordnung. Mit diesem Grundvertrauen reagieren wir auf die Liebe unserer Eltern. Mutter und Vater haben uns signalisiert: Es ist gut, dass es dich gibt. Aber im späteren Leben bleibt niemandem erspart, dass dies Vertrauen zusammenbricht. Unser Mut zum Leben wird gekreuzigt. Durch persönliches Versagen und Schuld, durch zerrüttete Beziehungen, durch scheiternde Hoffnungen, durch Unrechtserfahrungen. Spätestens die Konfrontation mit dem Sterben erschüttert das Vertrauen, alles sei irgendwie gut. Nein, es ist überhaupt nicht gut, dass manche so früh sterben. An der Universität leben immer auch Menschen unter uns, die sich auf den Tod vorbereiten. Junge Menschen. Sie leben unter vielen anderen Menschen, für die der Gedanke an den Tod noch fern liegt. Es ist gar nicht gut, dass sie davon müssen. Was sollen wir erst zu den vielen Menschen sagen, die anderswo in der Welt vertrieben und verjagt, gedemütigt und vergewaltigt, terrorisiert und traumatisiert werden?

Ich bin überzeugt, dass Nihilismus eine realistische Weise ist, die Welt zu sehen. Die Einsicht, dass alles nichtig ist, dass nichts sicher und nichts verlässlich ist, ist keine intellektuelle Mode. Es ist eine Realität.

Aber wenn alles in der Welt als Grund unseres Lebensmutes zusammenbricht und wir allein mit uns sind, dann sind wir allein mit Gott. Vor Gott oder vor das Nichts gestellt zu sein – das ist dasselbe. Gott ist die Kraft, die aus dem Nichts schafft. Wo wir trotz allem Ja zum Leben sagen, ohne zu wissen warum, ohne begründen zu können warum, ohne rechtfertigen zu können warum – da hat uns seine Kraft erfasst. Diese Kraft ist Paulus in der Begegnung mit Jesus aufgegangen. Es ist eine Kraft, die stärker ist als der Tod. Er erkannte in ihr die Stimme dessen, der einmal gesprochen hat: Es werde Licht, und es ward Licht. Er erfuhr sie als Protest gegen das von Menschen verursachte Leiden des Gekreuzigten – gegen Folter und Entehrung, gegen die Zerstörung menschlicher Anerkennung und Würde. All dem hatte Paulus einmal zugestimmt. Jetzt aber packte ihn der Protest dagegen als Kraft der Auferstehung. In ihr wollte er für immer geborgen sein, nach ihr sehnte er sich, von ihr wollte er nie mehr getrennt sein.

Und warum ist das ein Tausch der eigenen Gerechtigkeit gegen die Gerechtigkeit Gottes? Gerecht sein heißt: Anerkanntsein. Paulus war auf der Jagd nach Anerkennung durch andere Menschen gewesen. Er wollte mehr Anerkennung finden als andere. Jetzt aber identifizierte er sich mit dem Gekreuzigten, dem die Menschen alle Anerkennung entzogen hatten. Jetzt wurde er durch die Gemeinschaft mit ihm zu einem »Verfluchten« und zum »abschreckenden Beispiel«, zum »Abschaum aller«. Gemeinschaft mit den Leiden Christi – das hieß für Paulus, die Rolle dessen übernehmen, der keine Chance hat, aufrichtig anerkannt zu werden.

Und warum konnte er diese Rolle übernehmen? Er war jetzt frei, auf die Anerkennung durch Menschen zu verzichten, weil er eine unbedingte Anerkennung gefunden hatte, die er nicht verdient hatte: die Anerkennung Gottes. Er hatte das Größte erfahren, was ein Mensch erfahren kann: Dass Gott ihn ohne Bedingungen anerkennt. Deswegen konnte er sich zu seiner Unvollkommenheit bekehren. Deswegen konnte er sich zu seinen Opfern bekehren. Mit Christus war gekreuzigt, was ihm einst Anerkennung verschafft hatte. Mit ihm war auferstanden, was Anerkennung fand bei Gott – unabhängig von allen Menschen. Mit Christus war sein Lebensmut gekreuzigt worden und mit ihm sein Leben aus dem Nichts neu erweckt worden.

Diese Kraft, die aus dem Nichts schafft,
möge euch im Leben dem Nichts entreißen.

Dies Licht, das die Finsternis erleuchtet,
möge in euren Herzen aufgehen.

Dies Wort, das ins Leben führt und aus dem Leben ruft,
möge euer Trost sein – im Leben und im Sterben.

Und der Friede Gottes, welcher höher ist als alle unsere Vernunft, bewahre eure Herzen und Sinne in Christo Jesu. Amen

Diese Predigt wurde am 16.5.1999 in der Peterskirche gehalten. Der Kosovokrieg war in diesem Jahr ausgebrochen und noch im Gange. Sie nimmt auf den Kniefall des Bundeskanzlers Willy Brandt im Warschauer Ghetto 1970 Bezug. Am 11.10.1998 hatte der Schriftsteller Martin Walser bei der Verleihung des Friedenspreises des Deutschen Buchhandels eine Rede gehalten, in der der Umgang der Deutschen mit dem Unrecht des Nationalsozialismus wegen einer ritualisierten Erinnerungskultur kritisiert wurde. Dabei prägte er den unglückseligen Begriff von der »Moralkeule Auschwitz«. Frei von primärem Antisemitismus gab er damit einem sekundären Antisemitismus Auftrieb, der sich nicht gegen Juden wendet, sondern dagegen, dass das Unrecht an ihnen in der Gegenwart mit moralischer Aggression immer wieder thematisiert wird. Diese Rede wurde von vielen nicht als Antwort auf berechtigte Probleme unserer Erinnerungskultur erlebt, sondern als Teil des Problems selbst.

Der ferne und der nahe Gott
Theologische Fragen einer Juristin

(Hebr 4,14-5,9)

Weil wir denn einen großen Hohenpriester haben, Jesus, den Sohn Gottes, der die Himmel durchschritten hat, so lasst uns festhalten an dem Bekenntnis. Denn wir haben nicht einen Hohenpriester, der nicht könnte mit leiden mit unserer Schwachheit, sondern der versucht worden ist in allem wie wir, doch ohne Sünde. Darum lasst uns hinzutreten mit Zuversicht zu dem Thron der Gnade, damit wir Barmherzigkeit empfangen und Gnade finden zu der Zeit, wenn wir Hilfe nötig haben. Denn jeder Hohepriester, der von den Menschen genommen wird, der wird eingesetzt für die Menschen zum Dienst vor Gott, damit er Gaben und Opfer darbringe für die Sünden. Er kann mitfühlen mit denen, die unwissend sind und irren, weil er auch selber Schwachheit an sich trägt. Darum muss er, wie für das Volk, so auch für sich selbst opfern für die Sünden. Und niemand nimmt sich selbst die hohepriesterliche Würde, sondern er wird von Gott berufen wie auch Aaron. So hat auch Christus sich nicht selbst die Ehre beigelegt, Hoherpriester zu werden, sondern der, der zu ihm gesagt hat: »Du bist mein Sohn, heute habe ich dich gezeugt.« Wie er auch an anderer Stelle spricht: »Du bist ein Priester in Ewigkeit nach der Ordnung Melchisedeks.« Und er hat in den Tagen seines irdischen Lebens Bitten und Flehen mit lautem Schreien und mit Tränen dem dargebracht, der ihn vom Tod erretten konnte; und er ist auch erhört worden, weil er Gott in Ehren hielt. So hat er, obwohl er Gottes Sohn war, doch an dem, was er litt, Gehorsam gelernt. Und als er vollendet war, ist er für alle, die ihm gehorsam sind, der Urheber des ewigen Heils geworden.

Unser Predigttext antwortet auf die Frage: Was befähigt Jesus dazu, Zugang zu Gott zu schaffen? Was macht ihn zu einem guten Priester? Der Text nennt eine Voraussetzung: Mitgefühl mit den Menschen. Und er macht dabei einen feinen Unterschied. Er spricht einerseits von »Sympathie« mit den Schwachen. In Sympathie steckt das Wort »pathos«, das sowohl Leiden als auch Leidenschaft bedeutet. Wer Vermittler zu Gott sein will, muss Mit-Leidenschaft für die anderen haben. Andererseits spricht er von einer Grenze solcher Sympathie. Menschen, auch leidende Menschen können anstrengend sein. Sympathie wird dann zur Antipathie. Der Text spricht deshalb von der Mitte zwischen

Sympathie und Antipathie: von der »Metriopathie«. Darin steckt unser Wort »Meter« und »Maß«. Gemeint ist die maßvolle Einschränkung der Leidenschaft.

Man kann sagen: Der Hebräerbrief definiert einen Priester ohne Helfersyndrom, einen, der nicht von seinen leidenden Mitmenschen ausgezehrt wird. Der Priester und Helfer muss Sympathie für andere haben – und zugleich mit seiner Antipathie gegen sie umgehen können. Wodurch hat nun Jesus beides gelernt? Unser Text sagt: Er hat es durch »Leiden« gelernt. Ich lese die entscheidenden Sätze noch einmal vor:

Und er hat in den Tagen seines irdischen Lebens Bitten und Flehen mit lautem Schreien und mit Tränen dem dargebracht, der ihn vom Tod erretten konnte; und er ist auch erhört worden, weil er Gott in Ehren hielt. So hat er, obwohl er Gottes Sohn war, doch an dem, was er litt, Gehorsam gelernt.

Der Text benutzt eine geläufige antike Weisheit: Leiden ist Lernen, Lernen ist Leiden. So ähnlich kann man das Wortspiel im Griechischen wiedergeben: pathos mathos. Die Schule des Leidens bestand für Jesus in Bitten und Flehen, Schreien und Tränen. Wer sie aus eigener Erfahrung kennt, weiß, wie es in einem wirklich Leidenden aussieht. Er ist zur Sympathie, zum Mit-Leiden, fähig. Er hat aber auch Verständnis dafür, dass Menschen in Krisen schwierig werden können. Er weiß, dass solch schwierige Menschen Antipathien hervorrufen. Und er weiß sie zu begrenzen.

Als ich in den vergangenen Tagen diesen Predigttext in mir herumtrug, verband er sich mit Texten, die ich gleichzeitig las: mit Gedichten und Gebeten der Kölner Juristin Carola Moosbach. Es sind Texte, die von ihrer Auseinandersetzung mit einer schrecklichen Kindheit und Jugend zeugen – geprägt durch Missbrauch und Vergewaltigung. Carola Moosbach hat die Gabe, in ihren Gedichten ihre Erfahrungen für alle zugänglich zu machen. Sie erzählt, wie sie Gott neu entdeckte. Sie erzählt von einer Bekehrung und ihrer neu errungenen Freiheit gegenüber ihrem Trauma, ihrer Depression und Verzweiflung. Zwischen diesen Gebeten eines leidenden Menschen und dem Bild vom leidenden Hohenpriester im Hebräerbrief entstand in meinem Inneren ein Dialog, den ich jetzt noch einmal lebendig machen will. Er beginnt mit einem Kreuzverhör Gottes durch die Juristin. So nennt sie ihr Gedicht: »Kreuzverhör«.

Warum ist das so Gott erklär es mir
dass manche geliebt werden und manche nicht
dass die eine vergewaltigt wird und die andere nicht
ich versteh es nicht
und Du?

Was Du damit zu tun hast und ob überhaupt
und wie es für Dich ist soviel Schmerzen zu sehen
und warum Du manchmal so weit weg zu sein scheinst
kannst Du mir das erklären?

Ich wünsche mir von Dir dass Du weinen kannst Gott
oder fluchen oder lächeln je nachdem
nicht herrscherkalt und unberührbar irgendwo da oben
so bist Du doch nicht oder?

Wie ist das denn nun mit Deiner Allmacht Gott
und dem letzten Wort das Du versprochen hast
und wieso nicht schon jetzt und wann denn endlich
und worum geht es überhaupt in diesem seltsamen Leben?

Antwort erbeten

Ob der Hebräerbrief diese Fragen nicht eher verschärft als beantwortet? Mir war das Gottesbild in diesem Brief schon immer unheimlich: »Unser Gott ist ein verzehrendes Feuer« sagt er (12,29) und: »Schrecklich ist's, in die Hände des lebendigen Gottes zu fallen« (10,31). Nirgendwo spricht er von der Liebe Gottes – mit einer Ausnahme, und die ist entlarvend. Da sagt er mit den Sprüchen Salomos: »Wen der Herr liebt, den züchtigt er, und er schlägt jeden Sohn, den er annimmt« (12,6). Was ist das für eine Liebe, die sich nur in Schlägen äußern kann? Ist der Gehorsam, den Jesus durch sein Leiden lernen soll, Gehorsam gegenüber diesem schrecklichen Gott, einem Prügelpädagogen? Einem Vater, der den gewaltsamen Tod seines Sohnes verlangt, damit er für die Sünden der Menschen geopfert werde? Einem Gott, der Gefallen daran hat, wenn Menschen weinen und schreien und klein werden – wie Jesus in unserem Text! Ich verstehe Carola Moosbach sehr gut, wenn sie dazu »nein« sagt. Sie formuliert dies Nein in einem »Antigebet«, wie sie ihr Gedicht nennt:

Gott Vater oben auf dem Thron
sandte seinen einzigen Sohn
und wollte dass er geopfert wird
für unser aller Sünde –
das glaube ich nicht das bete ich nicht
das kann mein Gott nicht sein

Bescheiden gehorsam demütig rein
dem Feind die andere Wange
alles vergeben alles verzeihen
nicht schreien nicht kämpfen bin ja so klein –
das glaub ich nicht das bete ich nicht
kann meine Wahrheit nicht sein

Hier ist richtig erkannt: Manche Rede vom Opfer Christi und die Opferlammigkeit mancher Christen gehören zusammen. Und man könnte auch den Hebräerbrief mit seinen Bildern vom Opfer so lesen. Aber es ist nicht der einzige Weg, ihn zu verstehen. Er spricht vom Gott da oben, von dem Gott, der ein verzehrendes Feuer ist, um zu zeigen: Dieser Gott ist ganz unten. Und dabei verwandelt sich sein vernichtendes Feuer in die Wärme seiner Mit-Leidenschaft, seiner Sympathie. In Jesus kommt er den Menschen nahe. Seine Nähe entsteht dadurch, dass Jesus Schmerzen, Tränen und Verzweiflung kennen lernt. Wir denken dabei an Getsemane. Ob auch unser Text daran gedacht hat, ist umstritten. Zu Getsemane passt nicht, dass Jesus nach diesem Text erhört wurde. In Getsemane aber wurde Jesu Gebet um Verschonung vor dem Tod nicht erhört. Exegeten haben daher vorgeschlagen, im Hebräerbrief müsse eine Verneinung entfallen sein. Ursprünglich habe da gestanden: Er wurde *nicht* erhört, obwohl er der Sohn war. Irgendwelche Abschreiber hätten das als skandalös empfunden und hätten dieses »Nicht« weggelassen. Aber vielleicht hat der Verfasser gar nicht speziell an Getsemane gedacht, sondern daran, dass Jesus in seinen irdischen Tagen immer wieder Verzweiflung und Leid erfahren hat. Er stellte sich Jesus so vor, wie in den alttestamentlichen Klagepsalmen betende und verzweifelte Menschen vorgestellt werden. Dort, im Psalter las er vom Rufen und Schreien vieler Menschen zu Gott:

Ich bin von deinen Augen verstoßen. Doch du hörtest die Stimme meines Flehens, als ich zu dir schrie. (Ps 31,23)

Höre mein Gebet, Herr, und vernimm mein Schreien, schweige nicht zu meinen Tränen. (Ps 39,13)

Denn er hat nicht verachtet noch verschmäht das Elend des Armen und sein Antlitz vor ihm nicht verborgen; und als er zu ihm schrie, hörte er's. (Ps 22,25)

Der Hebräerbrief war sich dessen gewiss: Auch Jesus ist es so ergangen. Er teilte diese Gewissheit mit den ersten Christen. In der Passionsgeschichte haben sie das Leiden Jesu mit Worten der Klagepsalmen dargestellt, mit denselben Worten, mit denen auch sie zu Gott beteten und schrien. Sie haben damit signalisiert: Das ist unser aller Leid. Jesus erfährt dasselbe wie alle Menschen, die in den Klagepsalmen ihr Herz ausschütten. Seine Klagen sind unsere Klagen, seine Schmerzen unsere Schmerzen – und sie erlebten sie zugleich als Klagen und Schmerzen Gottes. Denn der Hebräerbrief gehört zu den wenigen Schriften im Neuen Testament, in denen Jesus ausdrücklich als Gott angeredet wird. Er steht über allen Engeln. Aber dieser Gott weint und schreit und bittet und fleht! Es stimmt zwar: Gott im Himmel schweigt angesichts der Klagen und Schreie vieler Menschen. Und doch hören wir gleichzeitig seine Stimme – nämlich in diesen menschlichen Klagen und Schreien. Gott leidet in seinen Geschöpfen. Das ist seine Mit-Leidenschaft. Auch für Carola Moosbach war das eine überzeugende Antwort. Sie schreibt unter dem Titel »*Mutworte*«:

Gott Deine Wehklage schallt durch die Welt
Dein Schreien und Stöhnen Geschändet-Sein
im Leiden mit Deinen gequälten Geschöpfen
weinst Du ...«

Ich zitiere diese Verse nicht, weil ich meine, sie gäben eine theoretisch befriedigende Antwort auf Schmerz und Leid. Wir haben keine solche Antwort. Und wenn wir sie hätten, wäre sie nicht befriedigend – im Gegenteil. Es würde unsre Leiden noch vergrößern, wenn uns jemand erklärte, sie seien notwendig, sie seien sinnvoll, sie seien legitim. Selbst dem Widerstand gegen das Leid würde so das Rückgrat genommen. Wenn ich dagegen weiß, dass in allen Seufzern der Kreatur Gott selbst seufzt und klagt und leidet, wie Paulus sagt – wenn in allem Leiden sein Geist anwesend ist, dann bin ich auch im Leiden nicht von ihm getrennt. So wie mein Ja zum Leben Echo und Auswirkung seines Willens zum Leben ist, so ist auch die Krise dieser Lebensbejahung, die Verzweiflung und die Depression seine Krise; und mein Widerstand gegen das Leid ist auch sein Widerstand. Entscheidend ist es, die Nähe Gottes in Freude und Leid, in den Höhen und Tiefen des Daseins zu erleben – und im Himmel und in der Hölle mit Gott verbunden zu sein.

Die Bibel sagt: Dies können wir durch Jesus lernen. Sie sagt in ihrer bildlichen Sprache: Jesus ist in die Hölle hinab- und in den Himmel hinaufgestiegen. Durch ihn können wir die Gewissheit erlangen: Gott ist dort, wo uns das Leben in den Himmel des Glücks versetzt. Aber er ist auch dort, wo es uns in die Hölle hinabreißt. Er ist überall. Er ist auch in Todesangst und -not gegenwärtig. Das ist kein modernistischer Gedanke. Das ist alte Glaubenstradition. Sie findet sich im Bild des klagenden und schreienden Jesus im Hebräerbrief. Und sie findet sich im Passionslied: »O Haupt, voll Blut und Wunden«, wenn Paul Gerhardt dort sagt: »... wenn mir am allerbängsten wird um das Herze sein, so reiß mich aus den Ängsten kraft deiner Angst und Pein.« Im Hebräerbrief wird Jesus dadurch zum großen Helfer, dass er durch Ängste hindurch den Zugang zu Gott öffnet, so dass alle, die ihm folgen, immer mit Gott verbunden sind. Denn eben das ist das tiefste Glück: mit Gott verbunden zu sein.

Carola Moosbach hat von diesem Glück in einem Gedicht gesprochen, das sie »Geständnis« nennt, denn es fällt einem modernen Menschen noch schwerer, von Gott zu reden – als einem Jugendlichen sein erstes Liebesgeständnis. Sie schreibt:

Ich bin so froh dass Du bei uns bist Gott
dass es Dich gibt am Anfang und am Ende
dass ich Dich spüre mittendrin und immer wieder
ganz anders war mein Leben in der Welt ohne Dich

Ich kann das nicht so gut zugeben Gott
es klingt viel zu fromm und so bin ich doch gar nicht
kein mildes Gesäusel und die andere Wange
es ist einfach nur so dass ich Dich liebe

Schicht um Schicht füllst Du meine Seele auf Gott
immer mutiger werde ich und freier
und wütend wenn sie Dich zum Angstgespenst machen
und uns zu sich krümmenden Würmern

Bei Dir kann ich eine Frau mit Würde sein Gott
keine Puppe an deren Fäden Du ziehst
kein Schaf und auch keine Untertanin
Dein Geschöpf bin ich Gott vom Anfang bis zum Ende

Noch einmal sei gesagt: Wir können auch den Hebräerbrief so lesen, dass Gott zu einem Angstgespenst wird, und wir zu armen Würmern, die sich vor ihm krümmen. Aber er zielt in eine andere Richtung. Er will gewiss machen, dass durch Jesus Gott zugänglich und nahe ist. Jesus hat den Himmel geöffnet. Die ganze Welt ist sein Tempel. Die Grenze zwischen Erde und Himmel ist die Schwelle zwischen dem Heiligen und dem Allerheiligsten der Gegenwart Gottes. Und eben diese Schwelle hat Jesus überschritten. Der Vorhang ist verschwunden. Der Weg ist frei. Natürlich fragt man sich: Wo haben die ersten Christen das konkret erlebt? Wo haben sie die Nähe Gottes erfahren? Die Antwort des Hebräerbriefs lautet: Gott ist überall nah, aber seine Nähe wird besonders in der Gemeinschaft der Christen und im Gottesdienst erlebbar. Die blutigen Tieropfer, die man ihm einmal aus Angst opferte, sind so überholt wie die Angst, die hinter ihnen steckt. Die einzigen Opfer, die im Hebräerbrief gelten, sind Gebete und Lieder, gegenseitige Unterstützung und das Abendmahl, wenn man es nicht wie die Opfer feiert, aus Angst vor einem schrecklichen Gott, der ein verzehrendes Feuer ist. Auch Carola Moosbach hat von dieser Anwesenheit Gottes beim Abendmahl geschrieben:

Am Tisch des Lebens will ich essen und trinken
eine Blüte will ich sein an Deinen Zweigen Gott

will Dich schmecken und erzählen
will Dich spüren und vermissen
eine Antwort will ich sein auf Deine Frage Gott

Im Schatten Deines Baumes will ich schlafen und träumen
geborgen will ich sein in Deinem Atem Gott

will Dich pflücken und verwurzeln
will Dich brauchen und verschenken
eine Schwalbe will ich sein für Deinen Sommer Gott

Carola Moosbach hatte einst Gott ins Kreuzverhör genommen und ihn um Antwort auf ihre Fragen gebeten. Hier aber hat sie nur einen Wunsch: Sie selbst will Antwort sein auf die Frage, die Gott an sie richtet. Sie will ihn verschenken. Sie will etwas für andere tun. Dazu gehört Sympathie mit den schwachen Menschen, aber auch die Begrenzung der Antipathie gegenüber schrägen und nervenden Menschen. Wir sollten nicht glauben, dass wir alle Menschen lieben können, wenn uns die Liebe Gottes ergriffen hat. Und erst recht nicht, dass uns alle Menschen sympathisch sind, die neben uns am Tisch des Lebens stehen. Aber wir können unsere Antipathien begrenzen. Wenn wir in unserem Leben die Sympathie Gottes für die Welt, für seine Kreaturen und die Menschen, abbilden – auch seine Toleranz gegenüber unsympathischen Geschöpfen, dann hat sich das dunkle Gottesbild vom verzehrenden Feuer endgültig verwandelt. Aus dem vernichtenden Feuer wird dann »auflodernde Lebensglut«. Carola Moosbach spricht in einem ihrer Gebete Gott als solch eine »Gottflamme« und »Lebensglut« an:

Auflodernde Lebensglut Ewige
Dein Glanz unzerstörbar. Du Einzige
hast mich berührt mich beim Namen gerufen
das Feuer entzündet in Brand gesetzt bin ich

und schreibe und schreie und singe für Dich
…
flammende Schönheit Du schmilzt jedes Auge
verbrenne mich nicht Gott
sei nah mir und ferne ich will Dich umkreisen
und ahne und spüre Dich liebe Dich Gott
zu meinem Heil und zu Deiner Ehre

Euch allen rufe ich zu: Werdet von dieser Lebensglut ergriffen! Lasst euch anzünden von dieser Bejahung des Lebens! – auch dann, wenn mancher unter Euch sein Leben oft als Vergewaltigung seiner Wünsche und Ziele erlebt. Auch wenn es dunkel in euch aussieht. Auch wenn euch Schmerzen und Leiden erwarten. Lasst einen kleinen Funken von dieser Lebensglut in euer Herz, bevor es zu spät ist. Und lasst etwas davon die anderen Menschen spüren – auch die merkwürdigen und seltsamen und nervenden Menschen neben euch!

Und der Friede Gottes, welcher höher ist als alle unsere Vernunft, bewahre unsere Herzen und Sinne in Christo Jesu. Amen

Diese Predigt wurde am Sonntag Judika, den 29.3.1998 in der Peterskirche gehalten. Die zitierten Gedichte finden sich in: C. Moosbach: Gottflamme Du Schöne. Lob- und Klagegebete, GTB 547, Gütersloh 1997.

Du liebst mich, also bin ich
Vertrauen als Lebenselement

(Hebr 11,1)

Es ist aber der Glaube eine feste Zuversicht auf das, was man hofft, und ein Nichtzweifeln an dem, was man nicht sieht.

Der Trauspruch enthält eine Definition des Glaubens: »Es ist aber der Glaube eine feste Zuversicht auf das, was man hofft, und ein Nichtzweifeln an dem, was man nicht sieht.« Wenn man Glauben in einem ganz allgemeinen Sinne versteht, kommt kein Mensch ohne Glauben aus. Dabei geht es nicht um Glauben an unsichtbare Dinge, die jenseits unseres Wissens liegen. Es geht um die allernächste Realität. Dazu die Geschichte von einem Gelehrten, also von jemandem, der gewohnt ist, Fragen rational zu beantworten. Alle dürfen beim Anhören raten: Was hat wohl diese Geschichte mit dem Glauben zu tun? Und erst recht: Was hat sie mit einer Ehe zu tun?

»Ein Gelehrter war wegen seines Wissens und seines langen weißen Bartes bekannt. Er war stolz auf seinen Bart. Eine Gruppe junger Männer aber machte sich über ihn lustig, wie man sich über Gelehrte lustig macht. Einer von ihnen fragte ihn provozierend: ›Großer Meister, wir haben eine Wette abgeschlossen. Sag uns doch, wo liegt dein Bart, wenn du nachts schläfst, auf der Bettdecke oder unter ihr?‹ Der Gelehrte, aufgeschreckt aus seinen Gedanken, antwortete freundlich: ›Ich weiß es selbst nicht. Daran habe ich noch nie gedacht. Aber ich werde es erforschen. Morgen will ich es dir sagen.‹

Als die Nacht hereingebrochen war und der Gelehrte sich zur Ruhe legte, wollte kein Schlaf über ihn kommen. Immer dachte er darüber nach: Wo hat denn sonst mein Bart gelegen? Er konnte sich nicht daran erinnern. Schließlich wollte er es durch Versuch herausbekommen. Er legte seinen Bart auf die Decke. Aber auch so konnte er keine Ruhe finden. Also war es wohl die falsche Lage des Bartes. Er veränderte die

Versuchsbedingungen und legte den Bart unter die Decke. Doch auch so konnte er nicht schlafen. Also legte er ihn wieder auf die Decke. So kämpfte er die ganze Nacht – den Bart auf die Decke, den Bart unter die Decke, auf die Decke und wieder unter sie. Am anderen Tag sagte er dem jungen Mann: ›Bisher schlief ich mit der Zierde meines Bartes immer sehr gut. Aber seitdem du mich gefragt hast, kann ich nicht mehr schlafen. Ich kann deine Frage nicht beantworten. Mein Bart, die Zierde meiner Weisheit und meines Alters ist mir fremd geworden. Ich weiß nicht, wie ich mit ihm und mit mir selbst je wieder vertraut werden kann.‹«

Man möchte diesem armen Gelehrten wünschen, dass er nicht mehr zweifelt an dem, was er nicht sieht. Vor allem aber möchte man ihm wünschen, dass er die innere Ruhe und Selbstsicherheit bekommt, Dinge offen zu lassen. Dass er sich sagen kann: Egal, ob mein Bart über oder unter der Decke lag – mein Bart ist o.k. Ich bin o.k. Ich lass mich von jungen Leuten nicht verunsichern. Sein Kernproblem ist nicht, herauszubekommen, was bei seinem Bart der Fall war. Sein Problem ist sein Vertrauen zu sich selbst, das ihm abhanden gekommen ist. Wer Glauben und Vertrauen zu sich selbst hat, kann im Hinblick auf Vergangenheit und Zukunft vieles offen lassen. Und das müssen wir ja ohnehin: Wer weiß genau, wer er selbst ist? Wer weiß, wer er war? Wer weiß, wer er morgen sein wird? Schon im Verhältnis zu uns selbst (zu unserem kleinen Ich) – zu dem, was uns jeden Tag am allernächsten ist, brauchen wir Glauben und Vertrauen, damit das Leben gelingt. Schon da brauchen wir ein Überzeugtsein von dem, was wir nicht sehen und nicht wissen.

Erst recht brauchen wir dieses Vertrauen, wenn wir eine Ehe eingehen. Wir wissen nicht, was uns im Leben erwartet. Wir wissen nicht, wie wir uns noch verändern. Dennoch geben wir bei der Eheschließung stellvertretend auch für den Menschen ein Versprechen, der wir in ein paar Jahren und Jahrzehnten sein werden. Wir trauen uns zu, auch für diesen anderen Menschen einzustehen, den wir noch nicht kennen. Im Hinblick auf diesen Menschen brauchen wir eine »feste Zuversicht dessen, was man hofft«. Unser *erstes* Fazit ist also: Wir brauchen Zutrauen und Vertrauen zu uns selbst, um andere beständig lieben und achten zu können.

Bisher haben wir nur vom Glauben und Vertrauen in uns selbst gesprochen. Aber wir brauchen Vertrauen vor allem in einen anderen Menschen. Wir selbst sind uns direkt zugänglich. Jedes andere Ich aber ist uns nur indirekt zugänglich – durch seine Gesten und Worte, Mimik und Handlungen. Wie können wir z.B. je sicher sein, dass ein anderer uns wirklich liebt. Kann man nicht bis ins Endlose zweifeln: Liebt sie mich? Liebt sie mich nicht? Liebt er mich wirklich? Liebt er mich auch noch morgen? Hat er mich immer geliebt? Das ist wie mit dem Bart: Über oder unter der Decke, Ja oder Nein, Liebe oder Nicht-Liebe – das ist hier die Frage. Manche Paare machen sich das Leben schwer, indem sie immer wieder einander die Frage stellen: Liebst du mich? Liebst du mich wirklich? Wenn sie sogar anfangen, das durch variierende Versuchsanordnungen zu überprüfen, sind sie in der Kunst der Ehezerrüttung schon weit fortgeschritten: So mancher Liebestest gibt der Liebe erst den Rest! Unser *zweites* Fazit ist daher: Wir brauchen Glauben und Vertrauen zu uns selbst *und* zum andern, um dauerhaft zu lieben.

Aber auch das ist noch immer nur ein Teil der Wahrheit. Und mit dieser Teilwahrheit könnten wir in dieselbe Falle tappen, wie der Gelehrte mit seinem Bart. Denn jetzt könnten wir ja ins Grübeln fallen: Haben wir dies Vertrauen? Haben wir diesen Glauben? Haben wir ihn wirklich? Und ganz korrekte Menschen könnten sagen: Erst wenn wir diese Frage bejahen, dann können wir uns Liebe – vielleicht sogar eine dauerhafte Bindung zutrauen. Aber: Wer zweifelt nicht an sich selbst? Wem zerrinnt nicht manchmal dieses Bewusstsein, ein ganz bestimmtes Ich zu sein, z.B. wenn man sich morgens unausgeschlafen im Spiegel sieht und fragt: Bin ich das? Bin ich das wirklich? Oder wer ist das? Dieser fremde, etwas verbrauchte Mensch?

Man kann darauf erstens philosophisch antworten: Ich zweifele, also bin ich! Aber ein an sich selbst zweifelndes Ich ist ein sehr unbequemes Ich, mit dem man nicht ein Leben lang zusammen leben kann. Man kann zweitens mit Alltagsweisheit antworten. Und die empfiehlt an einem solchen Morgen ein gutes Frühstück. Damit liegt man immer richtig. Man kann drittens auch theologisch darauf antworten: Wenn man droht, sich selbst abhanden zu kommen, dann muss man sagen – nicht: Ich denke, also bin ich, sondern: Du liebst mich, also bin ich!

Das gilt zunächst von der ganz menschlichen Liebe. Wer verliebt ist, für den sind für einen Augenblick alle philosophischen Fragen über den Sinn des Lebens und unseren Weg in dieser Welt beantwortet. Wir kennen uns nicht besser als vorher. Wir sind nicht besser als vorher. Aber wir erleben uns so, als hätten wir einen unschätzbaren Wert: Jemand hat uns gerne, bejaht uns. Was immer er bejaht, es ist genau das, was wir gerne sein möchten – heute und morgen und immer. Darauf setzen wir unsere feste Zuversicht und Hoffnung. Du liebst mich – also bin ich. Ich erinnere, unser erstes und zweites Fazit lautete: Ich glaube und vertraue mir selbst – also kann ich lieben. Genau so wahr aber ist das *dritte* Fazit: Du liebst mich – also kann ich glauben und vertrauen.

Aber auch jetzt haben wir noch nicht die ganze Wahrheit erfasst. Alle Augenblicke intensiver Verliebtheit gehen vorbei. Manche werden von der Erinnerung und Sehnsucht nach ihnen so hingerissen, dass sie aus festen Beziehungen wieder ausbrechen – nur um dies wunderbare Gefühl noch einmal zu erleben. Manche vergessen, dass die Ehe eine Chance ist, sich immer wieder neu ineinander zu verlieben. Manche meinen, nur jenseits stabiler Ehebeziehungen entstehe jene Hochspannung der Gefühle, die das Leben elektrisiert. Erst recht gilt das dann, wenn die Ehe sich zermürbt, weil sich die Partner in der Kunst der Ehezerrüttung üben.

Es mag überraschen, wenn ich in einer Hochzeitspredigt sage, dass ich Verständnis für diese Sehnsucht habe, auch wenn ich mich damit am Rande dessen bewege, was man von einem Pastor bei solchen Anlässen erwartet. Aber ich sage es bewusst als Pastor, als jemand, der die Aufgabe hat, Menschen vor Gottes Angesicht zu rufen und an den zu erinnern, der Ursprung allen Lebens und aller Liebe ist. Denn ich bin überzeugt: Diese Sehnsucht nach der ganz großen Liebe, in der man von einer Lebensglut elektrisiert wird, die alles mit einem unendlichen Wert durchglüht – diese Sehnsucht zielt weit über jede menschliche Liebe hinaus. Sie überfordert irdische Menschen. Sie überfordert jeden Partner. Diese Sehnsucht wird bei keinem Menschen dauerhaft erfüllt. Sie ist Sehnsucht nach der Liebe Gottes. Ohne es zu wissen, sehnen sich alle Menschen nach ihr. Erst das ist die ganze Wahrheit: Du, Gott, liebst mich, also bin ich, ich dein Ebenbild – und deshalb brauche ich nicht an mir zu zweifeln. Ob der Bart über der Decke oder unter der Decke ist, ob ich gut bin oder schlecht, erfolgreich oder ein Versager, jung oder alt, allein lebend oder zu zweit, fromm oder gar nicht fromm – all das braucht mich nicht ins Grübeln zu bringen. Wer Kontakt mit Gott bekommen hat, dem geht es wie mit einer Geliebten: In ihrer Nähe zu sein, zu wissen, sie ist da, schon das ist Glück. Glaube ist wie eine große und andauernde Verliebtheit ins Dasein und ins Leben. Schon die Tatsache, dass wir existieren und dass überhaupt etwas ist, löst tiefe Freude und Dankbarkeit aus. Und damit können wir unser *viertes* Fazit formulieren: Gott liebt uns, also sind wir. Deshalb sind wir dankbar, dass wir sind. Und dankbar für die anderen Menschen, in deren Zuwendung wir ein Echo der Liebe Gottes erfahren.

Wir haben gesehen: Schon wenn wir Zutrauen zu uns selbst fassen, vertrauen wir in etwas, was wir nicht sehen und nie exakt überprüfen können. Das wollte ich mit der Geschichte vom Bart zeigen. Erst recht gilt das, wenn wir einem anderen glauben und vertrauen. Wir schließen in unsere Aussage: »Ich liebe dich und vertraue dir« auch die Zukunft ein, die wir nicht kennen. Und das alles zeigt sich noch einmal in unserem Verhältnis zum ganzen Sein, zum Leben selbst und zur Quelle des Lebens: zu Gott. Wenn unser armer, etwas zwanghafter Gelehrter mit dem Bart erst einmal ins Grübeln kommt, ist das Leben gut oder schlecht, soll ich's bejahen oder nicht, soll ich dankbar sein oder nicht – dann findet er kein Ende; und sein Leben wird vergehen, ehe er auch nur annähernd zu einer Lösung gekommen ist. Der Bund mit dem Leben und mit dem Sein ist darin einer Eheschließung vergleichbar.

Es gibt gute Gründe dafür, warum sich zwei Menschen gegenseitig wählen. Aber die Summe aller dieser guten Gründe bringt keine Ehe zustande. Dass Menschen sich angezogen fühlen und sich bejahen, ist so unableitbar wie das Wunder des Seins selbst. Und deswegen ist es gut, dass wir eine Ehe nicht nur vor irdischen Instanzen schließen, sondern auch in einem Raum, zu dem niemand Zugang hat: kein Standesbeamter, kein Richter, kein Freund, nicht die Eltern und auch nicht der Pastor. Wenn wir vor Gott treten, so werden wir immer ganz persönlich gefragt: Wie willst du mit deinem Leben umgehen? Was machst du mit dieser Gabe, die du nur einmal hast. Nur Gott kann uns so fragen. Und nur das innerste Herz des Menschen kann hier eine Antwort geben. Wenn heute zwei Menschen ihre Ehe vor Gott schließen – so sagen sie damit: Unser Ja zueinander ist so tief begründet wie unser Ja zum Leben überhaupt.

Und deswegen bitte ich alle, die hier sind, alle Verwandte, Freunde und Gäste – nehmt solch eine Hochzeit auch für euch als Chance, euer Ja zum Leben zu erneuern – unabhängig davon, ob ihr verheiratet seid oder nicht, ob ihr gesund oder krank, jung oder alt, glücklich oder unglücklich seid. Gott und das Leben haben mit jedem von uns einen unauslöschlichen Bund geschlossen. Er wartet auf das Ja eines jeden von uns. Keiner kann irgendjemanden dazu überreden, dieses Ja zu sagen, auch ich nicht. Es gibt nur einen, der es sagen kann: Du selbst. Auch wenn du nicht sehr fromm bist, sollst du doch wissen: Das ist Glauben – Glauben als eine zuversichtliche Hoffnung und ein Nichtzweifeln an Dingen, die man nicht sieht und über die man nicht verfügt. Es ist Glauben daran, dass letztlich dein Leben und unser Leben vor Gott gut ist.

Und der Friede Gottes, der höher ist als alle unsere Vernunft, bewahre eure Herzen und Sinne in Christo Jesu. Amen.

Diese Predigt wurde am 29.8.1998 in Geisenheim gehalten. Die Überschrift und ein wichtiger Gedanke in ihr stammen von H.J. Eckstein, Du liebst mich – also bin ich. Gedanken. Gebete. Meditationen, Stuttgart: Hänssler 1989. Die Geschichte von dem Gelehrten und seinem Bart stammt aus: N. Peseschkian, Der Kaufmann und der Papagei. Orientalische Geschichten als Medien in der Psychotherapie, Frankfurt/Main 1979, 107f.

Zwischen Wasser und Dürre:
Die Bilderwelt des Jakobusbriefs

(Jak 1,2-21)

Meine lieben Brüder, erachtet es für lauter Freude, wenn ihr in mancherlei Anfechtungen fallt, und wisst, dass euer Glaube, wenn er bewährt ist, Geduld wirkt. Die Geduld aber soll ihr Werk tun bis ans Ende, damit ihr vollkommen und unversehrt seid und kein Mangel an euch sei. Wenn es aber jemandem unter euch an Weisheit mangelt, so bitte er Gott, der jedermann gern gibt und niemanden schilt; so wird sie ihm gegeben werden. Er bitte aber im Glauben und zweifle nicht; denn wer zweifelt, der gleicht einer Meereswoge, die vom Winde getrieben und bewegt wird. Ein solcher Mensch denke nicht, dass er etwas von dem Herrn empfangen werde. Ein Zweifler ist unbeständig auf allen seinen Wegen. Ein Bruder aber, der niedrig ist, rühme sich seiner Höhe; wer aber reich ist, rühme sich seiner Niedrigkeit, denn wie eine Blume des Grases wird er vergehen. Die Sonne geht auf mit ihrer Hitze, und das Gras verwelkt, und die Blume fällt ab, und ihre schöne Gestalt verdirbt: so wird auch der Reiche dahinwelken in dem, was er unternimmt. Selig ist der Mann, der die Anfechtung erduldet; denn nachdem er bewährt ist, wird er die Krone des Lebens empfangen, die Gott verheißen hat denen, die ihn liebhaben.

Niemand sage, wenn er versucht wird, dass er von Gott versucht werde. Denn Gott kann nicht versucht werden zum Bösen, und er selbst versucht niemand. Sondern ein jeder, der versucht wird, wird von seinen eigenen Begierden gereizt und gelockt. Danach, wenn die Begierde empfangen hat, gebiert sie die Sünde; die Sünde aber, wenn sie vollendet ist, gebiert den Tod. Irrt euch nicht, meine lieben Brüder. Alle gute Gabe und alle vollkommene Gabe kommt von oben herab, von dem Vater des Lichts, bei dem keine Veränderung ist noch Wechsel des Lichts und der Finsternis. Er hat uns geboren nach seinem Willen durch das Wort der Wahrheit, damit wir Erstlinge seiner Geschöpfe seien. Ihr sollt wissen, meine lieben Brüder: ein jeder Mensch sei schnell zum Hören, langsam zum Reden, langsam zum Zorn. Denn des Menschen Zorn tut nicht, was vor Gott recht ist. Darum legt ab alle Unsauberkeit und alle Bosheit und nehmt das Wort an mit Sanftmut, das in euch gepflanzt ist und Kraft hat, eure Seelen selig zu machen.

Bilder leben in uns auf, wenn wir in Krisen sind. Und sie steuern uns oft besser durch Krisen als abstrakte Überlegungen. Der Jakobusbrief beginnt mit zwei Krisenbildern. Mit Bildern, die anzeigen, dass wir die Souveränität über unser Leben zu verlieren drohen durch Zweifel von innen, durch Unsicherheiten des Lebens von außen.

Sein erstes Bild zeigt uns das aufgewühlte Meer: »Wer zweifelt, der gleicht einer Meereswoge, die vom Winde getrieben und bewegt wird« (Jak 1,6). Er sagt nicht: Wer zweifelt, gleicht einem Schiff, das von Meereswogen getrieben wird. Das wäre das übliche Bild. Nein, er sagt: Wer zweifelt, ist selbst die Meereswoge. Er ist selbst das Chaos, das alles überflutet. Er ist selbst die Gefahr, die alles in die Tiefe zieht. Er ist nicht nur gefährdet, er ist die Gefahr.

Das zweite ist das Bild vom verdorrten Land: Wer Reichtum hat, soll wissen, dass er alles schnell durch ein unsicheres Geschick verlieren kann. »Wie eine Blume des Grases wird er vergehen. Die Sonne geht auf mit ihrer Hitze, und das Gras verwelkt, und die Blume fällt ab, und ihre schöne Gestalt verdirbt: so wird auch der Reiche dahinwelken in dem, was er unternimmt« (Jak 1,10f.). Auch hier gilt: Nicht der Reichtum ist wie Gras, das verdorrt, sondern der Reiche selbst. Wir sind das Gras, das verdorrt. Nicht etwas an uns ist gefährdet, sondern wir selbst.

Meer und Land, Welle und Hitze veranschaulichen die beiden Grundrisiken des Lebens: innere Haltlosigkeit und äußere Unsicherheit.

Dem setzt der Jakobusbrief ein drittes Bild entgegen: Trotz innerer und äußerer Gefährdungen ist der Mensch dazu bestimmt, zum Ziel zu gelangen: »Selig ist der Mann, der die Anfechtung erduldet; denn nachdem er bewährt ist, wird er die Krone des Lebens empfangen, die Gott verheißen hat denen, die ihn lieben« (Jak 1,12). Mit diesem Leitbild will er uns durch inneres und äußeres Chaos hindurch zum Ziel führen – als Sieger, nicht als Verlierer, als Könige und nicht als Gescheiterte! Wie soll das gehen?

Lassen wir uns auch weiter von den beiden Bildern des Briefes leiten! Denn sie geben eine Antwort. Der Jakobusbrief sagt zunächst: Es gibt über allem Chaos einen festen Halt: Er spricht von Gott als dem »Vater der Lichter« (Jak 1,17) und meint den Schöpfer des gestirnten Himmels über uns. Die Lichter – das sind die Sterne, sie sind ein Hinweis auf die überwältigende Ordnung Gottes. Wo Gottes Licht hell wird, da ist »keine Veränderung noch Wechsel des Lichts und der Finsternis« (Jak 1,17). Die Sterne strahlen über den chaotischen Meereswogen des Lebens. Die Sterne sind in der Antike Retter in Seenot. Wenn sie wieder erscheinen, legen sich Sturm und Wind.

Dieser Vater im Sternenhimmels gibt »alle guten Gaben« (Jak 1,17), darum gibt es auch für das verdorrte Land Rettung. In ihm ist nicht alles so vergänglich wie Gras. In der Wüste des Lebens muss nicht alles verdorren. Denn der Jakobusbrief spricht von einem Wort, »das in euch gepflanzt ist und Kraft hat, eure Seelen zu retten« (Jak 1,21). In der größten Wüste des Lebens wächst doch eine Pflanze: das Wort Gottes. Und wenn es nur ein kleiner Samen ist, er geht manchmal überraschend auf – er entwickelt eine große Kraft, er kann retten. Wenn das ganze Leben schon verdorrt ist, so kann doch Gott die Dürre zum Leben bringen.

Aber mit dem Neuanfang durch Gottes schöpferisches Wort ist es nicht getan. Im dritten Kapitel begegnen noch einmal die Bilder vom tobenden Meer und von der zerstörenden Hitze, aber jetzt in neuer Weise. Nicht vom Wort Gottes ist die Rede, sondern vom Wort des Menschen. Von seiner Zunge. Sie ist schwer zu bändigen. Und das wird wieder mit zwei uns vertrauten Bildern zum Ausdruck gebracht, mit dem Bild vom Meer und vom Feuer, das alles zerstört.

Das erste Bild handelt von Schiffen auf dem Meer: »Siehe, auch die Schiffe, obwohl sie so groß sind und von starken Winden getrieben werden, werden sie doch gelenkt mit einem kleinen Ruder, wohin der will, der es führt. So ist auch die Zunge ein kleines Glied und richtet große Dinge an« (Jak 3,4). Der Mensch ist nicht mehr das chaotische Meer selbst (so sah es am Anfang des Briefes aus), er ist ein Schiff auf dem Meer. Und darin ist ein konstruktiver Gedanke enthalten: Schiffe lassen sich steuern. Das Meer mag tosen. Der Sturm mag die Wellen hoch gehen lassen. Aber ein kleines Ruder kann durch das tosende Meer hindurch den Weg bahnen. Ebenso kann der Mensch mit seiner Zunge, mit seinem Wort – mit diesem winzigen kleinen Ruder, mit dem doch alles bewegt wird im Leben – sein Leben steuern!

Aber das zweite Bild bringt eine einschneidende Korrektur. Der Jakobusbrief springt vom Meer zum Feuer. Er fragt sich, warum der Mensch die Zunge so schwer in den Griff bekommt und sieht in ihr brandstiftende Energie am Werk: »Siehe, ein kleines Feuer, welch einen Wald zündet's an! Auch die Zunge ist ein Feuer, eine Welt voll Ungerechtigkeit. So ist auch die Zunge unter unseren Gliedern: Sie befleckt den ganzen Leib und zündet die ganze Welt an und ist selbst von der Hölle entzündet« (Jak 3,5f.). Das Bild vom Schiff hatte in sich eine Verheißung: Ein kleines Ruder kann durch eine Übermacht der Naturgewalten hindurch steuern – aber ein Feuer ist nicht mehr kontrollierbar. Einmal entzündet, wird es zum Waldbrand. Und daher hat es etwas Teuflisches. In jedem zerstörerischen Feuer ist ein Stück Höllenfeuer lebendig.

Beides ist mit dem Wort des Menschen möglich: Er kann mit seinem Wort sein Leben wie durch das tosende Meer steuern, und er kann es in einer Feuerkatastrophe untergehen lassen. Er kann mit derselben Zunge Gott loben und sein Geschöpf, den Mitmenschen, verfluchen (Jak 3,9f.).

Damit aber wird das große Problem aufgeworfen, das den Jakobusbrief beschäftigt: Wie kann der durch das Wort Gottes wiedergeborene Mensch sein Wort und sein Leben so in den Griff bekommen, dass es zum Segen wird? Wie kann er die Wüste seines Lebens zum Blühen bringen? Wie kann er verhindern, dass ein unkontrollierbares Feuer menschlicher Aggression, Konkurrenz, Neid das Leben verdorren lässt?

Am Ende des Briefes begegnet uns das Bild von Feuer und Trockenheit wieder. Da gibt es Menschen, die stolz sind, Gewinne zu machen. Aber was ist ihr Leben? Nicht einmal ein Feuer ist es, sondern nur, was davon übrig bleibt: »Ein Rauch seid ihr, der eine kleine Zeit bleibt und dann verschwindet« (Jak 4,14). Und was ist ihr Besitz? Auch der ist nichtig. Gold und Silber verrosten. Der Rost spricht gegen die Menschen. Und dann heißt es: »Er (der Rost eures Reichtums) wird euer Fleisch fressen wie Feuer!« (Jak 5,3). Warum? Der Jakobusbrief ist sicher, dass Besitz mit Unrecht erworben wurde – auf Kosten anderer, die um ihren Lohn geprellt wurden.

Aber auch jetzt bringt er wieder ein positives Gegenbild zum Bild vom vernichtenden Feuer – das Bild vom Regen. »Siehe, der Bauer wartet auf die kostbare Frucht der Erde und ist dabei geduldig, bis sie empfange Frühregen und Spätregen« (Jak 5,7). Regen – das ist das segnende, wohltuende Wasser von oben. Das Wasser, das uns am Anfang als tosende Flut begegnete, wird hier zum sanften Segen von oben. Es verwandelt verdorrendes Land in fruchtbaren Acker. Der Mensch, mag er auch noch so schwer arbeiten, kann auf diesen Regen von oben nur geduldig warten. Er kann um ihn nur bitten. Aber er kann ihn nicht machen. Der Brief endet daher nicht zufällig mit dem Beispiel des Elia, der um Regen bat: »Elia war ein schwacher Mensch wie wir; und er betete ein Gebet, dass es regnen sollte, und es regnete nicht auf Erden drei Jahre und sechs Monate. Und er betete abermals, und der Himmel gab den Regen, und die Erde brachte ihre Frucht« (Jak 5,17f.).

Ich habe unsere Gedanken von denen des Briefes leiten lassen – vom verdorrenden Land am Anfang bis zum Regen am Ende. Die Bilder sagen: Der Mensch ist nicht hilflos den Krisen und Anfechtungen des Lebens ausgesetzt. Er hat einen Verbündeten. Er kann sich im Gebet an ihn wenden. Er kann durch Gebet – durch das Eingeständnis mangelnder Souveränität – paradoxerweise souveräner werden, auch über das, was er sonst nur erleidet. Er darf dabei schwach sein. Er darf dabei hilflos sein. Aber jedem ist die Macht des Elia verheißen, die Macht seines

Gebets, das den Regen herbeibrachte. Im Lichte der Bilder vorher wissen wir: Dies ist ein Bild für alle Gaben des Lebens. Es geht nicht um Regenzauber. Es geht um das gelungene Leben und Zusammenleben. Die Frucht, die dieser Regen wachsen lässt, ist »die Frucht der Gerechtigkeit«, wie der Jakobusbrief sagt (Jak 3,18). Sie wird gesät in Frieden. Sie geht auf, wo Menschen Frieden stiften. Und der Regen, der von oben kommt – das ist die echte Weisheit, durch die man die Zunge in den Griff bekommt. Das Höllenfeuer, das in der destruktiven Macht unserer Worte züngelt und die ganze Welt anzündet, kann sich dann zur Glut der Liebe verwandeln. Die Zunge, die immer nur lästert und abwertet, kann dann zum Segen werden. Die Klugheit und Intelligenz, die immer nur alles kritisch destruiert, kann dann konstruktive Gedanken entwickeln. Sie kann im menschlichen Wort das Schönste tun, was menschliche Worte tun können: das Wort Gottes weitersagen. Der Verfasser des Jakobusbriefs möchte das mit seinem Brief für alle Gemeinden tun. Er schließt damit, dass er sagt: Wer so durch seine Worte Sünder bekehrt von einem Irrweg, der rettet vom Tode und deckt viele Sünden zu (Jak 5,20).

Diese Predigt wurde am 24.11.1999 im Mittwochmorgengottesdienst in der Peterskirche gehalten – in einer Reihe von Predigten, die Symbole und Bilder der Bibel zum Gegenstand hatten.

Gott auf Partnersuche
Kontaktanzeigen des Himmels
für einen schwierigen Partner

(1 Joh 4,7-19)

Ihr Lieben, lasst uns einander liebhaben; denn die Liebe ist von Gott, und wer liebt, der ist von Gott geboren und kennt Gott. Wer nicht liebt, der kennt Gott nicht; denn Gott ist die Liebe. Darin ist erschienen die Liebe Gottes unter uns, dass Gott seinen eingebornen Sohn gesandt hat in die Welt, damit wir durch ihn leben sollen. Darin besteht die Liebe: nicht, dass wir Gott geliebt haben, sondern dass er uns geliebt hat und gesandt seinen Sohn zur Versöhnung für unsre Sünden. Ihr Lieben, hat uns Gott so geliebt, so sollen wir uns auch untereinander lieben. Niemand hat Gott jemals gesehen. Wenn wir uns untereinander lieben, so bleibt Gott in uns, und seine Liebe ist in uns vollkommen. Daran erkennen wir, dass wir in ihm bleiben und er in uns, dass er uns von seinem Geist gegeben hat. Und wir haben gesehen und bezeugen, dass der Vater den Sohn gesandt hat als Heiland der Welt. Wer nun bekennt, dass Jesus Gottes Sohn ist, in dem bleibt Gott und er in Gott. Und wir haben erkannt und geglaubt die Liebe, die Gott zu uns hat. Gott ist die Liebe; und wer in der Liebe bleibt, der bleibt in Gott und Gott in ihm. Darin ist die Liebe bei uns vollkommen, dass wir Zuversicht haben am Tag des Gerichts; denn wie er ist, so sind auch wir in dieser Welt. Furcht ist nicht in der Liebe, sondern die vollkommene Liebe treibt die Furcht aus; denn die Furcht rechnet mit Strafe. Wer sich aber fürchtet, der ist nicht vollkommen in der Liebe. Lasst uns lieben, denn er hat uns zuerst geliebt.

»Gott ist Liebe; und wer in der Liebe bleibt, der bleibt in Gott und Gott in ihm.« Mit dieser Definition Gottes beantwortet unser Text Probleme, die für uns unlösbar sind.

Gott ist nicht erkennbar. Die Antwort des Textes ist: »Jeder, der liebt, … erkennt Gott.« Liebe lässt Gott erkennen. Und zu dieser Liebe gehört auch die gegenseitige Liebe unter Menschen – nicht nur die Liebe zu Gott.

Gott ist unsichtbar und fern. Die Antwort des Textes: »Niemand hat Gott jemals gesehen. Wenn wir uns aber untereinander lieben, so bleibt Gott in uns.« In der Liebe bleibt er nicht fern, im Gegenteil, er ist in uns.

Gott ist unheimlich, ein strenger Richter. Der Gedanke an ihn ist angstbesetzt. Die Antwort des Textes: »Furcht ist nicht in der Liebe, sondern die vollkommene Liebe treibt die Furcht aus.« Liebe überwindet die Unheimlichkeit Gottes.

Immer geht es um dasselbe Grundproblem: Liebe überwindet die Distanz zwischen Mensch und Gott – und das mit überwältigendem Erfolg. Durch Liebe ist Gott in uns – und wir sind in Gott. Das ist die Sprache der erotischen Liebe: Ich in dir, du in mir. Sie begegnet hier als Sprache der Mystik. Und doch handelt es sich nicht nur um mystische Spitzenerlebnisse. Denn der Text sagt nicht, dass sich Gott und Mensch vorübergehend in einem Augenblick vereinigen, in einer Art religiösem Orgasmus. Er sagt: Diese Einheit ist etwas Bleibendes. Wer in der Liebe bleibt, der *bleibt* in Gott und Gott in ihm. Nicht um ekstatische Verliebtheit geht es, sondern um dauernde Liebe.

Über einen solchen Text predigen heißt: Liebeserklärungen überbringen, Liebeserklärungen von jemandem, der nicht erkennbar, der nicht sichtbar, der oft unheimlich ist. Keine Frage: Gott hat es heute schwer mit seiner Liebeserklärung. Es warten unendlich viele Menschen darauf, sie zu hören. Ja, viele Menschen sehnen sich nach ihr, so wie sie sich nach einem Partner unter den Menschen sehnen. Aber wie die Enttäuschung über die vergebliche Suche nach einem Partner für viele die große Herausforderung des Lebens ist, so ist auch die Enttäuschung über die vergebliche Suche nach Gott für viele die große Frustration.

Was tun Menschen, wenn sie nach einem Partner suchen und die Suche auf den üblichen Wegen schwer fällt? Einige geben eine Annonce auf. Rubrik: Heiraten und Bekanntschaften. Warum sollte es nicht auch Gott so versuchen? Warum sollte er sich nicht unter die einreihen, die so nach einem Partner suchen? Stellen wir uns vor, eine Gruppe junger Theologen macht sich daran, Partnerannoncen für Gott zu formulieren. Gewiss wird es schwierig sein, sie in seriösen Zeitungen unterzubringen. Welcher verantwortliche Redakteur nimmt eine Anzeige an: Gott sucht Mensch. Wo soll er sie unterbringen? Unter »Mann sucht Frau« oder »Frau sucht Mann«? Oder wo sonst? Aber halten wir uns nicht mit solchen Nebenproblemen auf. Betrachten wir einige der Anzeigen, die unsere Theologengruppe ausgearbeitet hat. Die erste Annonce:

> Gott, vereinsamt und verwitwet, zeit- und alterslos, sucht Liebespartner in allen Regionen der Welt. Bin leidenschaftlich und eifersüchtig. Habe im Himmel alle Göttinnen entfernt. Will dich an die Stelle all dieser Göttinnen setzen, du sollst nicht geringer sein als sie alle. Ich will dich lieben, aber ich kann es nicht ertragen, wenn du neben mir jemanden an meine Stelle setzt. Ich will dich ganz und gar. Denn ich bin ein eifersüchtiger Gott. Wenn du es trotzdem mit mir versuchen willst, meine Kontaktadressen sind: Alle Synagogen und Kirchen. Dauernde Partnerschaft angestrebt. Bitte Zuschriften nur bei seriösen Absichten.

Ob diese Anzeige nicht viele abschrecken wird, es mit Gott zu versuchen? Manche stößt seine Eifersucht ab, dies Alles oder Nichts. Und doch gehört sie zu seiner Leidenschaft, mit der er Menschen will. Aber hat Gott nicht noch ganz andere Seiten? Um sie herauszustellen, wird eine zweite Annonce formuliert. Sie lautet:

> Wenn Du die Enge der Kleinfamilie satt hast, wenn du keinen Partner willst, der klammert und dich einschränkt, dann bin ich der richtige für dich: Ich biete dir die größte Familie: die Familie Gottes. Sie findet sich in allen Ländern, allen Sprachen, allen Farben. In allen meinen Kindern bin ich durch meine Liebe präsent. Ich wünsche dich mir als einen Partner, der Sinn für Gerechtigkeit hat. Sonst geht in einer so großen Familie alles schief. Ich erwarte von dir, dass du frei von der Ablehnung von Fremden bist. Denn sie gehören zu meiner Familie. Ich stelle mir vor, dass du Sinn für Freiheit hast. Ohne sie geht meine Familie zugrunde. Willst du dich auf eine so große Familie einlassen, dann wende dich an mich! Kontaktadresse: jede ökumenische Basisgruppe, viele Dritte-Welt-Läden.

Was sollen wir zu diesem Anzeigenentwurf sagen? Gewiss, er ist gut gemeint. Aber schreckt nicht auch er ab? Wer will sich auf eine so große Familie einlassen? Und wer hat all die sozialen Kompetenzen, die da verlangt werden? Wirkt so etwas nicht zu fordernd? Ja, überfordernd? Also bastelt man an einer dritten Anzeige:

> Mit allem Menschlichen vertrauter Gott sucht Partner. Du brauchst nicht perfekt zu sein. Hast du schon einmal Schiffbruch erlitten? Ich liebe auch die Gescheiterten. Bist du geplagt von Versagensangst? Ich gebe den Ängstlichen Mut. Widersprichst du allen Schönheitsnormen? Ich bewundere die Hässlichen, die sich nicht unterkriegen lassen. Bist du untreu? Ich vergebe dir. Ich bin bereit, dir an jeden Ort der Welt nachzulaufen. Und ich gehe mit dir durch jedes dunkle Tal. Versuch es noch einmal mit mir, auch wenn du schon viele Enttäuschungen hinter dir hast. Kontaktadresse: Galiläa. Kirche der Seligpreisungen.

Werbetechnisch ist auch diese Anzeige ungeschickt. Wer möchte als Verlierer angesprochen werden? Muss man nicht viel mehr die Stärken der Menschen ansprechen, die positiven Erwartungen herausstreichen? Und hat nicht Gott auch noch andere Seiten? Also formuliert man eine vierte Anzeige:

> Du bist beruflich erfolgreich, mit qualifizierter Ausbildung, vielleicht Akademiker, gut aussehend, interessiert an Kunst und Musik, liebst Wanderungen in der Natur, bist sympathisch, tolerant, erfahren in der Liebe, und doch erfüllt dich das alles nicht. Deine Bildung möchte auf einen unbedingten Wert und Sinn stoßen, den kein Mensch geschaffen hat. Deine Augen in der Natur möchten etwas sehen, das durchsichtig ist für eine noch größere Schönheit. In der Liebe möchtest du etwas erfahren, das größer ist als menschliche Liebe. Du bist aufgrund all deiner Bildung manchmal skeptisch, ob es mich überhaupt gibt? Das kann ich gut verstehen. Aber versuche nicht, allein durch kluge Bücher herauszukriegen, ob ich bin und wer ich bin! Versuch, mich zu lieben! Denn ich werde nur sichtbar für das Auge der Liebe. Erst wenn du liebst, wirst du merken, dass du in Berührung mit mir kommst. Erst wenn du liebst, wirst du mich erkennen. Kontaktmöglichkeit: Die Bibel. 1 Joh 4.

Diese Annonce ist fast zu positiv. Werden hier nicht viele reale Probleme unterschlagen? Gott ist nicht die Verlängerung dessen, was wir an Gutem, Schönen und Wahren in dieser Welt finden. Der Weg zu ihm führt durch einen Abgrund von Gottferne und Gottesfinsternis. Müsste eine seriöse Kontaktsuche für Gott nicht ein realistisches Bild von diesem schwierigen Partner entwerfen? Daher noch ein Versuch, eine Anzeige zu formulieren:

> Suche für meinen besten Freund Kontakt. Er ist ein guter Vater, alleinerziehend, mit einem Sohn, der etwas aus der Reihe geschlagen ist. Der zieht ohne festen Wohnsitz in Palästina umher, um sich eine Gang von Gleichaltrigen. Ohne Beruf und festes Einkommen. Sein Vater hält zu ihm. Ja, er zieht in Gedanken mit. Wenn er sich in zweifelhaftem Milieu aufhält, ist er dabei. Wenn er Konflikte mit gut situierten Menschen hat, schlägt er sich auf seine Seite. Am Ende wird der Sohn angezeigt und in einer Nacht- und Nebelaktion verhaftet. Die Behörden bringen ihn um. Aber sein Vater hält trotzdem zu ihm. Und hat allen Schuldigen verziehen, auch denen, die seinen Sohn ablehnten und töteten. Denn er wollte praktizieren, was der lehrte: Liebet eure Feinde! Wenn du dir vorstellen kannst, mit so einem Sohn zu leben, dann bist du der richtige Partner für Gott (so heißt mein Freund). Dann wirst du erleben, wie hässlich die Menschen sind. Sie denunzieren und morden, und das im Namen höherer Werte. Sie verraten und lassen im Stich – trotz großer Schwüre vorher. Sie sind boshaft und engherzig. Wenn du das ertragen kannst und gleichzeitig erkennst, dass auch du nicht besser als diese Menschen bist – dann kannst du eine dauerhafte Beziehung zu Gott aufnehmen. Er will Versöhnung mit dir, die sich keine Illusionen darüber macht, wie unversöhnt du bist. Kontaktort: Golgatha.

Bei diesem Anzeigentext merken wir sofort: Die Existenz eines solchen Sohnes sprengt die Gattung »Partneranzeige«. Wer so einen

Sohn in seine Partnerschaft einbringen will, hat keine Chance auf dem Kontaktmarkt unserer Gesellschaft, in der alle davon träumen, in der einen Hälfte der Zeit viel Geld zu verdienen, um es in der anderen Hälfte erlebnisintensiv auszugeben. Verzichten wir also darauf, solch einen Sohn in die Formensprache der Partnerannoncen einzubauen.

Was mich nachdenklich macht: Dieser Sohn sprengt auch die Formensprache unseres Textes mit seiner schönen Liebesmystik. Der 1 Johannesbrief ist ein weicher, wunderbarer, lyrischer Text – ein ewiges Glockenläuten mit lauter Liebessemantik wie bei einer Hochzeit. Und dazwischen begegnet plötzlich dieser Missklang, wenn er schreibt: Die Liebe Gottes zeigt sich darin, dass er seinen Sohn als Sühne für unsere Sünden sendet. Sühne bedeutet eigentlich: Jemand ist erzürnt. Er soll wieder »heiter« gestimmt werden. Und das geschieht, indem sich die Verursacher des Zorns klein machen, demütigen und etwas von sich oder gar sich selbst opfern. Wirft sich also der Sohn einem wütenden Vater in den Weg, um ihn vom Schlimmsten abzuhalten und wird von dessen Zorn getötet?

Das kann hier unmöglich der Fall sein. Die Sendung als Sühne ist Ausdruck der Liebe Gottes. Von seinem Zorn ist keine Rede. Gott ist Liebe und nichts als Liebe im Johannesbrief. Hier ist von Sühne in einem anderen Sinne die Rede. Aber in welchem?

Achten wir zunächst einmal darauf, dass der Verfasser den Gedanken der Sühne ausgeweitet hat. Das ganze Leben Jesu wird zur Sühne, nicht nur sein Tod. Denn es heißt, dass Gott seinen Sohn *gesandt* hat als Sühne (nicht: zur Sühne). Die Sühne umfasst schon sein Kommen, seine ganze Sendung, auch sein Leben vor dem Tode. Dem entspricht im Brief, dass der Verfasser die Sühne eng mit dem Eintreten des Auferstandenen als Fürsprecher bei Gott zusammenbringt. Sühne umfasst auch sein Wirken nach seinem Tod. Aber unabhängig davon gilt: Sühne und Tod gehören auch für den 1 Joh zusammen. Sonst könnte er nicht davon sprechen, dass uns das Blut Christi von Sünden reinigt.

Aber wer wird hier versöhnt? Wessen Zorn wird hier überwunden? Wessen Verdammungsurteil unterlaufen? Der 1 Joh bringt dazu eine wichtige Aussage. Er schreibt im 3. Kap. vom Verdammungsurteil des Menschen, mit dem er sich selbst verurteilt. Und dieses nach innen gewandte Verdammungsurteil steht neben dem Hass, mit dem er seinen Nächsten trifft. Jeder, der seinen Bruder nicht liebt, ist ein Mörder. Er beschwört also die destruktive Aggression des Menschen nach innen wie nach außen. Und dann sagt er mitten in diesem Gedanken: »Daran erkennen wir, dass wir aus der Wahrheit sind, und können unser Herz vor ihm damit zum Schweigen bringen, dass, wenn uns unser Herz verurteilt, Gott größer ist als unser Herz und erkennt alle Dinge. Ihr Lieben, wenn uns unser Herz nicht verurteilt, so haben wir Zuversicht zu Gott« (3,19-21). Nicht Gottes Zorn wird hier beschwichtigt, sondern der Zorn des Menschen. Nicht Gott ist so grausam, dass er das Blut seines Sohnes sehen will, sondern etwas im Menschen ist so primitiv, dass es Blut sehen muss: jene destruktive verurteilende Energie, mit der wir uns selbst verurteilen, obwohl uns Gott schon lange freigesprochen hat. Nicht der Mensch macht sich hier klein vor Gott, um ihn zu beschwichtigen, sondern Gott macht sich klein vor dem Menschen, um ihn von seinem Zorn gegen andere und gegen sich selbst abzubringen. Gott führt uns durch die Sendung seines Sohnes vor Augen: So schrecklich seid ihr, dass ihr euch am Unschuldigen vergreift. So unbarmherzig seid ihr gegen euch selbst, dass ihr erst einen anderen für euch sterben lassen müsst, ehe ihr von eurer Selbstverurteilung ablasst. Wir Menschen brauchen einen Sündenbock, nicht Gott.

All das lässt sich nicht in einer Partneranzeige unterbringen. Allenfalls in eine Todesanzeige, mit der Gott den Tod seines Sohnes anzeigt. Sie könnte so lauten:

> Mit großer Trauer teile ich den Tod meines einzigen und über alles geliebten Sohnes
>
> Jesus von Nazareth
>
> mit. Weil mein Sohn anders war als die anderen, haben Jerusalemer Aristokraten ihn angezeigt, Römer ihn verurteilt, Orientalen ihn hingerichtet. Seine Jünger haben ihn im Stich gelassen, ja sogar verraten. Er lehrte sie alle ein Leben, das nicht auf Kosten anderer lebt. Aber alle wollten ihr Leben auf seine Kosten sichern. Er lehrte sie Feindesliebe. Aber er starb an ihrer Feindseligkeit. Darum habe ich ihn nicht im Tod gelassen, um ein für allemal dagegen Protest einzulegen, dass einer den anderen opfert. Wer von seiner Feindseligkeit gegen sich und andere Menschen umkehrt, den werde ich meinem Sohn gleichstellen. Er ist in alle Ewigkeit in Liebe geborgen. Was für ihn gilt, das verheiße ich allen: Gott ist die Liebe, und wer in der Liebe bleibt, der bleibt in Gott und Gott bleibt in ihm – heute und morgen und in alle Ewigkeit. Denn meine Liebe ist stärker als der Tod.

Kleingedruckt ist unten auf der Anzeige zu lesen: Der Gedenkgottesdienst findet künftig jeden Sonntag statt. Es wird gebeten, von Kranzspenden abzusehen. Dafür sind Geldspenden willkommen, heute für die

Waldenserkirche, für die wir während des Liedes nach der Predigt sammeln.

Und der Friede Gottes, welcher höher ist als alle unsere Vernunft, bewahre unsere Herzen und Sinne in Christo Jesu. Amen.

Diese Predigt wurde am Sonntag, den 6.9.1998, in der Heidelberger Peterskirche gehalten.